TELEPEN
D1392997

Crónica de una marginación

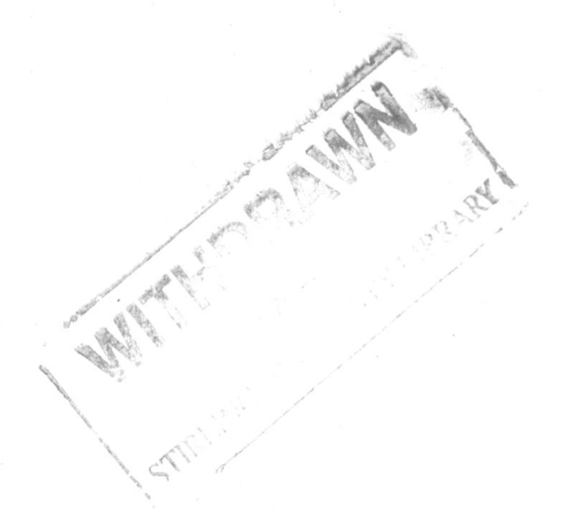

Nuestro mundo N.º 13 Serie: arte y cultura

Crónica de una marginación

Conversaciones con Alfonso Sastre

Francisco Caudet

EDICIONES DE LA TORRE
MADRID, 1984

Francisco Caudet nació en Alcalá de Chivert (Castellón). Doctor en Filosofía y Letras por la Universidad Complutense de Madrid, ha ejercido la docencia en universidades de Inglaterra, Estados Unidos y Francia, y actualmente es profesor de Literatura Española en la Universidad Autónoma de Madrid. Especialista en literatura contemporánea, ha publicado en prestigiosas revistas españolas y extranjeras y en diversas editoriales. Para Ediciones de la Torre hizo las ediciones comentadas de El hombre y el trabajo *de A. Serrano Plaja y* Romancero de la Guerra Civil. *Actualmente prepara las ediciones de* Germinal *y* Trabajo*, de E. Zola.*

EDICIONES DE LA TORRE
Espronceda, 20. Madrid-3
Telf.: (91) 442 77 93
Número de edición: 07.136
Primera edición: abril, 1984
ISBN: 84-85866-55-X
Depósito Legal: M-38647-84
Impreso en España/Printed in Spain

SUMARIO

SUMARIO

NOTA PREVIA

Unas breves palabras de presentación y explicación de este libro tal vez sean convenientes. Mi intención primordial ha sido el intentar dar una visión, lo más directa y personal posible, pero a la vez documentada, de la figura y de la obra de Alfonso Sastre. En un homenaje que la Universidad Domínguez Hills, California, le dio en 1979, le oí hablar por vez primera y me impresionó, yo que era ya admirador de su obra, la manera de expresar sus ideas, el tono siempre comedido, la disposición para contrastar puntos de vista. Se me ocurrió entonces hacer con él un libro como éste, un libro que presentara al hombre y escritor Alfonso Sastre en vivo, *como* realmente *es. Pesan sobre él demasiados lugares comunes, demasiadas medias verdades, demasiados olvidos complacientes. No es que me haga yo muchas ilusiones de lograr rectificar tal situación, pero creo que merece la pena, de todos modos, hacer un esfuerzo en ese sentido.*

En otoño de 1980 me reuní con Alfonso Sastre en Fuenterrabía. Pasamos cuatro días grabando en su despacho, frente a la bahía de Txingudi. Volví a visitarle en mayo de 1982 para poner al día nuestras charlas y retocar algunos detalles del manuscrito. Ha sido un trabajo bastante complejo, porque he tenido que preparar las preguntas, lo que implicaba una lectura detallada de su extensa obra, transcribir las charlas, organizar el material para darle la mayor fluidez y consistencia posibles. Por otra parte, he querido combinar el trabajo académico con el periodístico, hacer un libro original... Y todo ello sabiendo que me iba a encontrar con una fuerte oposición de parte de los editores que, como he podido constatar —algo que ya dábamos por sentado Alfonso y yo— juzgan inoportuno o nada comercial a mi entrevistado.

Afortunadamente, esta oposición no es unánime. José Monleón, que estaba al corriente de mi trabajo, se ofreció a incluir unos extractos en un número de Primer Acto (enero-febrero de 1982) en que se editó la versión de La Celestina de Alfonso Sastre. Rafael Conte quiso también recoger un adelanto de mis charlas con Alfonso Sastre en el suplemento literario de El País (27 de junio de 1982). Mi viejo amigo José María Gutiérrez, director de Ediciones de la Torre, se ha decidido a editar el libro, dando una vez más una muestra de responsabilidad y solidaridad.

Francisco Caudet

PRIMERA JORNADA

Primeros recuerdos. Antecedentes literarios.

F.C.– *Cuando se proclamó la República tenías cinco años. Al estallar la guerra civil, diez. ¿Qué recuerdos conservas de la República y de la guerra?*

A.S.– De la República casi no tengo recuerdos que se puedan asociar de forma directa a ella. Plásticamente quizás tenga un recuerdo del 14 de abril puesto que me acuerdo de que de pronto en los balcones había banderas republicanas. Así, pues, esa imagen –que de pronto en los balcones había unas banderas tricolores– es uno de los pocos recuerdos directamente asociables al hecho de que estaba la República. Pero, en fin, los recuerdos ya más vivos son posteriores al comienzo de la guerra civil. Yo vivía en una calle de Madrid muy próxima al frente de la Ciudad Universitaria, la Calle de Ríos Rosas[1*]. A esa calle llegaba pues todo el estrépito de los combates de la Ciudad Universitaria. Llegaban también los proyectiles de cañón. Vivíamos en el cuarto piso y las balas de fusil a veces se incrustaban en los árboles entre los que estábamos jugando. Incluso me acuerdo que una noche de Navidad estalló un proyectil de cañón en el piso de arriba del nuestro... Sí, ahí podría escarbar y tener bastantes recuerdos. Por ejemplo, recuerdo bastante bien, ya al final de la guerra civil, los combates intestinos, en el interior de Madrid, entre los comunistas y los casadistas. Porque en el portal de mi casa se estableció uno de los cuartelillos de los casadistas, quienes llevaban unos brazaletes blancos. Yo tenía 13 años entonces. Allí tenían los casadistas armas y la munición. Ellos disparaban hacia abajo, hacia los Nuevos Ministerios. Y es que en ellos estaban los comunistas atrincherados. Pues ese es un recuerdo de aquellos disparos, de aquella tensión. Y de ese tipo de recuerdos seguramente tendría muchos.

F.C.– *¿Crees que de alguna manera esta situación histórica que coincide con tu niñez habrá afectado a tu personalidad?*

***N. del E.** Dada la extensión de las notas y la documentación que contienen, éstas van colocadas al final del texto de la entrevista.

A.S.–Yo imagino que me habrá afectado pero habrá sido tal vez a través de mecanismos inconscientes. Porque yo no tengo ninguna consciencia directa de haber sufrido un trauma que me haya afectado posteriormente. Pero seguramente me habrá afectado a través de todas las emociones que fueron, claro, muy intensas y muy fuertes durante aquellos años. Particularmente había el problema del hambre, del hambre terrible, brutal, siniestra, y el terror a los bombardeos. Porque eran unos bombardeos continuos, terroristas, y vivía uno verdaderamente en un temor continuo. No es, desde luego, el mejor medio ambiente para el desarrollo de una infancia feliz, ¿verdad?

F.C.– *Pensaba yo si el concepto del absurdo que hay en tus primeros dramas podría enlazar de alguna manera con las vivencias que tuviste durante la guerra.*

A.S.– Pues ya te digo que yo no tengo visible ese cuento. En el caso de que exista, es a través de unos mecanismos inconscientes.

F.C.– *El bachillerato lo estudiaste en el Cardenal Cisneros de Madrid...*

A.S.– Sí, en el Instituto Cardenal Cisneros de Madrid. Ingresé en el Bachillerato en junio de 1936 y después, durante los tres años de la guerra, supendí los estudios. En mi casa consideraron que los estudios que se hicieran durante esos años no iban a servir para nada y entonces me retiraron de los estudios y no hice más que una vida callejera durante un año o año y medio. Poco después mis padres me llevaron a una Academia, que estaba en la glorieta de Bilbao, donde se estudiaba para el bachillerato pero de un modo privado. En esa Academia es donde conocí a unos muchachos con los que inmediatamente empecé a intercambiar experiencias literarias. Allí estaba Alfonso Paso. Era él uno de mis compañeros.

F.C.– *Entonces tu vocación empieza claramente a una edad muy temprana.*

A.S.– Buscando entre mis papeles en una ocasión en que estaba acumulando materiales por si algún día me animaba a hacer unas memorias, vi que tenía unos poemas escritos durante la guerra civil, poemas escritos por lo tanto a la edad de 13 años. Uno era un poema al "2 de mayo". Después he recordado que es que entonces, en la guerra, se hizo en Madrid una edición popular de Galdós. Yo tenía, lo recuerdo todavía, ese librito. Conservo de él un recuerdo visual. Lo leí –El *2 de mayo* de Galdós– y escribí mi poema dedicado a esa fecha. También recuerdo haber leído el *Romancero Gitano* de Lorca en una edición muy popular que había. Pues bien, ya por esas fechas había escrito yo algunos poemas y después con ese grupo de amigos estudié el bachillerato. Entonces, durante el Bachillerato, empezamos a escribir teatro y más poemas.

F.C.– *Además de a Alfonso Paso, ¿conociste también en esa época a José María de Quinto?*

A.S.– No, a él le conocí posteriormente. En esa época del bachillerato mis amigos eran Alfonso Paso, Medardo Fraile y otros chicos que después han sido, y son ahora aún, actores profesionales en el teatro español.

F.C.– *Quisiera que me hablaras de si había antecedentes literarios en tu fami-*

lia. En la nota preliminar a T.B.O. *hablas algo de esto. Pero de todos modos me gustaría que volvieras sobre ello. Porque siempre es interesante indagar cómo nace una vocación literaria.*

A.S.– Yo tenía unos antecedentes teatrales y otros literarios o periodísticos. Pero no sé de qué manera influirán. Por un lado, en el teatro, el antecedente consistía en que mi padre fue actor profesional. Había trabajado en compañías importantes de la época, por ejemplo, en la compañía de Ricardo Calvo. Y, bueno, en mi casa había muchos programas de teatro en donde yo veo el nombre de mi padre con los distintos personajes que él había interpretado. Un poco del ambiente teatral podía venir por ahí y por el hecho de que después que mi padre abandonó el teatro profesional siguió haciendo teatro en grupos, de aficionado. Y de pequeño alguna vez asistí yo a representaciones en las cuales mi padre actuaba. Por ejemplo, le vi haciendo *Don Juan Tenorio* o haciendo *La estrella de Sevilla*, de Lope. Pero ese antecedente no era muy favorecedor porque mi padre se oponía completamente a que yo me dedicara a nada que oliera a teatro. De modo que es un antecedente que operaba más bien negativamente. Mi padre decía que él conocía lo que era el teatro y que yo tenía que dedicarme a otra cosa. Ese antecedente, pues, no me ayudaba mucho. Y por otro lado tenía el caso de mis tíos que eran periodistas. Particularmente mi tío Juan, Juan del Sarto, que, sí, me prestaba libros y me animaba a leer y a escribir. Era un poco la persona a la que yo le enseñaba las cosas que iba escribiendo y me animaba bastante a continuar, si bien no pudo tampoco ayudarme mucho puesto que él mismo no tenía una situación muy boyante dentro del periodismo. Era un periodista que colaboraba lo mejor que podía en las publicaciones. Había estado sancionado por haber trabajado como periodista durante la guerra civil en Madrid y tuvo que cambiar de nombre. Adoptó otro seudónimo, Juan de Alcaraz. De esa manera, colaboraba en la prensa, pero sin ninguna posibilidad de ayudar a un principiante. Era, pues, más bien una ayuda moral.

El grupo Arte Nuevo.

F.C.– *En 1946 fundas el grupo experimental* Arte Nuevo. *¿Qué recuerdos tienes de ese grupo?*

A.S.– Eso fue ya después de una fase en la que nos habíamos decidido mucho por el teatro[2]. Había un ingrediente curioso, el que Alfonso Paso era hijo de un autor de teatro, Antonio Paso. Eso nos vinculó de alguna forma al teatro. Nosotros íbamos entonces mucho a ver ensayos. Recuerdo concretamente haber visto en el teatro Maravillas ensayos generales y, a veces, estrenos, algunas operetas... Estuvimos un poco en contacto con el mundillo del teatro, lo que tenía un encanto. Todo ello, este acceso al teatro, fue posible por el hecho de que Alfonso

Paso tuviera ese padre autor de teatro. Eso no sé si influiría en mí mucho o poco, pero el caso es que ya a los diecisiete años, cuando estábamos terminando el bachillerato, empezamos a escribir obras para el teatro. Alfonso Paso y yo escribimos en colaboración varias obras.

F.C.– *Vaya. No sabía eso.*

A.S.– Bueno. Yo me acuerdo de algunas de esas obras. Hicimos una, por cierto, que no fue escrita solamente por Paso y yo sino por otros dos compañeros. Era una obra escrita por cuatro jóvenes autores: Alfonso Paso, Enrique Cerro que ahora es actor, Carlos José Costas y yo. La obra a que me refiero se llamaba *Los crímenes del Zorro*. Era una obra de teatro policíaco en la cual metíamos el teatro dentro del teatro. El personaje era un autor que interpretaba *El Zorro* de Volpone. Había una serie de crímenes y me parece recordar que al fin el actor que interpretaba el papel del Zorro era el criminal. Esa obra, que se ha perdido, la llevamos a un actor, Enrique Rambal, valenciano, que era el director de unos espectáculos muy tumultuosos. Tenía mucha fama porque en aquella época hacía unos espectáculos teatrales increíbles. Muchos de ellos eran versiones de películas famosas. Por ejemplo, *Rebeca*; por ejemplo, *Drácula*. Tenía una maquinaria espectacular. Había escenas en el fondo del mar o había incendios de castillos o había choques de trenes. Era un mal actor pero lo fundamental de él eran los espectáculos que hacía en los cuales se producía todo tipo de hechos que solamente era posible ver en el cine o en su teatro. Hacía también melodramas como *Las huerfanitas de París*, etc. A él le llevamos *Los crímenes del Zorro*, pero no la aceptó. Luego hicimos una versión de Edgar Wallace, que se llamaba *Otra vez el Campanero*, que era una novela policíaca. La convertimos en una obra teatral y también se la llevamos a Enrique Rambal porque él era especialista en representar adaptaciones de novelas con grandes escenarios y grandes cambios, pero tampoco la estrenó. Entonces continuamos trabajando ya Alfonso Paso y yo solos e hicimos varias obras. La madre de Alfonso Paso, Juana Gil Andrés, que había sido una actriz catalana, cuando hicimos una de nuestras obras, que se llamaba *Un claro de luna*, también una obra policíaca que trataba sobre un lunático, sobre un caso psicopatológico, sobre un hombre que asesinaba durante los claros de luna, pues bien, la madre de Paso se llevó esa obra a un actor también valenciano, Rafael Rivelles. Allí tuvimos nuestra primera experiencia de un rechazo brutal por parte de un teatro profesional. La madre de Paso nos había animado mucho. Ella nos decía: "Yo se la llevo, *Un claro de luna*, a Rafael Rivelles porque yo trabajé con él hace años y a mí no me puede negar leer una obra de mi hijo..." Le llevó la obra y Rafael Rivelles le dijo por lo visto: "Pues que venga tu hijo dentro de tantos días a ver el resultado, a ver si me ha gustado o no". La madre de Alfonso Paso nos dijo que fuéramos tal día al teatro Fontalba, que Rafael Rivelles nos iba a dar entonces la respuesta a nuestra obra. Llegamos Paso y yo al Teatro Fontalba, hoy desaparecido, preguntamos por don Rafael Rivelles, nos dirigimos a su camerino, se abrió la puerta de su camerino un poquito y, sin que nos dejara entrar, pudimos decir por la pequeña apertura de la puerta: "Somos Alfonso Paso y Alfonso Sastre que venimos a saber qué opina Vd. de la obra". Nadie contestó. Sólo pudimos ver la mano de Rafael Rivelles que nos devolvía el libreto. Lo cogimos y la puerta se volvió a cerrar. Comprendimos que la cosa estaba mal para nosotros.

F.C.– *¡Y no os desanimasteis, claro!*

A.S.– No, todavía escribimos otra obra, *Los muertos no están aquí.* Esto lo estoy contando por primera vez pues me había olvidado de ello. Era una obra de mayor ambición. Trataba del mundo cerrado de una residencia de actores viejos, de actores moribundos. Ocurría durante la II Guerra Mundial a la cual estábamos asistiendo. Esa obra podía tener cierto interés. De ella conservo un ejemplar. El método de colaboración era muy curioso. Pensábamos el tema juntos, hacíamos una estructura de la obra y nos distribuíamos los actos. En esa obra había actos integralmente escritos por Alfonso Paso o por mí. Como estaba la estructura previamente determinada, pues lo que escribíamos más o menos encajaba. Solíamos tardar unos tres días en hacer una obra. Teníamos *una gran facilidad* para escribir. Todo esto es, claro, anterior a algo que pudiera ser algo serio, pero evidentemente producía mucho oficio desde el punto de vista de la escritura teatral, del diálogo, del teatro... Hicimos más obras. Sí, hicimos más obras. Recuerdo ahora otra, *Gran borrasca*, que ocurría en una isla del Pacífico durante una gran tormenta. Había otras que no recuerdo en este momento. Todas han sido esfuerzos muy útiles, sin duda. Entonces empecé ya a escribir obras yo solo. Hice una obra que se llamaba *La sombra encarcelada* que ocurría en un pueblo del Levante, en un sitio muy luminoso donde había un cementerio... Era la historia de una persona enlutada, una persona misteriosa que tenía como un luto íntimo... No recuerdo de la obra más que el título y el ambiente. También escribía algunas otras obras. Cuando fundamos *Arte Nuevo*, en el año 1946, que todo venía para responder a esto, teníamos ya una experiencia de escritura bastante grande, habíamos hecho muchas tentativas. Yo había hecho también muchas obras cortas. Me acuerdo que había escrito una versión teatral de un cuento de Rubén Darío. Y otros temas de teatro corto, pero originales. O sea que podía haber escrito treinta o cuarenta obras cuando decidimos que no se podía hacer nada en el teatro profesional y que nosotros mismos debíamos hacer nuestro propio teatro. Entonces, un primo de Alfonso Paso, José Gordón, apareció en nuestra vida. Este José Gordón era un hombre muy activo, muy atrabiliario también. Pero fue él quien nos dijo que lo de hacer nuestro propio teatro era posible, que se podía hacer. Nosotros teníamos que formar un grupo, alquilar un teatro y simplemente representar las obras. Dijimos, ¡pues, adelante! A finales del año 45, en un café de la calle Alberto Aguilera, se llamaba "Arizona" aquel café que ya no existe, nos reunimos allí un grupito de seis o siete personas y fundamos el grupo *Arte Nuevo.*

F.C.– *¿Te acuerdas de los nombres de los que componían ese grupo?*

A.S.– Sí. José Gordón, Alfonso Paso, Medardo Fraile, Carlos José Costas, Enrique Cerro y yo. Y un músico, que era amigo de José Gordón, que se llamaba Francisco Esbrí. Inmediatamente después se incorporó un pintor, Enrique Ribas, que empezó a hacer las escenografías. Una vez que formamos el grupo, nuestro primer acto público fue una serie de conferencias públicas en el Conservatorio de Madrid. Allí hicimos un ciclo –yo aún debo tener algún programa– en el que cada uno de nosotros dio una conferencia. Yo di una sobre el teatro metafísico. Ese ciclo de conferencias fue ilustrado con ejemplos escénicos. Los estudiantes del Conservatorio representaron algunas escenas como ilustración de nuestras conferencias. Hicieron ilustraciones de *La Intrusa* de Maeterlinck, de algo de Azorín, de otras obras... En fin, según el tema de las conferencias se representaban ejemplos escénicos. Enlazamos muy bien. Cuando les planteamos a esos muchachos del Conservatorio que se incorporaran al grupo como actores, aceptaron entusiasmados. De ese modo se acabó de transformar *Arte Nuevo* en un grupo de autores y actores nuevos. Ahora, lo que no teníamos era ninguna experiencia de puesta en escena. A José Gordón, que era mayor que nosotros, se le ocurrió acudir a un hombre, Modesto Higueras, que había estado en los grupos del teatro experimental de los años de la República. Era uno de los que había trabajado con García Lorca, que había trabajado también en lo que se llamó TEA o la TEA, es decir Teatro Escuela de Arte, que era uno de los grupos experimentales de los años 30; tenía experiencia como director de escena. Ya entonces daba él clases particulares, en su casa, de actuación a jóvenes que querían ser actores. Hablamos con él para que fuera un poco nuestro maestro en los trabajos propiamente escénicos, de dirección. Entonces, nos pusimos a escribir el primer programa. Hicimos tres obras cortas. Para esa fase las diferencias mías con Alfonso Paso se habían radicalizado mucho y ya no escribíamos juntos. De modo que en ese programa primero que se estrenó en enero del 46, yo estrené una obra, *Ha sonado la muerte*, en colaboración con Medardo Fraile, que era otro de los compañeros. Medardo Fraile, desde hace años profesor en Inglaterra, es un muy buen narrador.

F.C.– *Con él escribiste también* Comedia sonámbula, *¿no?*

A.S.– Hicimos dos obras juntos. Medardo era ya un escritor muy fino, muy sensible. Era un narrador excelente. Pues bien, los dos hicimos *Ha sonado la muerte* para *Arte Nuevo.* Alfonso Paso y José Gordón hicieron otra obra en colaboración. En aquel momento se incorporó otro escritor joven, José María Palacio, que hizo una obra de teatro de humor. Así, con ese programa de tres obras, en las cuales estaban implicados cinco autores –¡las obras eran cortas pero estaban escritas por mucha gente!–, con la dirección de José Franco y con la actuación de los actores del Conservatorio, se realizó la aparición de *Arte Nuevo, Teatro de Vanguardia.*

F.C.– *¿Estabais ya entonces, en 1946, en la Universidad?*

A.S.– No, no estábamos en la Universidad porque al acabar el bachillerato, nuestros padres, tanto los de Alfonso Paso como los míos y los de los demás, no veían bien que hiciéramos Filosofía y Letras. Querían que hiciéramos una carrera técnica. Paso y yo intentamos ser Ingenieros Aeronáuticos. Estuvimos quince días en una academia estudiando álgebra y dijimos a nuestros padres que no era posible, que aquello no era para nosotros. Nuestras respectivas casas nos dijeron que no podíamos dedicarnos al teatro así como así, que teníamos que buscarnos "una cosa segura". Entonces Alfonso Paso y yo nos preguntamos qué podía ser "una cosa segura". Empezamos a buscar y nos encontramos que había una carrera que era Pericial de Aduanas y que se ganaba dinero desde que se ingresaba en la Academia. Además supimos que se podía pedir la excedencia. Vimos que contentaríamos de ese modo a nuestras casas y a la vez nos podríamos dedicar al teatro. Como un trámite para que en casa nos dejaran hacer teatro nos matriculamos en la academia para ser aduaneros. Estuvimos tres años intentando ingresar en Aduanas. Fracasamos terriblemente. En esos años de fracaso de Aduanas es cuando hicimos *Arte Nuevo*. O sea que eran, de un lado, fracasos aduaneros y, de otro, representamos en el Teatro Beatriz.

F.C.– *En esos años además escribiste* Uranio 235.

A.S.– El año 45 estallan las bombas atómicas en Hiroshima y Nagasaki. En ese momento yo tuve una impresión formidable con el lanzamiento de la bomba atómica. Entonces empecé a preparar lo que luego se había de llamar *Uranio 235*, una obrita sobre la bomba atómica. La escribí inmediatamente después del estreno de *Ha sonado la muerte* y se representó en el abril siguiente, en abril de 1946.

F.C.– *¿En el Teatro Beatriz?*

A.S.– Todos estos programas los hicimos en el Teatro Beatriz. Lo alquilábamos para una noche, se hacía el decorado para una noche, perdíamos todo el dinero... Estos estrenos nuestros eran un esfuerzo enorme que se quemaba en una noche, quedábamos adeudados, pasábamos dificultades económicas, éramos perseguidos por los acreedores... Una cosa tremenda. Recordado eso ahora es divertido, pero entonces había verdaderas angustias para poder pagar al que fijaba los carteles, al que hacía el decorado... Además se hacía todo sin ninguna ayuda de nadie. Un teatro de Vanguardia era una cosa extrañísima entonces. "¿Un teatro de Vanguardia?" "¿Qué era eso?", se decía la gente. Hay que comprender el contexto del momento. Fue entonces cuando se inició lo que luego se llamaron Teatros de Cámara. Pero no teníamos ninguna ayuda oficial. Nada de nadie.

F.C.– *Recuerdo que precisamente en una ocasión has llegado a decir que el Madrid de la época era un "medio inhóspito".*

A.S.– Culturalmente el teatro era un "medio inhóspito". Imagínate teatralmente qué había: unos melodramas espantosos de un autor, Adolfo Torrado, unas piezas cómico-chinescas, pero sin ninguna calidad, muchos espectáculos de carácter seudofolklórico... Sí, eran un horror los escenarios de Madrid. Que en aquel medio ambiente hubiera de pronto un teatro de vanguardia era algo bastante curioso. Por otro lado, las cosas que hicimos tenían algún interés. Todavía vistas hoy parece hasta mentira que entonces se pudiera intentar unos experimentos teatrales como aquellos de *Arte Nuevo.*

F.C.– *Por cierto,* Uranio 235 *lo estrenó* Arte Nuevo, *¿verdad?*

A.S.– En efecto, lo estrenó *Arte Nuevo* en su segundo programa, es decir, a continuación del que incluyó las tres piezas de que te he hablado antes. La gente se rió de *Uranio 235* en lugar de emocionarse. Se rió bastante. Fue un fracaso terrible. Entre otras cosas había algunas de carácter simbólico, que eran bastante difíciles de encajar por un público como el que había entonces. Por ejemplo, yo situaba la acción en una especie de sanatorio antituberculoso que era como una metáfora del mundo. En el mundo todos estábamos enfermos, o algo así. En ese sanatorio donde la gente se pudría por su enfermedad, llegaba la noticia de que el mundo podía destruirse por medio del "Uranio 235". Entonces empezaban a morir todos los personajes. Cada vez que un personaje se sentía mal, se sentaba en una silla. En ese momento, sonaba una campanada: ¡pong! Esa era la señal de que le había llegado el momento de morir al personaje que se acababa de sentar. Así iban muriendo todos los personajes, sentados en unas sillas en el foro, y cada campanada significaba la muerte de uno. Cada personaje que se sentaba en la silla producía grandes carcajadas. El público gritaba: "¡Ahora éste! ¡A que ahora se muere ése!" Pero yo no me desanimé nada con esto. Me decía que no lo habían entendido y tal. Por otro lado, era muy difícil de entender porque el decorador había hecho un decorado realista. En fin, todo tenía que tener otra atmósfera. Estábamos empezando y no había forma de hacer una cosa medianamente coherente.

F.C.– *Luego ya escribiste* Cargamento de sueños...

A.S.– La escribí inmediatamente después. Era una obra todavía más difícil. En vez de replicar tratando de hacer un teatro naturalista, yo replicaba huyendo hacia adelante, haciendo una cosa todavía más difícil. Mientras tanto, Alfonso Paso empezó a hacer cosas que casi en seguida se podían haber estrenado en un teatro comercial. Ya se había marcado mucho la diferencia entre nosotros antes de empezar *Arte Nuevo*. Por eso, antes de fundar *Arte Nuevo* habíamos dejado de colaborar juntos. Luego ya se vio mucho más cómo él hacía unas piececitas, sainetescas, tendiendo cada vez más a que pudieran ser piececitas comerciales. Adopté yo, sin embargo, unas formas más radicales; desde el punto de vista estético más difíciles. *Cargamento de sueños* era una obra surrealista, con una simbología algo complicada y difícil. *Arte Nuevo* llegó a su crisis fuerte, en ese año 46, desde el punto de vista económico, y pasamos a trabajar en otro tipo de locales que no eran profesionales. Generalmente empezamos a trabajar en los salones de actos de los Institutos de Enseñanza Média. En el año 48, en uno de estos teatros, que a veces eran estupendos, en el del Instituto Ramiro de Maeztu, estrené *Cargamento de sueños*, es decir dos años después de haberla escrito. Hice yo el decorado y la dirección de escena. Alfonso Paso hizo el personaje central. En estas obras mías, Alfonso Paso trabajaba siempre como actor. Era un actor bastante bueno, bastante aceptable. Después del año 48, el grupo se disolvió cargado de deudas. Pero poco antes de su disolución se había incorporado a *Arte Nuevo* José María de Quinto. El y José Gordón hicieron un nuevo grupo que se llamaba *La Carátula*. Desaparecido *Arte Nuevo* definitivamente, este grupo estrenó *La casa de Bernarda Alba.* Fue el estreno en España. Lo realizaron en un local del Parque Móvil de Ministerios de Madrid. En ese momento es cuando yo me incorporo a escribir sobre teatro en *La Hora.*

F.C.– *Releyendo* Uranio 235 *y* Cargamento de sueños *he pensado que, si bien son dramas surrealistas/simbólicos, debido al existencialismo que hay en esos dramas, existencialismo sobre el que hemos dicho ya algo aquí, he pensado, repito, que tal vez se podría afirmar que hay en ellos una vertiente social, una preocupación social. Es posible que yo esté leyendo entre líneas y que vea cosas que no existen. Pero en* Uranio 235 *y en* Carrgamento de sueños *hablas de problemas del hombre moderno, del miedo, de la angustia, del sentimiento de lo absurdo de la existencia... Esos motivos remiten, creo yo, a una situación social.*

A.S.– No veo yo eso. Para mí era la ausencia de Dios la que produce entonces esos dramas. Justamente el hecho de la terrible ausencia de Dios producía esas tragedias. Todavía en esos momentos era así. No hay directamente la preocupación social que tú mencionas. Lo que está presente en estos dos primeros dramas es lo que se ha dado en llamar el teatro de situación, de situaciones cerradas.

F.C.– *¿En este teatro de situación te anticipas a Sartre o andas por un camino paralelo?*

A.S.– Totalmente influenciado por Sartre no lo he estado nunca. Que la situación es como un núcleo originado del drama, creo yo que lo he visto siempre bien. También he querido hacer siempre una reivindicación de libertad formal, es decir, del carácter posiblemente narrativo del teatro y no meramente dramático del aristotelismo... Antes de conocer a Sartre hago teatro de situaciones y antes de conocer a Brecht hago una reivindicación del carácter épico del teatro, de su carácter narrativo. Esos dos dramas son como dos historias, como dos relatos. Eso por tanto, era ya, antes de conocer a Brecht, una reivindicación del carácter épico del teatro. Eso estaba en todos nosotros, claro, pero teóricamente no lo teníamos, es cierto, muy desarrollado. Como sea, en las obras de *Arte Nuevo* que se estrenaron, como se puede ver en un tomito, *Teatro de Vanguardia, quince obras de "Arte Nuevo"*, que reúne las obras de *Arte Nuevo,* se asumen los principios que acabo de decirte: libertad de expresión formal, carácter narrativo frente a la angostura del teatro meramente dramático... Todo esto estaba bastante asumido por nosotros. Pero en esos años había gente, en el extranjero, que había desarrollado en profundidad esas técnicas. Nosotros en 1946 no lo sabíamos. De ahí que estuviéramos tanteando algo a ciegas o fuéramos descubriendo mediterráneos sin tener plena conciencia de lo que hacíamos. Yo conocí a Piscator, en 1956, cuando puso en escena *Guerra y Paz*. Entonces tuve la siguiente experiencia: Había una chica alemana, Viola Recklies, que tradujo al alemán mi *Ana Kleiber*. Le dio *Ana Kleiber* a Piscator quien se la devolvió con una opinión que yo entonces no entendí muy bien. Le dijo Piscator: "Es una obra interesante pero no está suficientemente desarrollado, en mi opinión, el carácter épico del drama". Lo de épico, en aquellos momentos, todavía no lo asociaba con narrativo. Ese concepto no lo tenía así. Lo podía asociar a heroico... Pero yo no sabía que se estaba asociando el término "épico", desde Brecht, en el sentido de "narrativo". Por eso la opinión de Piscator no la entendía. Yo me decía: "¡Qué querrá decir! ¡*Ana Kleiber* no pretende ser una obra heroica de ningún modo!" Lo que me estaba diciendo Piscator era que no había desarrollado suficientemente el aspecto narrativo.

F.C.– *Hay algo también de pre-beckettiano en* Uranio 235 *y en* Cargamento de sueños. El sentimiento del absurdo está en ambas obritas.

A.S.– No sé. Es posible... Podría ser.

F.C.– *Veo yo que, a pesar de que buscas, forzadamente para mí, probar la existencia de Dios, tú pareces estar convencido de su no-existencia y por tanto de que la existencia es absurda.*

A.S.– Sí, pero se busca *la razón de la vida*. Creo decir en algún pasaje de *Cargamento de sueños* que tiene que haber *alguna razón enorme para que existamos*. La vida, quiero decir, *no puede ser absurda*.

F.C.– *Pero la tentación nihilista la sientes, aunque no la aceptas nunca del todo, como ya dijo José María de Quinto al referirse a este lado de tu personalidad.*

A.S.– Busco una solución. Me digo que tiene que haber alguna solución. Pero si la busco es porque no la veo.

F.C.– *Sin embargo, consciente o inconscientemente, vuelvo sobre algo que te mencionaba antes, hay una postura personal ante los graves problemas que tiene planteados el hombre moderno... Apunta para mí en estos dos dramas el teatro social...*

A.S.– En todo caso de modo forzado. El encuentro con los temas sociales fue posterior. Fue al conocer el mundo de la miseria, al conocer el mundo de los vencidos de la guerra civil. Conocí este mundo con Aldecoa y otros amigos, es decir, cuando ya había ingresado en la Universidad. Ibamos a una taberna de la calle Libertad, donde conversábamos con gente bastante miserable. Eran conversaciones muy patéticas, a veces, con ex-combatientes republicanos, con otras gentes...

De esas conversaciones hay referencias que aparecen directamente recogidas en *El cubo de la basura*. Lo que se cuenta en *El cubo de la basura* de un comisario que había matado a alguien que se había escapado de las filas, está escuchado, en la taberna de la calle Libertad, de alguien que asistió a esa muerte. También empecé a despertar a lo social, cuando inicié, por entonces, mis visitas al mundo suburbano, de las chabolas, de la miseria. Este fue otro ingrediente. Ahora no se ve tanto esto, hay menos también, pero entonces el cinturón de Madrid era algo horroroso, espantoso. En *El cubo de la basura* hay esas relaciones mías con los vencidos, con la gente deprimida, con la miseria.

F.C.– *Háblame, quizás venga esto ahora a cuento, de la relación de tu teatro con el cine neorrealista.*

A.S.– No influyó para el teatro, sino para las tentativas de cine que hice. Yo intenté hacer cine neorrealista pero con los productores con los que trabajábamos no era posible. Me gustaba mucho ese cine. Conocí a Zavattini y hasta le hice una entrevista cuando se presentó, el año 49 ó 50, una semana de cine italiano en Madrid. Esa semana fue muy interesante. Se proyectaron películas de De Sica y de todos los grandes del cine neorrealista. Los temas que tenía para hacer guiones estaban dentro de la línea de la tendencia neorrealista. En teatro, no. En teatro siempre he sido más bien partidario de buscar una fábula fuerte que de reflejar una cosa de la vida cotidiana, así, en su indiferenciación.

La Hora *y el Manifiesto del TAS.*

F.C.– *¿Qué recuerdos conservas de la revista* La Hora?

A.S.– Era una revista del SEU. Alfonso Paso y yo nos habíamos apuntado para pasar unas vacaciones a un campamento del SEU en Bergondo, en Galicia. Ese campamento estaba dirigido por un fascista, por un falangista, Jaime Suárez, que era muy autoritario. Pero de todos modos lo pasamos muy bien. Había allí, en Bergondo, otras gentes que luego hemos conocido en el campo de la filosofía y en otros campos. El caso es que aquel campamento cristalizó en que, después, al volver a Madrid, ese Jaime Suárez organizó esta publicación del SEU, *La Hora*, y nos llamó a gentes que él conocía, entre otros a algunos que estuvimos en aquel campamento. Como él se había fijado durante nuestra estancia en Bergondo que nosotros teníamos interés por la literatura, nos preguntó a Paso y a mí si queríamos ocuparnos del aspecto teatral en la revista.

F.C.– *Allí maduraron muchas de tus concepciones sobre el teatro, sobre su función social... Allí publicasteis el manifiesto del TAS...*

A.S.– Todo tuvo una celeridad enorme. El año 49 empieza a publicarse *La Hora*. Era una revista que no pasaba por censura porque estaba bajo la protección de ser una revista del SEU. Esto permitía publicar cosas que generalmente en otros sitios no se podían publicar. Era la contradicción que ha habido siempre en estas cosas del SEU. Te encontrabas gente bastante liberal con otra gente muy fanática.

F.C.– *¿Cuáles fueron tus relaciones con la Falange? En una ocasión dijiste que por esas fechas "ni eras falangista ni todo lo contrario".*

A.S.– Porque yo no tenía ningún punto de vista político. Nuestra rebelión era absolutamente estética. Teníamos una indiferenciación política total. Nosotros nos fuimos volviendo rojos por los golpes que nos producía el sistema. Pero no surgimos como una protesta política. Ni mucho menos.

F.C.– *Es curioso que en 1950, cuando publicáis el manifiesto del TAS, hacéis una referencia a una editorial del diario* Arriba *como apoyatura de vuestra tesis.*

A.S.– No. En ese momento, en 1949-1950, ya estábamos muy claros. Eso era una coacción, un chantaje que nosotros queríamos hacer al sistema. El diario *Arriba* había dicho que en España se podía hacer el teatro social más avanzado. "¿Ah, sí? ¡Vamos a hacerlo!" Por eso citábamos esa cobertura. Pero en esos momentos había ya una hostilidad total a todo lo que era el falangismo.

F.C.– *Antes de esos años...*

A.S.– Antes indiferenciación política, rebeldía estética. En esos momentos, 1949-1950, teníamos conciencia. Habíamos hablado ya con otros compañeros y había dos tesis. La tesis de que *no se debía hacer nada dentro de España*, era la tesis de un amigo nuestro, Francisco Pérez Navarro, que se marchó, y la tesis que nosotros postulábamos, *que había que utilizar las plataformas donde se pudiera publicar para empezar a hacer un trabajo contra el sistema,* pero ya *decididamente contra el sistema*. En el exilio todavía había sospechas –yo me acuerdo de que entonces empezamos a hablar con gentes del exilio– sobre los que colaboraban dentro de la prensa legal durante el franquismo. Pero ahí, creo, estuvimos claros, teníamos razón. Nosotros, decíamos, nos responsabilizamos de lo que firmamos, del contenido de nuestros trabajos. No podemos tener una actitud puritana de no publicar. Si no publicamos, pensábamos, nunca haremos nada. En fin, necesitábamos tener una presencia. Si no, ¿adónde vamos? Esa tesis se fue abriendo paso. Y en el exilio también. Muchos años después, hablando con Carrillo, me dijo: "Nosotros seguíamos vuestras colaboraciones en *La Hora*. Esta gente, nos decíamos, algún día estará con nosotros".

F.C.– *Lo que me parece sorprendente es el material dramático que habíais reunido para confeccionar el programa del TAS.*

A.S.– Algunas de las obras no las habíamos leído. Sólamente sabíamos de su existencia. *Madre Coraje*, por ejemplo, no la habíamos leído. Yo había leído cosas sobre Brecht, pero no sus obras. El proyecto concreto, para empezar, era la obra de Toller, *Hinkemann.*

F.C.– *Ernst Toller ha sido muy importante para ti, ¿verdad?*

A.S.– En efecto, Toller ha sido para mí muy importante.

F.C.– *¿Cómo despiertas a la temática social, cómo surge en ti esta preocupación? Vacilas, en un comienzo, entre lo estético y lo religioso... Lo social, ¿cómo aparece en ti?*

A.S.– No sé. Fue como un descubrimiento. En un momento dado, descubrí la función social del teatro. Fue, creo, una respuesta a toda la violencia que estábamos recibiendo continuamente por parte del sistema. Porque es muy cierto que era absolutamente imposible hacer nada y que el mero hecho de intentar hacer cualquier cosa, aunque fuera meramente estética, chocaba con un sistema, abruptamente. Entonces, se fue produciendo una radicalización y un descubrimiento paulatino pero rápido, eso se fue produciendo en un año y medio, de las posibles virtualidades del teatro para operar sobre la sociedad en que nos movíamos en el sentido de transformarla. Esa fue la idea clave que surgió en la lucha y sin ningún apoyo libresco. Cuando publicamos el Manifiesto del Teatro de Agitación Social, al ponerle este nombre pensé en lo irónico de sus siglas, TAS, que recordaban las de la agencia soviética. Entonces yo no era un hombre filocomunista, si se quiere decir así. No. Lo que pretendíamos era provocar con las siglas de la agencia soviética. Era una cosa un poco romántica. Claro, era una cosa imposible, sabíamos que nunca iba nuestro programa a funcionar. Era, por tanto una actitud muy provocadora. Ni Quinto ni yo, que éramos los que hicimos el manifiesto, nunca nos creímos que iban a permitirnos hacer el Teatro de Agitación Social. Pero era una forma de provocar y de demostrar precisamente la tesis contraria a la del diario *Arriba*, diciendo: "¡Vamos a hacer teatro social!" Probábamos así que en España no se podía hacer. Era un poco el mismo punto de vista no-posibilista que he tenido después, de ir marcando las fronteras de la imposibilidad, forzándolas, intentando forzarlas[3].

F.C.– *En marzo de 1950 terminaste* Prólogo patético, *obra que sería prohibida. Esta obra es anterior al Manifiesto del TAS... ¿Cómo nace esta obra?*

A.S.– Había por esas fechas un ambiente, un clima contestatario. En 1949 ó 1950, ingresé en la Facultad de Filosofía y Letras. Recuerdo que me impresionó mucho el que uno de los primeros días que fui a la Facultad había una gran pintada en negro en la fachada de la Facultad que decía: "¡Viva la Universidad libre!" Eso me emocionó mucho, como una cosa de lucha. Yo ignoraba que existiera un movimiento de resistencia. Detuvieron a una serie de muchachos de la Universidad. Con esos materiales y unas ideas antiguas que tenía hice la obra *Prólogo patético*, que era sobre el terrorismo. Entonces me imaginé un grupo de universitarios que emprendiéramos la lucha revolucionaria poniendo bombas. Imaginé los problemas morales que eso nos acarrearía a nosotros, con nuestra formación burguesa. Era una imaginación aplicada a hacer esa reflexión sobre el terrorismo, que encontró una base previa en un proyecto que yo había anotado unos años antes, durante la II Guerra Mundial, cuando hubo un proceso en Francia, en la Francia ocupada, contra un grupo de resistentes, contra Manouchian y su grupo. En la prensa colaboracionista francesa había una serie de artículos sobre este proceso, que se titulaban, "Les tueurs son là" o "Dans les répaires du terrorisme". Yo había leído esta cosa, había visto quiénes había en el grupo, Spartaco Fontano, Manouchian, muchos eran italianos, yugoslavos, y españoles también, que estaban luchando contra los nazis. Se hizo un gran proceso "contra el terrorismo". No hace mucho se ha hecho una película, *Le dossier rouge,* que trata sobre el grupo de Manouchian y el proceso. En fin, en aquel momento, fíjate, en la Europa de la II Guerra Mundial, en la España fascista, llegaron a mis manos, cómo no lo sé, esos periódicos.

F.C.– *Lo interesante de lo que me cuentas es ver cómo enlazas lo de la Universidad libre, el cartel ése, con lo que ocurría en el extranjero. Siempre has trabajado con estas dos realidades, la nacional y la internacional. Pareces siempre pasar de lo particular a lo general y de lo general a lo particular.*

A.S.– Fue necesario las dos cosas. La idea que yo tenía de lo que era un terrorista era algo sobre lo cual debía reflexionar. Cosa curiosa porque yo todavía no había leído *Les justes* de Camus. Su obra y la mía son prácticamente simultáneas. Bien, me había impresionado mucho leer la relación de los periódicos sobre el terrorismo. Yo me dije: "¿Esos son unos terroristas?" Entonces vi que debía detenerme y reflexionar mucho el asunto. Toda esa historia de aquellos recortes de la guerra y de la pintada sobre la Universidad libre, pensar que podía haber allí, en la Facultad, un grupo de resistentes, dio como resultado la tentativa de *Prólogo patético* que era mucho más rica en sus primeras redacciones, desde ese punto de vista formal, porque luego yo la reduje un poco para ver si se podía estrenar. Al principio tenía varias cosas experimentales, era bastante expresionista.

F.C.– *¿Dirías tú que* Prólogo patético *representa un salto cualitativo dentro de tu producción teatral?*

A.S.– Un salto, en cierto modo lo es. Tiene todos esos ingredientes de que te hablaba: la vieja historia del proceso a los resistentes franceses, mi ingreso en la Universidad y la pintada, ver que había una resistencia allí... Luego tenía unos ingredientes libres desde el punto de vista formal, en la primera concepción, que tuvieron que ser recortados... Es una pena cómo había que ir recortándolo todo.

F.C.– *En efecto, falta un cuadro en la versión de* Prólogo patético *que publicaste en tus* Obras completas, *en Aguilar, un cuadro en el que Oscar salta al patio...*

A.S.– Sí, pero nunca se ha hecho en la realidad. Este fue un tipo de experimento, de los que a mí siempre me hubiera gustado poder hacer. Pero hemos estado siempre maniatados. Una de las pocas veces que conseguí hacer una de estas cosas experimentales, de teatro muy libre, fue en Santander, en la Magdalena, en donde está hoy la Universidad de Verano. Fui un año en una compañía de teatro que se llamaba *Teatro de Hoy* y llevamos en el repertorio *Antígona* de

Anouilh que presentamos frente a la fachada del palacio de la Magdalena. Amparo Soler Leal era Antígona y su padre Salvador Soler Mari, Creonte y a mí me tocó hacer el Prólogo y el Coro. Ahí hicimos cosas muy bonitas, de teatro, verdaderamente de teatro. Por ejemplo, la llegada del mensajero en bicicleta. Llegaba y tiraba la bicicleta al suelo. Una cosa muy graciosa. Otro ejemplo, la detención de Antígona, que quedó también muy bien. Alquilamos un taxi negro y lo maquillamos de coche de la Policía. Le pusimos un título blanco que decía "Policía", por los dos lados. La hora de la representación fue hacia el crepúsculo y había un momento en que venía el coche de la policía entre los espectadores y las gradas, se abrían las puertas del coche y salían unos tipos con gabardinas y sombreros flexibles. Era el momento de la detención de Antígona. La conducían al coche y el coche salía con una sirena. El público se quedaba impresionado. Ese tipo de experimento es lo que merece la pena en el teatro, pero yo difícilmente he podido hacerlo.

F.C.– *Estas y otras respuestas, como la ocupación de un teatro, los jóvenes actores que saltan con metralletas al patio, etc., lo has hecho también en* Crónicas romanas.

A.S.– Lo han hecho en la representación que se hizo de la obra en Francia. Pero ya está en *Prólogo patético*. La detención del joven en *Prólogo patético* es una transfiguración de algo parecido que me contaron en la Universidad, que me contó el grupo de la pintada. Al muchacho lo detenían mientras estaba en la biblioteca. Entonces, yo ponía una gran mesa de la biblioteca en donde varios estudiantes leían. El cuadro era una serie de monólogos en que veíamos qué libro estaba leyendo cada estudiante. Uno leía la *Crítica de la razón pura* de Kant, otro una novela... Era el ambiente intelectual de la Universidad, y los estudiantes iban diciendo en sus monólogos lo que estaban leyendo. Uno de ellos era Oscar, el personaje de *Prólogo patético*. Mientras estos monólogos tenían lugar, alguien llamaba. Era la policía. En fin, quise hacer algo bastante experimental.

F.C.– *Otro tema de* Prólogo patético *que se repite en otras muchas obras posteriores tuyas es el tema de la familia.*

A.S.– En *Prólogo patético* es la familia burguesa. Era un poco la imaginación. Yo me veía a mí y a mis amigos, al escribir esta obra, que hubiéramos decidido poner una bomba. La pregunta que me hacía era cómo se compaginaba tal decisión con la vida de burgueses que llevábamos. Había la idea de que un revolucionario no tiene familia. Ahora, todo eso era totalmente imaginario porque no teníamos ninguna experiencia. Cuando años después escribo *Análisis espectral de un comando* ya tengo grandes experiencias en ese tema. Ya es otra cosa. Pero en *Prólogo patético* esto era imaginado. A mí *Prólogo patético* me parece una obra muy melodramática, está muy rebuscado todo.

F.C.– *Imaginas lo del ascensor, el terror que produce en los personajes clan-*

destinos... El ascensor será un motivo que luego emplearás en otras obras. Y Sartre también lo usa.

A.S.– Pero entonces, no lo olvides, yo nunca había tenido ningún problema con la policía. Imagino esa angustia. Luego cuántas veces en nuestra vida el ascensor nos ha hecho experimentar personalmente esa angustia antes imaginada. He aquí un ejemplo de lo que puede la imaginación dialéctica, de cómo se puede crear un mundo sobre una experiencia anónima. Eso es la imaginación dialéctica.

F.C.– *A mí me interesa también el juego que hay entre lo que pasa en la calle y lo que se discute entre cuatro paredes. Esa dialéctica entre la acción y la reflexión...*

A.S.– Hay en esa obra otras tentativas experimentales. Lo que pasa es que el ambiente teatral en España ha sido tan angosto, que ¿cómo iba recortando toda tentativa! El riesgo era caer en el posibilismo, en el que yo apenas he caído, pero, claro, parte de mi teatro no ha sido representado nunca. No sé sé qué es peor. Porque la institución teatral española invitaba a reducir la complejidad de las cosas, a reducir la audacia de los experimentos. Todo era para/hacia la muerte.

F.C.– *También tratas en* Prólogo patético *de la tortura.*

A.S.– Sin saber nada de la tortura, había toda una escena sobre la tortura. Con el bueno y el malo. Aunque no sabía que suele haber un policía que hace de bueno y otro de malo. El bueno suele decirte "Vaya, hombre, cuéntamelo a mí. Porque, hay que ver, este bruto te ha pegado...". La dialéctica del bueno y el malo es en *Prólogo patético* un invento que corresponde a la realidad. Porque luego he sabido mil veces que la técnica del policía bueno y malo es así. Luego el que uno de esos policías sea camarada del torturado es un invento muy malo.

F.C.– *Llama la atención también que termines* Prólogo patético *con el grito: "¡Viva la revolución!" Adelantas ahí otro tema, es curioso, sin que tuvieras todavía tampoco plena conciencia del significado del grito.*

A.S.– ¡"Viva la revolución"!. Es curioso.

Más sobre los teatros universitarios y experimentales.

F.C.– *En la Universidad de Madrid trabajaste con el TUDE.*

A.S.– En la Universidad, cuando ingresamos, estaba funcionando ya un teatro universitario autónomo, fuera del SEU, que se llamaba TUDE, Teatro Universitario de Ensayo, que lo dirigía el después novelista Jesús Fernández Santos y Florentino Trapero, un compañero suyo. En ese TUDE, Paso, yo y otros, empezamos a trabajar también. Allí hicimos *L'annonce faite à Marie* de Paul Claudel. Yo hice de actor, hacía de Anas Vercors. Presentamos también una obra de Fernández Santos, *Mientras cae la lluvia*, en la que trabajé también de actor. Debimos hacer algún otro programa que no recuerdo. Intentamos resucitar allí el grupo *Arte Nuevo, Teatro Universitario Independiente,* pero nada más anunciar que íbamos a funcionar como *Arte Nuevo*, en plan de teatro universitario, que antes no lo era, salió en una revista del SEU, *Juventud*, una nota diciendo que en la Universidad española *no había teatros independientes.* Venían a decir que todo tenía que pasar por el SEU. De todos modos, hicimos algún programa de *Arte Nuevo*, con el título de *Teatro Universitario Independiente.* Lo que sí fundamos inmediatamente, Paso, otros amigos y yo, fue un grupo que se llamó *La Vaca Flaca.* En ese grupo hicimos un programa de obras en un acto, de piezas cortas de Tennessee Williams. Después en el TUDE quisimos hacer *La casa de Bernarda Alba* de Lorca y nos lo prohibió el decanato. Bueno, en la Universidad hicimos algo de teatro, no mucho, pero, sí, hicimos algo de teatro.

F.C.– *También existía un Teatro Popular Universitario que estrenó* Escuadra hacia la muerte *en 1953.*

A.S.– Eso fue después, fue un teatro más institucional. Hubo un momento en que se crearon muchos TEUs, Teatro Español Universitario de la Facultad de Filosofía y Letras, de Medicina, de Derecho... Después había un TEU provincial, generalmente Teatro Español Universitario de Madrid, de Barcelona, de Valencia, etc. Era un poco la superestructura de esos teatros de las facultades. Además había un TEU nacional, que no era universitario, que lo dirigía Ernesto Higueras. En un momento en que fue jefe de las actividades culturales del SEU Fernando Cobos, que luego ha sido muy activo y bastante ácrata, pues bien, se le ocurrió un Teatro Popular Universitario, financiado por el SEU, pero a nivel nacional. Allí se estrenó mi *Escuadra hacia la muerte*. En esta representación actuó gente que fue luego muy conocida.

F.C.– *¿En qué teatro representaron Escuadra hacia la muerte?*

A.S.– En el Teatro María Guerrero.

Algunas influencias extranjeras.

F.C.– *Ya hemos hablado de que Ernst Toller fue un autor que dejó en ti una profunda huella.*

A.S.– Sí, a mí me impresionó siempre mucho. Sobre todo *Hinkemann, Los destructores de máquinas, Massenmensch.*

F.C.– *Otra figura que tuvo gran significación en tu vida de autor y crítico fue Piscator. ¿Cuándo entraste en contacto con su obra, con sus teorías escénicas?*

A.S.– Después de publicar el manifiesto del TAS, en 1950, antes no lo había leído, uno de los lectores de aquel manifiesto nos dijo, me acuerdo de él, se llama González Giner, valenciano: "Pero eso que vosotros queréis hacer es lo que ya hizo Piscator en el Berlín de las entreguerras". "Pisca– qué", le contestamos. Y nos dejó el *Teatro político*[4], editado en castellano por Cénit. Otra conversación que tuvo interés para mí en ese momento fue la que tuvimos con Buero Vallejo, quien nos dijo: "Vosotros queréis hacer un teatro marxista". Yo no había leído entonces ni una palabra de Marx. Pero de algún modo, por mis propios medios, yo había descubierto a Marx; así que el comentario de Vallejo era bastante justo. En lo que se refiere al libro de Piscator lo leí con gran apasionamiento. Lo único que no me entusiasmó fue el hecho de que hiciera un teatro de partido. A mí eso no me interesaba. Yo quería hacer una cosa mucho más amplia. Pero Piscator, desde entonces, desde 1950 ó 1951, ha entrado siempre en mis reflexiones.

F.C.– *Otro autor de teatro, Arthur Miller, parece que también fue en esas fechas, en los comienzos de la década de los 50, motivo de reflexiones, de posible influencia en ti. Cuando se estrenó* Muerte de un viajante, *en 1952, tuviste una polémica con Torrente Ballester. Saliste en defensa del teatro documental. ¿Enlazaría todo esto con Piscator?*

A.S.– Tal vez se pueda relacionar esto con Piscator. Recuerdo que la representación de *Muerte de un viajante* me gustó mucho. Fue como una confirmación de que yo estaba en un buen camino. "Esto es justamente", me dije, "el teatro social que nosotros queremos hacer". *La muerte de un viajante,* sin conocerla, la habíamos incorporado al programa del TAS. Por el simple hecho de que se trataba de una fuerte crítica a la sociedad, que es lo que queríamos hacer nosotros, la pusimos en el programa del TAS. Cuando la vimos representada nos confirmó en que verdaderamente era una obra importante. Entonces, Gonzalo Torrente Ballester, que era el crítico de *Arriba*, hizo una crítica muy desfavorable para *La muerte de un viajante.* Entre otras cosas dijo que "de un documento no puede salir nada estéticamente válido". Mi réplica era en el sentido de que el documento era una base para el teatro. No era todavía la teoría del teatro documental pero nosotros ya, fíjate, estábamos en esos años de autodidactismo en esa línea[5]

F.C.– *Por eso lo saco aquí. Supongo que esta premonición, o digamos, simpatía intuitiva, será como el origen de tu posterior diálogo con la obra de Peter Weiss.*

A.S.– Cuando encuentro a Peter Weiss, ésos son de nuevo momentos de confirmación. Aquí realmente, nos dijimos, hemos estado aislados, autodidactas, sin saber gran cosa, sin poder tener grandes informaciones; sin embargo, esa línea en el teatro social era una línea en la cual no estábamos solos. Es decir que se estaba tratando de trabajar de esa manera en otros lados. De todos modos, personalmente nunca fui partidario de cultivar el teatro documento propiamente dicho según las tesis de Peter Weiss, en el sentido que él no postula más que unas operaciones de selección y organización de los materiales, de estructuración de esos materiales, y con eso él ya configura el espectáculo. Rechaza la necesidad de la fabulación. En una entrevista que le hice traté y discutí con él este tema. Admirando y estimando esa línea que consideré siempre muy estimable y muy aceptable para el teatro, por la que podía yo sentir entusiasmo, sin embargo, la vi siempre como línea colateral. En el teatro teníamos que trabajar con la imaginación. El teatro tenía que ser producto de la imaginación dialéctica. La fabulación es lo que había que postular. Un tipo de fabulación en que se produjera una relación determinada entre los elementos fabulosos y los elementos documentales. En ese sentido ya hubo una primera aproximación en la réplica a Torrente Ballester. Pero todo esto es un pensamiento muy trágico porque es muy autodidacta, sale de muy poca información. Años antes, en *Cuadernos Hispanoamericanos*, había publicado un artículo que era muy ambicioso y por eso nunca lo he recogido. Porque al ser muy ambicioso no era reproducible. Había intentado demasiado y se me había escapado. Artículos menos ambiciosos los he considerado y recogido después. Pero, en fin, era un intento de estudiar algunos materiales del teatro contemporáneo, europeo y americano, a través del hilo conductor de fábula y testimonio. Se llamaba el artículo "Fábula y testimonio", aunque podía haberse titulado también "Fábula y documento". Analizaba allí una serie de materiales teatrales haciendo esa dicotomía e intentando articular dialécticamente el plano documental que en cada obra era perceptible y lo que cada obra tenía de fábula. Era un estudio del teatro a través de la fábula y el testimonio.

Los años 50: Estrenos, prohibiciones, manifiestos...

F.C.– *Volviendo a* Escuadra hacia la muerte, *por una parte declaraste, en una nota autocrítica, cuando la estrenaste: "Me gustaría ingresar humilde, y a ser posible tranquilamente, en la nómina de los autores españoles de hoy. Deseo que la crítica y el público me traten con la misma severidad y el mismo rigor con que yo he procurado siempre considerar la obra y la tarea ajenas". Tuviste al estrenar esa obra una enorme oportunidad de lograr ese espacio, pero la obra fue prohibida.*

A.S.– Lo de escribir una nota autocrítica antes de un estreno era entonces un ritual que se solía hacer mucho. Esa autocrítica tenía algo de ambigua porque era una cosa muy modesta, digo que lo único que pido es ser uno más, pero al mismo tiempo que se haga una crítica muy dura, o sea que pido guerra... Por entonces en mis críticas era muy severo. A lo mejor lo decía por eso también. Después de en *La Hora*, colaboré en *Correo Literario* y en otras revistas. Y siempre con bastante severidad. Por eso me expresaba tal vez en esos términos. No sé.

F.C.– *Yo entiendo este texto como una declaración honesta y seria.*

A.S.– Bastante seria. Quizás.

F.C.– *En cuanto a la prohibición...*

A.S.– Fue un palo más. Es un dato más que contribuye a mi radicalización.

F.C.– *Hay un poema tuyo, por cierto, en que hablas de cómo se fue produciendo tu radicalización. Me refiero al poema titulado "Yo", en el que, entre otras cosas, decías:*

> Yo tenía la mejor voluntad, señores míos, distinguidos
> amigos
> de mi mejor consideración. Yo era
> fácil para vivir con los Gobiernos. No tenía
> gana de más complicaciones que la pura existencia...
> ¡Qué iba a ser rebelde yo!
> ¡Nadie más dulce y más dispuesto
> a comprender a todos que yo mismo!
> ¡Hasta que me golpearon en el vientre del alma por decir la verdad!
> ¡Hasta que me hirieron en secreto por amar la justicia!
> ¡Hasta que vi el brillo de las pistolas!
> ¡Hasta que descubrí con horror los secretos depósitos de cadáveres!
> ¡Hasta que vi que los cristos eran espantosas espadas!
> ¡Hasta que sentí la cruel acometida del terror blanco!
> ¡Hasta que me condenaron a la miseria, sonriendo, abrazándome!

A.S.– Lo cierto es que yo no era una persona muy inconformista. Lo que quería era, más o menos, desarrollar mi vida profesional. Es la hostilidad y la violencia del medio lo que va produciendo el que uno se va haciendo primero un rebelde y después un revolucionario y, al mismo tiempo, es en ese contexto en que voy estudiando un poco el marxismo, que tampoco es un marximo libresco en mí, puesto que ahí se ve que es un poco descubrimientos de cosas obvias, que estaban al alcance de todos, de cosas conquistadas en otras partes para cualquiera. Pero que para nosotros, debido al autodidactismo, era penosísimo hacernos con ellas. Datos o conceptos que estudiantes, en otras partes, tenían a mano, para nosotros eran de acceso difícil. Era, a veces, dificilísimo llegar a conceptos que en otros lados eran ya norma. Así vivíamos.

F.C.– *En 1954 estrenas* La mordaza *que fue un gran éxito.*

A.S.– Fue un éxito. No tampoco enorme, ni terrible, pero fue un éxito. Se hizo en un teatro profesional pero no en el gran teatro profesional. Fue un muchacho que era de los teatros universitarios, que tenía algún dinero, y que decidió hacer una compañía. Procedía del Teatro Universitario. Me pidió una obra. Claro, el año anterior, *Escuadra hacia la muerte* había tenido la enorme resonancia de la prohibición. Fue una cosa muy notoria. Se empezó a representar, aunque de forma ilegal, en los colegios, en los institutos, en los seminarios, en las parroquias, en no sé dónde, o sea fue una cosa tremenda. Cuando este muchacho me pidió una obra, en 1954, yo estaba haciendo las prácticas de las milicias en el Cuartel de Wad-Ras, en Madrid. Vino un día ese muchacho a pedirme una obra. En veinte días escribí *La mordaza* para él. Era un tema que ya tenía yo anotado porque me había impresionado mucho aquel suceso de Lurs, de Gaston Dominici, de aquellos extranjeros que habían aparecido muertos en un camping y se acusaba de la muerte a un patriarca de la zona, el dueño de una finca...

F.C.– *Cuando estrenaste* La mordaza *tenías varias obras prohibidas por la Censura, ¿verdad?*

A.S.– Tenía prohibidas, en 1954, *Prólogo patético, El pan de todos* y *Escuadra hacia la muerte.* Eran tres obras prohibidas que yo había hecho frontalmente, sin ninguna prudencia. Al escribir *La mordaza* me planteé el ser más cauto, el ser posibilista (un término que después se empleó), el intentar hacer una especie de metáfora, de tal manera que pudiera conseguir hacer una protesta sobre la mordaza, sobre la mordaza que estábamos sufriendo, a través de una historia que tuviera la suficiente ambigüedad para que la censura no la pudiera prohibir. Es decir, quise llamar la atención sobre el asunto de Lurs, el suceso que había acaecido en Francia, para meter la mercancía de la protesta contra la mordaza. A mí me parecía que el simple hecho de que se llamase *La mordaza* sería una clave suficiente para que la gente fuera a ver una obra sobre la censura. Se vería un drama rural en el cual estaba embutido el mensaje protestatario contra la censura. Eso en la puesta en escena incluso se hizo con mucho cuidado. La puesta en escena era, como el juego de los actores, naturalista, pero había un momento en que el tono de la dicción cambiaba y un personaje decía algo así como: "En esta casa no se puede vivir". Entonces cambiaban las luces, se ponía una luz azul, ya nada era naturalista, ni las luces ni la dicción. Había en ese punto un texto en que se decía: "Aquí parece que no ocurre nada. No se oyen ruidos... Estamos amordazados... Algún día esto va a estallar y será un día de sangre", etc. Esto lo decíamos, como jugando, pero ahí estaba lo que queríamos decir. A pesar de este estilo de la representación, la Censura la autorizó, considerándolo todo bien, como si fuera sólo un drama rural. La representación fue muy celebrada. Todo el mundo hablaba del pulso del autor. Ha sido la única obra que se ha representado siempre sin ningún problema censorial.

F.C.– *Generalmente se dice de tu primer teatro que es surrealista, simbólico y tal. Pero tanto en tus primerizas obras, por ejemplo en* Uranio 235, *como en otras obras algo posteriores, por ejemplo en* La mordaza, *haces referencia continua a la necesidad de rebelarse. Veo yo que hay, por tanto, una constante, un continuo abogar por la revuelta, por la contestación... ¿Es que tu primer teatro enlazaría también con Camus o se trata de una coincidencia temático-ambiental, por decirlo de algún modo?*

A.S.– No sé decirte. Todo esto no lo asocio ahora muy claramente. Con Camus, de cualquier modo, si alguna relación hay, no es consciente, porque a mí no me gustó nunca su teatro. Lo leí después. Recuerdo que publiqué en *La Hora* una página completa, que se llamaba "El teatro de Albert Camus", con todo lo que entonces se conocía de él. No mostré ya entonces mucha admiración por su obra. Sin embargo, en *La Hora* escribí una serie de cinco artículos de Sartre –era la primera vez que se habló de él en España, o al menos en esas dimensiones– y en esos artículos se puede ver cómo mi posición ante su obra era de *gran entusiasmo.*

F.C.– *De Sartre has llegado a traducir bastante.*

A.S.– Aguilar me pidió que tradujera todo su teatro, pero no me animé. Como se puede ver en el tomo de Aguilar, yo traduje solamente una parte de su teatro. Hice la traducción de las obras que pensé podrían representar algún día en España. *Las manos sucias*, por ejemplo, no la quise traducir por la utilización anticomunista que pudiera hacerse. De las obras que yo traduje se han representado: *Huis Clos* y *La p. respetuosa.* Se hicieron en un programa con Nuria Espert y Adolfo Marsillach, que formaron compañía juntos. *Los secuestrados de Altona* lo hizo Fernando Guillén y su mujer, Gemma Cuervo. Lo demás no se ha presentado. Ah sí, también *Las moscas*, que la hizo María José Goyanes.

F.C.– *En 1954 escribes a la Dirección General de Teatro pidiendo explicación de por qué te prohiben tus obras...*

A.S.– Sí, y no contestaron. La batalla con la Administración ha sido siempre de una brutalidad por parte de ellos tremenda.

F.C.– *En el 55, te ocurren dos cosas importantes. Una que te casas...*

A.S.– Sí. A finales del 55, en diciembre, me casé.

F.C.– *. .y otra que estás pasando una etapa, según se ha mencionado en alguna parte, de una gran depresión económica.*

A.S.– Nada más empezó el 56, es decir, recién casados, fui procesado. Fue mi primer procesamiento por haber asistido a unas reuniones estudiantiles. Estaba, por un lado, en una situación en que no podía representar nada y, por otro lado, tenía el problema de que nos habíamos casado y que no teníamos casa. Nos fuimos a vivir a un hotel, a un hotel modesto, pero un hotel después de todo. Luego, inmediatamente después, vienen estos acontecimientos estudiantiles. Fue la primera vez en que me detuvieron. Fui procesado. No tenía ninguna posibilidad de vivir. No tenía ningún trabajo. Estaba todo cerrado. Afortunadamente, vino entonces una solución, un parche que fue una beca de la UNESCO para estudiar teatro en París. Aunque no podía salir legalmente de España, como en la frontera no tenían noticia de mi procesamiento, las cosas funcionaban así, acepté la beca y nos marchamos a París.

F.C.– *¿Cuánto tiempo estuvistéis en París?*

A.S.– Estuvimos unos 6 ó 7 meses. Ahí, en París, nació Juan, mi hijo mayor.

F.C.– *Fue entonces cuando viste la puesta en escena que hizo Piscator de* Guerra y Paz?

A.S.– Quizás fue entonces.

F.C.– *De cualquier modo en el año 1955 escribiste mucho.*

A.S.– En efecto, en el 55 escribí mucho. Tuve mucha actividad. Escribí cuatro o cinco obras.

F.C.– *Escribiste* Guillermo Tell, Muerte en el barrio, Ana Kleiber, La sangre de Dios.

A.S.– Pero casi todo lo que hice entonces lo prohibieron. Prohibieron *Muerte en el barrio* que se iba a estrenar en el María Guerrero. Prohibieron *Guillermo Tell* que se iba a estrenar en el Español. *La sangre de Dios* se estrenó. *Ana Kleiber,* me la encargó una actriz, entonces era yo un escritor que podía haber entrado en la nómina, pero desafortunadamente no pudo ser. No podía ser así. Pues bien, *Ana Kleiber* me la pidió la actriz Tina Gascó. Yo tenía un tema para una mujer y le hice la obra, pero al ver que la protagonista era una mujer "perversa" se asustó. Me dijo: "No. Mire Vd. Una actriz como yo, cómo va a representar un papel así; qué dirán las personas que me quieren; se verían defraudadas". *Ana Kleiber* no fue prohibida por la censura. Luego se estrenó en Grecia, su estreno mundial lo hizo la actriz Elsa Bergui. También se estrenó, después, en París, en el 61, en el Théâtre Hébertot, con Françoise Spira.

F.C.– *Ya que estamos en 1955-56, quisiera preguntarte si recuerdas acontecimientos históricos como las manifestaciones por Gibraltar español y los ataques al Gobierno, las purgas en el SEU...*

A.S.– Vagamente. Recuerdo que lanzaron a los estudiantes para reclamar Gibraltar y luego los maltrataron... Hubo algo de esto. Pero nada más.

F.C.– *¿Participaste en el 55 en el entierro de Ortega y Gasset y en el Congreso Nacional de Escritores?*

A.S.– Yo ya no estaba en la Universidad. En esos actos participaron escritores más jóvenes; yo solamente me incorporé a ellos el año 56, en las reuniones contra el SEU.

F.C.– *Te pregunto esto porque es interesante constatar cómo a medida que, en los años 50, la vida social y política de España experimenta un proceso de radicalización tu obra sigue ese mismo proceso.*

A.S.– En el 56, el proceso de radicalización español fue para mí muy claro. Por primera vez se produjo la protesta contra el SEU y se hizo la reclamación de un sindicato libre y representativo.

F.C.– *¿También es por esos años cuando entras en contacto con el Partido Comunista de España?*

A.S.– En el 56, en París, me propusieron los comunistas que entrara en el Partido. Estuve a punto de ingresar. Entonces tenía yo una actitud antifranquista muy notable para todo el mundo. Un militante del Partido Comunista de la época, Eduardo Haro Tecglen, que estaba en París de corresponsal, fue quien me propuso que ingresara. Estaba yo bastante animado a entrar, a aceptar su propuesta. Ocurrió lo de Hungría, lo de Budapest, y eso me retiró. Di un paso atrás. Hasta el punto que solamente muchos años después, en el 63, ingresé. Sin embargo, desde más o menos el 56, aunque era independiente, trabajé siempre con el Partido.

F.C.– *En cuanto a* El cubo de la basura...

A.S.– Es una obra muy floja, hecha con más buena fe que otra cosa.

F.C.– *El tema de los vertederos de basura está ahí, lo que es un punto de referencia de tu interés por el tema, como lo demuestra tu libro de reciente aparición* Lumpen, marginación y jerigonça.

A.S.– Es cierto. Ese tema siempre me ha interesado.

F.C.– *Hay también el tema del anarquismo.*

A.S.– Sí. Eso debía de proceder de las conversaciones en aquella taberna de la calle Libertad a la que iba con Ignacio Aldecoa. No creo que hubiera otra fuente para mí. De allí salían muchas historias de la guerra. Un día se contó cómo una señora, Paca la Legionaria, que era una borracha del barrio, había aparecido muerta de frío en la calle. Recojo esa historia en *El cubo de la basura.* Yo veía el desamparo en aquella taberna, con la gente tomando sus vasitos de vino, con el frío que entonces hacía, el hambre...

F.C.– *Hablas del mundo obrero, de los comisarios de policía, del Partido Comunista.*

A.S.– Todo procede de conversaciones de la taberna aquella.

F.C.– *Además usas ya palabras del argot.*

A.S.– Pero era libresco. Yo no lo había oído nunca decir. Yo tenía un librito, un buen diccionario de argot, hecho por un policía, Pedro Serrano, que se titulaba *Delincuentes profesionales*. Ahí había un vocabulario muy bueno. Algunas de las expresiones, como *bocata* para decir *hambre* o *tubo* para decir *metro* o la *saña* para decir la *cartera*, son tomadas de ese libro.

F.C.– *Volviendo a* Escuadra hacia la muerte, *aunque habrás hablado de ella mil veces, está escrita, ¿no?, en un momento en que España vive un clima de guerra fría.*

A.S.– Así es. En el 51 cuando la escribí, como en el 53 cuando se estrenó, había un clima de guerra fría.

F.C.– *Ideológicamente...*

A.S.– Hay una indiferenciación ideológica enorme. No hay ningunos ingredientes anticapitalistas ni anticomunistas. No hay nada. Es como un mundo un tanto abstracto, un mundo en donde hay una guerra con la que uno no tiene nada que ver, un mundo en donde los personajes no tienen ni arte ni parte.

F.C.– *Hay una crítica consciente de la vida militar.*

A.S.– Sí. Porque yo ya había hecho los dos campamentos de las Milicias y odiaba a los militares intensamente.

F.C.– *En la borrachera que cogen los soldados, ¿hay algo de naturalista ahí?*

A.S.– No sé. Es una ocurrencia para desarrollar la situación.

F.C.– *Sale mucha gente bebiendo mucho en tus obras...*

A.S.– No tanto, ¿verdad? O tal vez, sí. Sí, hay varias obras que sí. Porque la gente bebe mucho por aquí. Había una, *Oficio de tinieblas*, que se iba a titular *Alcohol*, pero salió una obra en Francia con ese título y se lo quité.

F.C.– *Pedro, en* Escuadra hacia la muerte, *reza.*

A.S.– Pedro era religioso.

F.C.– *¿Tenías todavía la preocupación religiosa?*

A.S.– Me dividía entre todos los personajes. Me veía algo más en el intelectual.

F.C.– *Se ha dicho que* Escuadra hacia la muerte *plantea de forma ambigua el problema de la dictadura y de la anarquía. Cabe interpretar que los soldados eran más felices, o menos desgraciados, cuando estaban bajo la autoridad del cabo Goban.*

A.S.– Esa obra debía tener alguna ambigüedad. La ambigüedad a mí me ha perseguido siempre. Recuerdo un artículo de Haro Tecglen en el que decía que todo lo que yo escribía era tan ambiguo que no se entendía nada. Decía Haro Tecglen: "Quiere hacer una obra de elogio de la revolución y hace una obra anticomunista: *El pan de todos*. Quiere hacer una obra antimilitarista y lo que sale es un elogio de la disciplina militar: *Escuadra hacia la muerte*". De *La mordaza* decía que era "un ataque a la resistencia francesa". Venía a decir que en todas mis obras se podía ver lo contrario de lo que yo pretendía hacer. Ese artículo que se titulaba "Introducción al teatro de Alfonso Sastre", apareció en *Primer Acto*. Allí, obra por obra, iba diciendo que los efectos de mis obras son siempre los opuestos a los pretendidos. En cierto modo, algo de eso a veces ocurría. En cuanto a lo que me preguntabas de *Escuadra hacia la muerte*, te voy a contar esta anécdota. Un capitán del Ejército, López Anglada (que era algo amigo de mi padre), que era muy militarista y además ha sido poeta, cuando supo que *Escuadra hacia la muerte* estaba prohibida por el Estado Mayor, le dijo a mi padre: "No comprendo por qué le han prohibido esa obra a su hijo. Porque yo, desde el punto de vista militar, esa obra la pondría como obligatoria en los cuarteles". Yo me quedé aterrorizado, asombradísimo. "Porque en esa obra –añadía– se ve claramente lo que pasa cuando cesa la disciplina". En *El pan de todos* me pasó algo muy parecido. Quería yo hacer una cosa muy trágica, es decir, vi la revolución como una tragedia y no como un tránsito plácido de lo injusto a lo justo. Eso lo digo también en el prólogo a *Cuatro dramas de la revolución.* Pero yo no quise hacer en modo alguno una obra anticomunista, en absoluto. Sin embargo, me quedé aterrorizado un día que vino a mi casa un editor y me pidió la obra para publicarla en una antología de *Teatro anticomunista*. Entonces, claro, prohibí la representación de *El pan de todos.* La obra ya no se ha vuelto a representar. Por cierto, tengo que decirte que también la gente del Partido me hizo un informe negativo de *El pan de todos.* Yo la pasé al Partido, aunque todavía no era militante, pidiendo una opinión. Eso fue cuando Marsillach iba a estrenarla en Barcelona. Yo quería saber cómo el Partido iba a ver aquello. Me mandaron un informe que todavía conservo, diciéndome que consideraban que era una obra muy negativa, que podía ser utilizada contra el Partido Comunista. A pesar de todo yo dije no, tiremos adelante, vamos a estrenar, a ver cómo va. Marsillach ayudó poco, pues hizo una representación muy lacrimógena. Resultaba verdaderamente que un proceso revolucionario era algo infernal. Con *El pan de todos* estuve preocupado, preocupadísimo. Sin embargo, Bergamín me decía que no me preocupara porque cuando se quiere hacer la justicia se produce una situación infernal. La justicia, me decía, es el infierno. Hay que pasar por esa situación. Pero por el posible efecto inmediato de la obra, por si iba a producir un efecto negativo en un momento de anticomunismo feroz desatado, la prohibí. No quería contribuir al anticomunismo y la prohibí. Fue algo de lo que le pasó a Sartre con *Las manos sucias*. También él la prohibió.

F.C.– *A mí lo único que me desagrada de* El pan de todos *es el suicidio de David, al final de la obra.*

A.S.– El suicidio es lóbrego, horroroso...

F.C– *El resto de la obra me parece correcto, válido. Sobre todo por la denuncia implícita de la corrupción estalinista.*

A.S.– Era un poco la situación del estalinismo en la época. Pero de todos modos, me parece exagerado pensar que se puede (es posible que se haya hecho) ejecutar a una mujer vieja aunque haya cometido un crimen contra el pueblo. Yo llevé las cosas un poco lejos. Tirando del esquema de la tragedia griega, de la *Orestiada,* de la muerte de la madre por el hijo, no sé, me dejé llevar.

F.C.– *La obra que desde luego tuvo un gran éxito fue* La mordaza. *De ella ya hemos hablado un poco. Pero quisiera preguntarte ahora si influyó en ti* El deseo bajo los olmos *de O'Neill.*

A.S.– Es posible. Algún crítico lo asoció también. A mí me gustó mucho. También hay algo ambiguo. Sobre todo en la persona del padre. La obra es una denuncia evidente de la dictadura, pero, sin embargo, hay un aspecto ambiguo en el hecho de que el criminal, el viejo, sea un resistente. Claro que yo, a eso oponía que quien lo detiene había sido también un hombre de la resistencia.

F.C.– *Otro aspecto ambiguo sería interpretar la muerte del padre como una venganza para con su familia.*

A.S.– Esa es una interpretación que puede ser delirante por parte de uno de los hijos.

F.C.– *Pero, como queda situado al final, parece que la obra quiere ser de esa opinión.*

A.S.– Tal vez por eso uno de los hijos dice al terminar la obra, para liberarse: "Se dejó matar, no os preocupéis". Es para seguir viviendo, es agarrarse a no caer en la venganza del padre. Cabe esa opinión que mencionas.

F.C.– *¿Acaso no te preocupa desde siempre extirpar el mal* donde sea, *dentro y fuera del Partido, en todas partes?*

A.S.– Creo que sí. Combatir el mal, pero el mal encarnado en la injusticia, ha sido siempre un motor en mí. Me acuerdo de que cuando en los *slogans* de la lucha política se hablaba de la libertad, de las libertades democráticas, a mí nunca me preocupaba tanto el tema de la libertad. Y eso que yo sufría mucho de la falta continua de libertad de expresión, lo que era personalmente uno de mis sufrimientos más fuertes en el orden social. Pero, sin embargo, no me preocupaba eso tanto como la injusticia. Cuando se hablaba de una sociedad comunista y se decía que allí no había libertades, no era una cosa que a mí me inquietara tanto, si había una distribución de la riqueza. Era más el tema de la justicia que el de la libertad lo que me preocupaba.

F.C.– *Luego viene* Tierra roja. *Es quizás una de tus pocas obras de entonces que se puede fácilmente localizar en España, en Río Tinto, ¿no?*

A.S.– Aunque allí no ocurrieron enfrentamientos tan sangrientos. Conocí Río Tinto, el paisaje, la tierra roja, además había llovido el día que yo estuve allí y parecía realmente una tierra ensangrentada. Me impresionó mucho Río Tinto. Me contaron el problema de los jubilados, que los echaban de las casas... De modo que el problema de Río Tinto era real. Era así. Nos contaron en una taberna que cuando no podían utilizar a los viejos, los echaban de las casas en donde habían vivido toda su vida. Yo pregunté: "¿Cómo no ocurre algo aquí?" Y dijeron: "¿Cómo va a ocurrir aquí algo si ya ha habido una historia trágica? Ha habido huelgas heroicas en los años 20 y 30". Eso es todo lo que es histórico, porque el invento del desencadenamiento de esa huelga que termina con violencia y represión, es inventado. Pero inventado con relación a ese lugar, pues ha ocurrido en otras partes.

F.C.– *La relación de* Tierra roja *con* Fuente Ovejuna...

A.S.– Sí, sin duda es también un homenaje a Lope. Pero en *Tierra roja* daba un paso más que en *Fuente Ovejuna,* en cuanto que en la obra de Lope no hay represión, se detiene, hay un perdón. En *Tierra roja* hay represión contra todos. El castigo es colectivo. He querido hacer una metáfora de la guerra civil española. Luego la gente queda enlutada. Introducen la mala conciencia en el muchacho que ha sido el líder de la revuelta, quien piensa que están de luto *contra él.* Quise hacer esa metáfora de la guerra civil.

F.C.– *Se puede relacionar con* Historia de una escalera.

A.S.– No, creo que no. A mí *Historia de una escalera* no me gustó cuando se estrenó. No me podía influir en nada.

F.C.– *¿Qué relación tenías con Buero antes de la polémica en torno al posibilismo?*

A.S.– Pues nunca fue una relación muy buena; no, nunca fue muy buena mi relación con Buero. Yo tenía una contradicción con él bastante seria. En el sentido que el hecho de que Buero fuera un hombre de la guerra que había estado condenado a muerte, me hacía ser muy benévolo con su teatro. Cuando publicaba yo algo sobre su teatro, daba una imagen que no correspondía a mi juicio. Yo deformaba mi juicio. Concretamente, *Historia de una escalera* se estrenó cuando yo hacía la crítica en la revista *La Hora*. Me quedé un día muy turbado por mi contradicción. Conocía mucho entonces a Jardiel Poncela. Los dos escribíamos en un café. Estábamos sentados en mesas una al lado de la otra y nos animábamos un poco los dos. El estaba bastante enfermo y se animaba viéndome escribir. A mí me gustaba que alguien escribiera cerca de mí. A veces, charlábamos. Llegamos a hacernos amigos. Pues bien, cuando vi el estreno de *Historia de una escalera* en el Español, me preguntó cuál era mi opinión. Le di mi opinión real: que era una obra muy floja. Le dije que me parecía que Buero empleaba un lenguaje muy acartonado, que tenía unos efectos que teatralmente estaban bien, pero que, entre otras cosas, el hecho de que en un período tan histórico como el que abarcaba teóricamente la obra no se produjera ninguna referencia a la guerra civil ni a ningún conflicto social y político, a mí no me parecía aceptable... Además le dije que a mí los personajes no me producían un gran interés. Le dije, en fin, más o menos lo que pensaba. Pero al escribir la crítica en *La Hora* le hice un gran elogio. No podía, al ponerme a escribir la crítica, criticar a un hombre que había hecho la guerra, que había estado condenado a muerte. Eso indica, por otra parte, cómo yo tenía ya entonces unas posiciones incluso dogmáticas de izquierda, hasta el punto de deformar un juicio estético y decir que una obra me gustaba cuando no era así, por el hecho de que fuera *rojo* el autor. Pero yo lo hice sin darme cuenta de la contradicción, lo escribí así porque me parecía lógico. Jardiel se dio cuenta de la contradicción. Vio la crítica y me avergonzó. Me dijo: "Oye, pero tú, ¿qué opinas, lo que me dijiste o lo que has publicado en *La Hora*?" Me quedé al descubierto. No me había dado cuenta yo mismo de cómo había mentido en la crítica. Bueno, más que mentir, lo que hice fue resaltar los aspectos que me habían parecido más positivos y me había callado todo lo que no me había gustado. Claro, era una forma de mentir a favor de él. Luego la cosa no fue muy bien con él porque algún tiempo después tuve la ocasión de hablarle y le dije que *Historia de una escalera* me habría gustado más si hubiera tomado, si hubiera recogido elementos históricos, lo que tendría que ser inevitable... Seguí diciéndole que entendía que no lo hubiera hecho por la censura, lo que para mí era una disculpa suficiente". Y él me contestó: "No, no creas que yo me he automutilado, sencillamente no he considerado necesario para nada introducir esos elementos históricos". Entonces yo, muy duramente, le dije: "Entonces no me gusta nada *Historia de una escalera"*. Eso nunca me lo perdonó. Es un hombre muy vanidoso. Ah, fue entonces también cuando él me dijo: "Estás pasando un sarampión marxista. Ya se te pasará". Pues bien: ¡aún no había leído yo entonces *ni una línea* de Marx! En fin, tuve poca relación con él y no muy buena. Sin embargo, cuando estrenó *Madrugada* volví a escribir una crítica a su favor. Las pocas veces que he escrito sobre él siempre ha sido a su favor.

F.C.– *En* Tierra roja *se va ya perfilando en ti una concepción marxista de la Historia, del papel del hombre en la Historia. Este es un tema que te ha preocupado e interesado mucho después de esa obra.*

A.S.– Así es.

F.C.– *Tenías ya en preparación una historia de España de la que has hablado alguna vez, ¿no es así?*

A.S.– No, lo que iba a llamar *Algunas aportaciones al estudio de la Historia de España*, luego lo titulé *El camarada oscuro*. Era hacer un título que parecía de un ensayo para dárselo a una obra teatral. Pero, en fin, en *Tierra roja* ya empieza esa inquietud. A partir de ese momento ya está claro cómo veo la Historia.

F.C.– *Hablemos ahora de tu* Guillermo Tell. *¿Cómo surgió la idea de hacer esta versión?*

A.S.– Fue también un encargo del que era entonces director del Teatro Español, José Tamayo, que quería hacer una versión del *Guillermo Tell* de Schiller. Alguna otra vez ha ocurrido que me han hecho un encargo de hacer una versión de una obra clásica, y ese encargo lo he transformado en la opción de hacer una obra nueva sobre la base de un mito anterior. En ese caso fue así. Fue un encargo que yo estudié y me di cuenta de que a mí el hacer una versión del *Guillermo Tell* de Schiller no me apetecía. No me parecía suficiente motivación para trabajar. Le dije a Tamayo que si se me ocurría hacer una obra *a propósito* de Guillermo Tell, que de acuerdo, que lo haríamos. En efecto, tuve la ocurrencia, estudiando la fábula y leyendo cuidadosamente a Schiller, de que en ese momento en que Guillermo Tell hace su proeza podría fallar, que ese podría ser el momento justamente en que el mito podía caer roto. Porque lo lógico es que no acertara, y que incluso podía matar a su hijo. Yo me dije: "¿Y si hubiera matado a su hijo?" Entonces, ese "¿y si...?", es el que me introdujo en una versión nueva que sería la tragedia de Guillermo Tell. Fue entonces cuando yo pensé que realmente Guillermo Tell no era todavía una tragedia pero podía llegar a serlo. Y es lo que yo intenté rompiendo el mito del cazador preciso, del hombre sin nervios. No, yo me dije, es un hombre con nervios, un hombre que puede fallar. Y que en efecto falla gravemente porque mata a su hijo.

F.C.– *La muerte del hijo es, sin duda, el gran logro de tu obra.*

A.S.– Es el hallazgo de la obra con relación al mito de Guillermo Tell. Me hacía falta que hubiera una relación entre padre e hijo para que no fuera simplemente un objeto el niño, y por eso elevé la edad del muchacho para que pudiera haber una relación, un diálogo, entre padre e hijo. Y justamente para que pudiera el hijo participar en el acto heroico. De ahí viene la idea de hacer una escena previa, entre el padre y el hijo, en que es el hijo prácticamente quien recoge todo el contenido heroico al decir: "Hazlo, papá". Prácticamente el hijo toma la iniciativa.

F.C.– *Se podría pensar que querías establecer un paralelismo entre la responsabilidad que asume el hijo de Guillermo Tell y la que debe asumir el pueblo, las masas.*

A.S.– No. El tema de las masas, en esa situación en que vivíamos entonces, yo lo veía como un fondo provisionalmente inerte. Tenía mucho que ver con la poca actividad que en el momento en que yo escribí la obra tenían las masas dentro de la situación española. Es decir, que veíamos un proletariado bastante pasivo, como resignado. Nos explicábamos esa pasividad por el trauma de la guerra civil, etc., etc. Pero el caso es que veíamos que la situación de pasividad de las masas hacía como necesario el que emergieran héroes individuales, porque si no, no pasaba nada, no ocurría nada. Verdaderamente esos héroes no serían necesarios si hubiera un movimiento de masas. Al no haber un movimiento de masas, lo cual no significaba que yo hiciera una acusación a las masas obreras porque comprendía que el trauma de la guerra civil explicaba su resignación, recogía yo esa situación de pasividad justificable y explicable de las masas, y las tragedias a que abocaba esa situación social, la pasividad del conjunto de la población. Lo único que hay es que el héroe individual en la obra se desdobla en el padre y el hijo. Son los dos los que cumplen el hecho heroico, hecho necesario por la pasividad del conjunto de la población. No hay un héroe individual, por tanto, sino un pequeño colectivo ya, un pequeño colectivo que es el padre y el hijo.

F.C.– *Hay, pues, un deseo de romper un mito y a la vez de crear la noción de un pequeño colectivo, de hacer un llamamiento a las masas...*

A.S.– Exactamente. Pero el llamamiento a las masas consiste en decir: "Estas tragedias ocurren porque ustedes no asumen su papel histórico". Pero no era una acusación porque era una cosa absolutamente comprensiva. Vengo a decir que *si hubiera* un movimiento de masas y *si no hubiera* una burocracia, porque también hay una crítica al burocratismo de las organizaciones minoritarias, no sería preciso que emergieran figuras como Guillermo Tell y su hijo, o el hijo y Guillermo Tell, pues son héroes los dos.

F.C.– *Las escenas de los mendigos que salen en* Guillermo Tell *son como una vuelta al tema del subproletariado sobre el que tanto has escrito. ¿Qué papel desempeñan en tu Tell?*

A.S.– Ellos son un subproletariado. Pero más bien son como una *ida* hacia el subproletariado, pues es en ese momento cuando lo estoy descubriendo. Los mendigos sirven un poco de cronistas de la situación.

F.C.– *Empleas ya aquí anacronismos, como las metralletas, inexistentes, claro, en tiempos de Guillermo Tell. Esta es una técnica que desarrollarás en tus tragedias complejas, ¿no?*

A.S.– El tema de introducir en un mito más o menos tradicional elementos contemporáneos no era ninguna novedad. Cuando hicimos *Antígona* de Anouilh en Santander, de la que ya te he hablado, recuerdo que salía Antígona con un traje de noche y Creonte con un traje de etiqueta. Yo salía con una chaqueta de pana haciendo el Coro. O sea que ese tratamiento anacrónico estaba en el medio cultural del teatro europeo. Ya se hacía normalmente. No encerraba ninguna novedad. Presentar el mito de Guillermo Tell con metralletas en lugar de flechas era un hallazgo de una vanguardia ya asumida.

F.C.– *Hay algo esperpéntico en la escena del sombrero, ante el que todos tienen que arrodillarse...*

A.S.– Un poco. Doy un pequeño paso en relación a Schiller. Yo exagero la escena, que ya está por cierto en el drama de Schiller, hasta esperpentizarla.

F.C.– *En 1955 escribes* Guillermo Tell *y* Muerte en el barrio, *de la que también ya hemos hablado, y además*, Ana Kleiber *y* La sangre de Dios. *Estas dos obras se podrían clasificar como* dramas de la frustración, *como hace Farris Anderson, y colocarlas en el mismo grupo de tus obras primeras:* Uranio 235 *y* Cargamento de sueños.

A.S.– Bueno. Yo creo que se trata de una tentativa de situar en *algún sitio* unas obras que son bastante *atípicas*. Esas obras sobran un poco cuando se intenta hacer una evolución coherente de mi producción. No se sabe bien adónde meterlas. Entonces se pueden colocar así, en un sector un tanto secundario. Yo mismo las consideré siempre como un tanto secundarias con relación a las preocupaciones fundamentales que yo tenía. En cuanto a *La sangre de Dios* expresé un poco todos los restos de mi preocupación religiosa, de mi crisis religiosa. Desde el punto de vista autobiográfico, pues, tiene importancia. Pero me parece una obra muy frustrada.

F.C.– Ana Kleiber *sería, en fin, un nuevo esfuerzo tuyo en la busca de un teatro que recupere para el realismo la imaginación...*

A.S.– Yo he estado intentando, sin duda, hacer un teatro realista, pero no entendiendo nunca el término realismo como una reducción de las posibilidades del ser humano. Eso ha sido un caballo de batalla siempre. Cuando dijimos, en 1961, al crear el Grupo de Teatro Realista, que hay que hacer un teatro realista, los autores nos empezaron a mandar textos de tipo sainetesco-naturalista. Yo decía: "*¡Es que no es eso!*" Había una mala comprensión del concepto de realismo. Ese es un concepto que luego he profundizado mucho más. En ese momento estaba en una fase previa, experimental, que después he desarrollado bastante. El elemento fantástico no lo asumía entonces como un ingrediente necesario del teatro. Quería hacer un teatro realista. Unicamente que la representación *realista* de la realidad tenía que incorporar la realidad con todo y, entre otras cosas, hay los sueños y la fantasía de la gente. Esos elementos fantásticos, del sueño, no debían determinar el conjunto pero debían estar con toda la realidad, como ésta se da. Por ahí andaba la cosa.

F.C.– *En* Ana Kleiber, *¿tenías alguna idea formada sobre algún personaje femenino?*

A.S.– No sé. Yo estaba un tanto hipnotizado por figuras literarias, por ejemplo de Ana Christie de O'Neill, o por la Medea. Yo creo que hay un ingrediente muy literario en mi interés por los personajes femeninos como Ana Kleiber.

F.C.– *De* La sangre de Dios *dijiste que era un homenaje a Kierkegaard.*

A.S.– Estaba liquidando ya ese problema religioso y esta obra me ayudó a ello. Porque esto que yo digo *ahora* sin temblar, de que Dios si existiera sería un monstruo, era también un poco el homenaje a *Temor y temblor* de Kierkegaard, pero entonces eso no me atrevía a decirlo así. Lo que hice fue decirlo a través de los personajes. Hay un personaje en *La sangre de Dios* que dice eso. Me descargaba un poco a través de los personajes con unas expresiones que, en un ensayo mío, personal, no me hubiera atrevido a usar, pero en una fábula, sí.

F.C.– *Aquí está también tratado el tema del tiempo. Algo que te ha preocupado siempre mucho.*

A.S.– He tenido siempre una doble preocupación. En un sentido, en cuanto a la esencia del tiempo, en cuanto al hecho de que el ser aparecía como tiempo, un poco están ahí mis lecturas de por aquellos años de Heidegger, de *Sein und Zeit*, y la vivencia de la vida cotidiana como un deterioro continuo de la realidad, la vejez como una amenaza, aunque no para mí, pues yo pensaba entonces que me iba a morir pronto. Yo nunca había pensado que iba a tener la edad que tengo ahora, ni me importaba. Mi vida personal no me importaba.

F.C.– *En un poema hablas precisamente de cómo veías de niño envejecer a tus padres y querías morirte antes que ellos. En "Calle de la infancia" escribes:*

> ...yo, entreabriendo los ojos, les miraba, acechaba
> las arruguitas, los leves gestos de cansancio, la frente
> de mi padre y los alrededores de sus ojos, y eternamente
> protestaba y pedía, como un niño cualquiera,
> morir antes que ellos.

A.S.– El deterioro que produce el paso del tiempo veía que afectaba a las personas que me rodeaban, veía, sí, a mis padres que envejecían, veía lo irremediable del tiempo. Eso era un elemento muy patético que intervenía siempre. Y por otro lado, había también el hecho de que hacer un juego con el tiempo me parecía una gran posibilidad para la expresión teatral. Es decir, el no aceptar el esquema sucesivo, hoy diríamos diacrónico, de los episodios, en los tres actos o cuantos fueran, pero siempre con una cosa detrás de otra, y que eso sería una historia. Esto es, la concepción de la fábula como una recomposición de los momentos temporales. De modo que la obra podría empezar por el final, acabar por el principio, llegar a un momento en que se abriera en dos posibilidades y explorar las dos posibilidades. Esto está en *La sangre de Dios* y en mi última obra, *Análisis espectral de un Comando*. Está, sí, en esas dos obras esa apertura: ver dos movimientos posibles del tiempo. Yo hice, cuando escribí *El cuervo*, un ensayito, "Espacio, tiempo y drama", publicado en *Primer Acto*, en donde estudiaba estas posibilidades que ofrecía la recomposición del espacio/tiempo para hacer unas fábulas expresivas y complejas y desmontar el *a priori* de que siempre el tiempo en el teatro tendría que presentarse de un modo sucesivo. Eso tampoco era ningún hallazgo porque todo el mundo lo estaba haciendo, pero se hacía muchas veces como una historia en la que el tiempo primordial estaba muy subrayado y luego había unos saltos atrás, y después un regreso al tiempo primordial. Yo pensaba más en la posibilidad de hacer una distribución mayor del tiempo y una recomposición más compleja, no el mero *flash-back* del cine. Eso es una forma de enriquecer una fábula sucesiva con recuerdos o con premoniciones, pero no es una fórmula demasiado compleja. Mientras que destruir y recomponer el tiempo para expresar una situación me parecía que ofrecía grandes posibilidades, y las ofrece. Y, en fin, se ha hecho mucho esto.

F.C.– *En* El cuervo *está también el motivo existencialista de la muerte, y ello relacionado con el motivo del tiempo.*

A.S.– Sí. Está el problema de la muerte, pero de la muerte del *otro*, del ser querido. Hay una reflexión sobre si el tiempo que pasa, pasa realmente, si el ser es el tiempo, como decía Heidegger, o si el ser tiene otra estructura. No está tan claro en el drama que lo que pasa ya no vuelve, que lo que pasa realmente ha pasado *irreversiblemente, irremediablemente*. Hay en *El cuervo* también una idea de la posibilidad de un retorno, del eterno retorno, y también la negación de que eso sea posible. Siempre parece que retornan las cosas pero llega el momento en que ya no son así, cambian. Por tanto, no es una repetición de lo que ha ocurrido. Nunca las cosas se repiten. Pero parece que hay, a veces, signos de que se vuelve a repetir una situación ya vivida... Bueno, entraban los ingredientes de esos fenómenos sicológicos y misteriosos que hay en la vivencia del tiempo. Si bien cuando hice *El cuervo* me preocupaba todo esto que acabo de decir, yo lo que en verdad quería hacer era un teatro social, realista, crítico... Pero como todo el teatro que tenía hecho en esa línea estaba prohibido, hice obras como *El cuervo* porque esa situación me abría la posibilidad de hacer un experimento más descomprometido.

F.C.– *¿Te sentías culpable de hacer ese teatro descomprometido?*

A.S.– En aquel momento me sentía con la necesidad de justificarme.

F.C.– *Sin embargo me parece que eras coherente en el sentido de que siempre* *te ha preocupado hacer un teatro que hable de la existencia humana dentro de un contexto social.*

A.S.– Pero en *El cuervo* yo vaciaba el contexto social. Verdaderamente hay ahí unos personajes flotantes en un mundo en el que el contexto social es ignorado. Se ve que es una pequeña comunidad de gentes de los cuales, desde el punto de vista social, no sabemos nada. ¿Quiénes son esas gentes? Vive el señor de la casa en un chalet, pero no se sabe de qué vive. De sus amigos se desconocen sus ocupaciones o sus medios de vida; no se sabe nada de los personajes. Son un tanto fantasmagóricos. Eso hecho por alguien que estaba empeñado en la idea de hacer un teatro crítico-social resultaba como un mentís a mí mismo. *El cuervo* resultaba algo raro.

F.C.– *Quedándonos en este año 58 y dentro del contexto de lo experimental, me encuentro con que entonces hiciste una adaptación de* Medea *y* El Paralelo 38.

A.S.– *Medea* fue también un encargo que correspondía a mi actitud por ese tipo de personaje femenino. Fue un encargo de Aurora Bautista que acepté con mucho gusto, con muchísimo gusto. Porque Medea era un personaje que me había fascinado desde que había leído la obra de Eurípides. Cuando me hicieron el encargo, estudié con mucho detenimiento cómo se hacían las representaciones teatrales, cómo era el teatro en Grecia... Leí mucha bibliografía al respecto y muchas versiones. Claro, yo no podía trabajar con el texto griego pero sí a través de las versiones españolas y francesas... Bueno, la versión se representó al final mal y no tuvo gran repercusión. Yo no llegué a ver la representación.

F.C.– *Se estrenó en Barcelona, ¿no?*

A.S.– Sí, y luego, creo, en Mérida, en el Teatro Romano de Mérida. Era muy importante el estudiar cómo era el coro griego. Yo pensaba que realmente Medea era un elemento de la tragedia pero que el otro elemento tan importante como ella era el coro. Entonces tenía que haber una relación dialéctica entre Medea y el coro. Los dos personajes son Medea y el coro. El coro tenía que ser, pues, unas mujeres que fueran actrices, bailarinas, cantantes. Además, Aurora Bautista tenía el sueño de hacer una representación como se hacía en Grecia. Para eso el estudio y el trabajo con el coro tenía que ser mucho más importante que el trabajo y ensayos que la propia actriz que hacía de Medea tenía que desarrollar. Para eso, para una representación así está hecho el texto y luego no fue así como se hizo. Al contrario, la obra se representó improvisando el coro con chicas de la localidad adonde iban a representar.

F.C.– *Cuando trabajaste en esta versión te preocupaba hacer un teatro para el pueblo, ¿verdad?*

A.S.– Esa es una de las motivaciones por las que acepté el encargo: poner estos textos al alcance del pueblo de nuestro tiempo. Era para un teatro popular. Era, pues, no sé, concebir el proyecto de empezar a hacer un repertorio, que en Francia ya lo estaban haciendo también, para un teatro popular de nuestro tiempo. Se dio a través de tratamientos como éste de *Medea* que consistía no en simplificar la Medea griega y vulgarizarla, pues yo siempre he rechazado el concepto de que la popularización de un texto griego tendría que consistir en simplificarlo o *vulgarizarlo*, como se dice, sino en transmitirlo con toda su complejidad al pueblo de nuestro tiempo. Y eso era una operación muy compleja, muy delicada y, estéticamente, muy rica. Pero una vez más chocaban todas las ideas y todos los deseos con la realidad de la institución teatral que no contaba con los medios para hacerlo y luego hacía unas improvisaciones que caricaturizaban el proyecto.

F.C.– *Se chocaba, en suma, con la imposibilidad de hacer un teatro social o popular en una sociedad franquista.*

A.S.– A esa contradicción llegábamos siempre. Nos decíamos: "¡Qué cosa más absurda es nuestra tentativa! ¡Si es imposible! Lo que tenemos que cambiar es la sociedad". Pero todos estos elementos iban entrando como ingredientes en nuestro proyecto. Digo "nuestro" porque no era sólo yo el que trabajaba en lo de cambiar el mundo, en lo de cambiar la sociedad. Nunca podremos hacer algo, nos decíamos muchos, de alguna importancia si no cambiamos la sociedad. Por tanto, pensábamos, lo que hay que hacer es intervenir en la vida política por todos los medios y no solamente a través del teatro. Esto era un ingrediente más para aceptar la necesidad de la militancia en un partido revolucionario.

F.C.– *¿Podrías hablarme un poco más aún de lo que pensabas sobre el arte popular, de las reflexiones que tenías hechas entonces sobre el tema?*

A.S.– Mis reflexiones estaban reducidas quizás al mero hecho de que el arte popular no podía consistir en una simplificación, que no podía consistir en una vulgarización. Eso sí, tenía que ser sobre la base de la complejidad y que no se podía minimizar la capacidad receptiva de los públicos populares, aceptando de antemano que había que reducir la complejidad de los fenómenos para que ellos los comprendieran. Tenía que ser transmitir toda la complejidad y encontrar las formas óptimas para que esa complejidad pudiera ser transmitida. Eso, en el plano estético, pues quizás se podía resolver, y yo pienso que este texto de mi *Medea* ya es una solución, pues el libro está ahí. Donde ya se producía la imposibilidad era en el paso siguiente de concretar esto en un espectáculo, a través de las instituciones existentes y tampoco a través de las instituciones inexistentes que podían crearse, los grupos independientes, modestos, sin medios. De qué manera iban a organizar un espectáculo con catorce mujeres, magníficas actrices, cantantes y bailarinas, ensayando durante un año, de dónde se sacaban los medios para hacer una cosa así. Y por otro lado, ¿merecía la pena el esfuerzo tan enorme que eso comportaría en una situación en la que había problemas tan urgentes, como que realmente estábamos bajo el fascismo y que lo primero que había que hacer era derrocar el fascismo? Por eso, en mi línea hay, primero, ese hallazgo de la funcionalidad política del teatro, que ya te dije fue casi como una pequeña revelación porque fue en muy poco tiempo. Después de hacer las primeras tentativas en el sentido de hacer un teatro de intervención en la sociedad, vino la necesaria aceptación de que eso no era posible, de que antes que nada lo que había que hacer era conseguir unos cambios estructurales. Por tanto había que luchar políticamente y había que aceptar que el teatro no podía influir muy fuertemente en ese cambio político. Podía ser un elemento más de la lucha pero había que luchar también al margen de la lucha propiamente cultural. Por eso, en algún momento, yo dije que hacer teatro no era bastante. Por lo tanto yo hacía una lucha propiamente política también, lucha política que curiosamente liberaba desde el punto de vista formal el teatro. Porque cuando yo no tenía otro cauce de expresión social que el teatro, todas las inquietudes políticas las iba abordando a través del teatro. Con lo cual se podía producir una hiperpolitización del teatro, incluso llegar a degradar el teatro tratando de darle una función para la cual no tenía una aptitud grande. Mientras que el hecho de que yo me impliqué en la lucha política, en la lucha propiamente contra la dictadura al lado del Partido Comunista, primero como militante y después como "dirigente" del mismo también, eso liberaba mi obra. Porque ya no había esa mala conciencia que suele haber en el escritor burgués que está siempre en lucha con su obra, que trata de justificar siempre su obra. Yo, como justificaba mi vida social en la lucha antifascista, extraartística, eso me daba a mí como una especie de permiso, de libertad, para hacer las cosas que me parecían bien en el teatro. De modo que paradójicamente mucha gente dice que cuando ha ingresado en un partido político ha visto reducida su libertad, pero en mi caso fue al contrario. Al ingresar en el partido político yo me encontré con la posibilidad de hacer toda la expresión propiamente política a través de la lucha y entonces dejar la zona artística liberada para hacer lo que me diera la gana. Entonces ya podía escribir una obra fantástica o lo que me pareciera.

F.C.– *Decía yo antes que en 1958 escribiste dos obras experimentales: la versión de* Medea, *de la que hemos hablado ahora, y* El Paralelo 38. *Esta obra última fue un intento de hacer una literatura cinematográfica, ¿no es así?*

A.S.– Fue un intento de hacer un cine neorrealista. El neorrealismo no lo intenté en teatro. Pero sí en el cine. *El Paralelo 38* es un guión de cine neorrealista. Es un intento de hacer un cine neorrealista, aunque no conseguí nunca hacer ese tipo de cine.

F.C.– *Pasemos ahora a* Asalto nocturno, *escrita en 1958. Entre otras cosas resalta el tema del teatro castizo/exótico sobre el que tanto has debatido.*

A.S.– Había la terrible opción que yo rechazaba (pero se presentaba como si no hubiera otra salida) de que uno tendría que caer en el casticismo o, de no hacerlo, en el exotismo, en un teatro cosmopolita. Yo siempre estaba en la idea de que teníamos que buscar una línea que era muy delgada y muy fina, que era muy difícil de encontrar, pero que estuviera lejos tanto del teatro costumbrista, sainetesco y castizo, que era una de las lacras del teatro español de corte naturalista, que estuviera tan lejos de eso como del teatro cosmopolita, desnacionalizado, desterritorializado. Pero eso era algo muy difícil, yo no sabía –y no sé– cómo hacerlo... Pero a mí me preocupaba. Una de las experiencias más fuertes en este sentido fue *La cornada*. Era un tema español tratado con una distanciación. Pero fue un fracaso. Desde el punto de vista estético no conseguimos la forma para encontrar esa línea lejana del casticismo y también lejana de unas concepciones cosmopolitas. *La cornada* no es una obra sobre la fiesta de toros porque los taurinos, la gente del toro, no la reconoce como obra que trata de ese mundo. Les parece un poco extraña. Bueno, lo que pasa es que no se reconoce el taurino en ella. Sin embargo, para otras gentes es una obra demasiado castiza, trata de los toros... Entonces, pues, no se encuentra esa línea en la que se consiguiera una distancia de ambas degradaciones, de la degradación casticista y de la degradación cosmopolita. Pero en *Asalto nocturno*, más que esa preocupación, el motor más fuerte fue otro. Yo creo que ahí fue la primera vez que intenté de forma consciente hacer un teatro narrativo que fuera una síntesis entre lo dramático y lo épico, entre lo dramático y lo narrativo, de tal manera que pudiera tener el drama una línea dramática reconocible como tal línea incluso por cualquier dramaturgo aristotélico. Un teatro que tuviera una consistencia incluso para un dramaturgo aristotélico y al mismo tiempo presentara esa estructura dramática en un cuadro épico, narrativo, que pudiera satisfacer las exigencias de un teatro postaristotélico o incluso antiaristotélico, como decía Bertolt Brecht. Sería la alternación de los momentos dramáticos con los momentos épicos, en una síntesis. Pero como tampoco se representó la obra en España, se ha presentado en algún otro lugar sin que yo la haya visto, pues tampoco sé qué resultado hubiera dado. De ahí viene esa angustia que he tenido siempre de la falta de un mecanismo de retroalimentación, de no tener mensajes de la experiencia.

F.C.– *Hay también una preocupación por la Historia, particularizando tal preocupación en una metáfora, en la historia de unas familias. Pero se ve que de esas historias particulares, concretas, que forman parte de la Historia general, más abstracta, buscas sacar una enseñanza.*

A.S.– Quiero hacer como una metáfora de las guerras mundiales, de los enfrentamientos bélicos, a través de la historia de la oposición entre esas dos familias. Por otro lado hay un intento de hacer un juego con el tiempo. Se trata de una obra que empieza por el final. Hay el experimento temporal. Después hay también una documentación de distintas épocas, o sea, se quiere hacer un poco de Historia de Europa.

F.C.– *El final de la obra, cuando el chico se entera de cómo ha muerto su padre, podría significar una advertencia sobre el peligro de que empiece la III Guerra Mundial. Vienes a decir que hay que aprender de las experiencias pasadas y que no deben repetirse los errores anteriores.*

A.S.– Claro, claro. Al final se da a entender que la mecha para que estalle la III Guerra Mundial está lista para ser encendida, que hay quien puede encenderla. Aunque quizás no se llegue a ello.

F.C.– *Esta obra enlaza con* Uranio 235.

A.S.– Enlaza con *Uranio 235,* pues recojo otra vez el tema del peligro de la guerra atómica. Las dos son obras pacifistas.

F.C.– *El año 59 haces* En la red, *un drama importante, ¿verdad?, dentro de tu producción.*

A.S.– Lo es para mí porque lo escribí en una situación semejante a la que los personajes viven en la obra. Entonces se estaba preparando, por parte del PC, una jornada de protesta a nivel nacional y había una gran redada. En aquellos momentos, estaban deteniendo a la gente. Está escrito, pues, en un momento en que nosotros mismos pudimos ser objeto de la detención. Pero de todos modos funcionaba siempre, por mucho que uno no quisiera, un cierto mecanismo de autodefenderse que hacía que uno tomara precauciones. La obra resultó un tanto abstracta. Porque hay la situación de la obra en un país norafricano. Hay unos árabes fantasmagóricos que no tienen mucha consistencia... Era la única forma que yo veía de que la obra pudiera representarse haciendo algunas brumas sobre la localización. Porque, claro, la localización tendría que haber sido en Madrid durante la preparación de la jornada del año 59, pero, entonces, al hacer esa transcripción al norte de Africa, con la guerra de Argelia, más o menos, yo tomaba unas distancias que hacían irreconocible el tema desde el punto de vista de un teatro documental de nuestro momento. Y al mismo tiempo como testimonio sobre la guerra de Argelia tampoco era muy... No, no era ni lo uno ni lo otro. Sobre la guerra de Argelia yo había leído entonces *La Question* de Henri Alleg, lo que fue para mí muy interesante. En *En la red* yo recogí documentos literalmente de *La Question*. Todo el relato de las torturas es el de las torturas que practicaban los franceses en Argelia. Pero quizás para un espectador francés o argelino esa obra resultaría exótica, abstracta, no la reconocerían, mientras que para nosotros, para el espectador de Madrid, resultaba africana. O sea que para los africanos resultaría madrileña y para los madrileños resultaba africana. Y eso era un resultado de las condiciones en las que vivíamos, que eran muy difíciles. Muchas veces, no solamente lo habrás visto en mi teatro sino en el teatro de algún otro compañero, teníamos que situar las acciones de las obras en países extraños, en medios indeterminados.

F.C.– *O empleabais nombres extranjeros para los personajes.*

A.S.– Lo hacíamos para enmascarar y para que la censura no prohibiera las obras. Eso habría que tenerlo en cuenta a la hora de hacer un juicio acerca de lo que se escribió en aquellos años. Porque si no, no se entendería por qué hacíamos esas cosas tan raras. Más tarde, *En la red* se hizo en Moscú y allí ya la acción la pusieron en Madrid. El título era *Madrid no duerme de noche.* Cuando me pidieron permiso para hacer esa transcripción dije: "Sí, porque justamente es lo que yo hubiera deseado hacer y no pude hacer en Madrid. Yo no sé cómo quedaría a la obra, porque no llegué a verla, pero por lo menos la idea era buena. Muchos años después yo hice prácticamente una reescritura de *En la red*, que se llama *Askatasuna*, obra editada en mi *Teatro político*, pero ya con todo perfectamente reconocible dentro de la lucha del País Vasco. Ahí sí está lleno de carne y de sangre auténticas, de la vida, de los debates... Ya no es una obra abstracta. Pero fíjate qué proceso tan largo hasta llegar a escribir *Askatasuna*.

F.C.– En la red, *como* Askatasuna, *son dos obras que habría que calificar de aristotélicas.*

A.S.– Porque tienen las tres unidades. Es más, parecen un ejemplo o modelo de teatro neoclásico. Tienen unidad de tiempo, unidad de espacio y unidad de acción. Las dos obras empiezan en tal hora y terminan en tal hora y durante un día. En cada una de estas obras está en un lugar todo el suceso y hay en ambas una acción única. Entonces parecen ser como dos ejemplos de las reglas de las tres unidades, ¿no? Bueno, yo nunca fui partidario de ningún apriorismo formal, ni de defender las tres unidades, ni de atacarlas por sistema. Yo siempre decía que cada acción exigía su formalidad y que había que tener libertad para dar a cada acción su forma y si para eso las tres unidades era una forma oportuna, apropiada, ¿por qué no? Tampoco habría que disgustarse por el hecho de hacer una obra en tres actos que fueran tres momentos de una misma noche en un mismo decorado. Ahí se reproduce el esquema neoclásico, pero ¿por qué no?

F.C.– Askatasuna *está escrita en una etapa en que haces tragedias complejas, pero no tienes inconveniente alguno en, a pesar de ello, hacer una tragedia aristotélica.*

A.S.– Porque en *Askatasuna* hay una acción en donde recojo a unos personajes que se refugian en una casa. Lógicamente la unidad de lugar viene por la acción. ¿Cómo van a estar en varios lugares si lo que quieres dar es la angustia de unos personajes encerrados en *un* lugar? La unidad de lugar no viene impuesta apriorísticamente, sino que es la misma situación la que te obliga a que la reduzcas a un lugar y después que es unas horas durante una redada. De ahí, por tanto, hay la unidad de tiempo, Y entre esos cuatro muros y entre esos pocos personajes hay una acción conductora realmente simple, hay una unidad de acción. Resulta un modelo neoclásico que podía ser escrito por Moratín pero, ¿por qué no?

F.C.– *Volviendo a* La cornada, *a un lado el asunto de lo castizo y de lo exótico, sobre lo que ya hemos hablado, hay en esta obra elementos experimentales de interés. En la puesta en escena, por ejemplo, ensayaste un juego de elementos aproximadores y otros distanciadores...*

A.S.– Lo experimental está más en la puesta en escena que en la escritura de la obra. Hay toda una historia, violenta casi, hasta que se representó. En principio la obra la iba a estrenar una compañía convencional, la compañía de Fernando de Granada, un actor convencional que me pidió la obra y empezó a ensayarla. El tenía una visión castiza de la obra que, es cierto, el texto puede permitir. Yo no digo que *La cornada* no se pueda leer castizamente. Pero a un punto tal hizo esta lectura Fernando de Granada, quien hacía el papel de apoderado, que hablaba con acento andaluz y hasta se ponía unas gafas negras, como hacía un apoderado del momento. José María de Quinto, que era el director –yo no iba a los ensayos–, un día me llamó y me dijo que no podía con este hombre. De Quinto estaba de acuerdo en no hacer una obra castiza sino que quería hacer con el drama de los toros una metáfora de la explotación del hombre por el hombre. Eso es lo que queríamos. No nos importaba que se reconociera el hombre de los toros siempre y cuando se hiciera con las suficientes distancias para que la significación fuera muy general. Entonces de Quinto me dijo que fuera a los ensayos porque él no era capaz de resolver este problema. Y es que, además, el actor, que era el empresario, con su acento andaluz y con sus gafas negras hacía una especie de caricatura de un apoderado de Manolete, un tal Camará... El quería hacer una crítica castiza de los apoderados, del mundo taurino. Lo veía así y no de otra manera... Yo fui a uno de los ensayos, lo vi y me quedé asustado. Vi que aprovechaba el texto para meterlo en la crítica de las costumbres taurinas y no, no se trataba de reducir la obra a eso. Bueno, yo hablé con el actor, le expuse mi punto de vista, que él no quiso aceptar, y le retiré la obra. Con eso, a pesar de que entonces era muy importante para mí, me guardaba la obra. Y es que, claro, tampoco quería dar unos pasos tan erróneos. Pues bien, fue entonces cuando Marsillach me pidió una obra para hacer en el Teatro Lara, donde él estaba trabajando, y le di *La cornada*, pero diciéndole la forma en que yo la veía. El aceptó. Hicimos una puesta en escena con ese juego de reconocimiento y distanciamiento, de identificación con el tema del toro y de separación. Es decir, hicimos una puesta en escena experimental. Pero, de todos modos, no fue exitoso el experimento, no lo fue, no, pues no creo que llegamos a encontrar esa línea un tanto mágica en que el mundo de los toros fuera reconocido al mismo tiempo que fuera reconocida la metáfora, más profunda. Es muy difícil. Ès un poco el campo en el que uno trata de incidir, pero es muy, muy difícil.

SEGUNDA JORNADA

El grupo de la Revista Española.

F.C.– *Antes me has hablado de un grupo juvenil de amigos, de los compañeros de* Arte Nuevo. *Pues bien, ahora me gustaría que me hablaras de otro grupo de amigos tuyos posteriores. Me refiero al grupo de la* Revista Española: *Ignacio Aldecoa, Carmen Martín Gaite, Rafael Sánchez Ferlosio...*

A.S.– Cuando yo ingresé en la Universidad hacia el año 50 o el 51, se empezó a producir un desplazamiento mío del grupo *Arte Nuevo*, grupo de teatro propiamente dicho, hacia el grupo de escritores, Aldecoa, Ferlosio... Hasta el punto de que se forma un núcleo de amigos muy profundo. Ignacio Aldecoa era un año mayor que yo pero llevaba ya varios años en la Universidad. Era un estudiantón cuando lo conocí. El había ingresado a tiempo en la Universidad. Yo, como recordarás, pasé tres años intentando opositar en Aduanas. O sea que cuando llego a la Universidad lo hago con tres años de retraso. Conocí, por tanto, en la Universidad, a Aldecoa, a Fernández Santos, a Carmen Martín Gaite, a Ferlosio... Fue un conocimiento muy estupendo. Nos hicimos muy, muy amigos. Nos queríamos mucho. Ah, José María de Quinto también se incorporó al grupo aunque él no era universitario. Ignacio no terminó la carrera, Rafael tampoco...

F.C.– *Tuvo este desplazamiento, como tú lo llamas, una gran significación para ti, ¿verdad?*

A.S.– Así es. Aldecoa había publicado, era poeta entonces, dos libros de poesía, *El libro de las algas* y *Todavía la vida*, libro anterior, de sonetos. También había publicado algunos cuentos en la revista *La Hora*. La revista *La Hora* fue realmente una revista en donde empezó mucha gente a hacer cosas. Bardem empezó a hacer crítica de cine en *La Hora*. Antonio Saura empezó a hacer crítica de pintura en *La Hora*. Rafael Sánchez Ferlosio era un gran admirador de Aldecoa... Ignacio era una persona entrañable para todos nosotros. Nos queríamos todos mucho. Fue algo muy curioso, muy entrañable, sí.

F.C.– *¿Cómo nació* Revista Española?

A.S.– Verás. Todos nosotros solíamos ir a veces al Café León en donde Antonio Rodríguez Moñino tenía su tertulia. Era un grupo el suyo muy simpático. Un día Rodríguez Moñino nos propuso a Aldecoa, a Ferlosio y a mí hacer una revista que él nos financiaría. Yo había estrenado *Escuadra de la muerte*. Ignacio había publicado cuentos en *La Hora*, e incluso tal vez alguna novela, no me acuerdo. Y Rafaelito Sánchez Ferlosio había publicado un libro muy bonito, *Industrias y andanzas de Alfanhuí*. Moñino debió pensar que seríamos gente de interés. Nos propuso que él iba a financiarnos una revista. Nosotros simplemente teníamos que hacer la revista, que se llamó *Revista española*. Nosotros tres la dirigimos. Había secciones con distintos colaboradores. Publicamos allí el primer cuento de Fernández Santos, que se lo pedí yo. El no sabía bien qué tipo de escritor sería. Había escrito teatro que no era gran cosa... El cuento se llamó *Canción de la cabeza rapada*. Se tituló, cuando lo publicamos, *Cabeza rapada*. El cuento gustó a todos mucho. Solamente era de unos tres folios pero era extraordinario. A Moñino no sólo le gustó mucho el cuento sino que le pidió una novela para publicarla en una colección que él dirigía, en la editorial Castalia, que era quienes imprimían *Revista Española*. Fernández Santos le dio *Los bravos*. Su comienzo fue en *Revista Española*. Ahí también colaboraba Carmiña Martín Gaite que era una compañera que luego se casó con Rafael. También colaboró la mujer de Aldecoa, Josefina Rodríguez, y otra gente interesante. Se hicieron seis números de la revista. No nos la tomábamos con demasiado interés porque éramos un tanto bohemios. La revista nunca tuvo domicilio fijo. Nos llevábamos cuando nos acordábamos los materiales al café y allí hacíamos los números. Cuando nos veíamos con el número terminado se lo dábamos a Moñino.

F.C.– *Este grupo, ¿tuvo en ti una influencia literaria de tipo estético?*

A.S.– Más bien yo intenté influir en ellos para atraerlos a la literatura social. Pero estaban un poco reacios. Ignacio no quería eso. Sin embargo, luego hacía cuentos sobre problemas de la miseria. Rafael, sí, hizo un cuento que en cierto modo yo creo fue sin duda hostigado por la necesidad de hacer un teatro *social*, un cuento *social*, una novela *social*... Este cuento, *Niño fuerte*, era un cuento melodramático pero bonito. Lo publicamos en la *Revista Española*. Influencia, ellos en mí, no, porque yo entonces no había intentado nada narrativo y el mundo del teatro era otra cosa. Por cierto, en teatro *Revista Española* publicó dos piezas cortas de teatro que tienen su lado anecdótico. Manolo Sacristán intentó escribir teatro y de él publicamos la pieza corta *El pasillo*. Juan Benet dio sus primeros pinitos literarios con la obrita en un acto *Max*.

Coloquios de Santander. Arte como Construcción. Drama y sociedad.

F.C.– *Por cierto, ¿cómo surgió, por esas fechas, la idea de los coloquios sobre teatro de Santander?*

A.S.– Creo que fue Gaspar Gómez de la Serna, aunque no estoy seguro y no quisiera equivocarme, quien me preguntó si quería organizar unos coloquios sobre teatro en Santander. Yo acepté, y fui yo quien los organizó. Con la idea que teníamos de un teatro que fuera descentralizado, decidimos que no debía haber solamente personas de Madrid y Barcelona. Con esta idea hicimos una lista de invitados con el fin de que otras ciudades y centros teatrales estuvieran representados.

F.C.– *Las conclusiones, de todos modos, se debieron a vosotros, ¿no es así?*

A.S.– Las conclusiones estuvieron inspiradas por José María de Quinto y por mí. Fuimos los que trabajamos. Los demás colaboraron, pero bajo nuestro punto de vista[6].

F.C.– *Cuando en 1958 publicas "Arte como Construcción", ¿estás muy influenciado por el marxismo o todavía no?*

A.S.– Fue un texto inspirado por un marxismo muy dogmático. Se publicó en la revista *Acento Cultural*, otro de los organismos de la liberación estudiantil de aquella época[7].

F.C.– *En* Drama y sociedad *te enfrentaste con la crítica pero diste ya un adelanto de tu actitud, ante la crítica y los críticos. Llegas a decir que si tú escribes ese libro es, "entre otras razones, porque los críticos no lo escriben". Es una actitud que luego será una constante en ti.*

A.S.– Sí, fue una constante. Se enfadaron algunos críticos ya entonces.

F.C.– *En* Drama y sociedad, *cosa curiosa, dices que los empresarios podrían hacer negocio con el teatro revolucionario.*

A.S.– Era algo para animar a las empresas. Lo que nos faltaba eran medios, las infraestructuras. Quería animar a los empresarios...

F.C.– *En* Drama y sociedad *sobresale, entre otros temas, el del compromiso político del autor y te opones al teatro de propaganda.*

A.S.– Ese libro es una colección de artículos, salvo una parte al principio. Hay allí un artículo sobre Upton Sinclair en que acepto la tesis suya en la que decía sí al arte de propaganda. Hay una contradicción ahí en mí. Me quería forzar y acepté esa tesis.

F.C.– *Es que tú casi siempre hablas de un arte de agitación como algo contrario al arte de propaganda.*

A.S.– Sí, eso es verdad.

Grupo de Teatro Realista. Polémica sobre el posibilismo.

F.C.– *Entonces llegamos a finales de los años 50, que es cuando fundáis el Grupo de Teatro Realista. Sobre este* Grupo de Teatro *se hizo en 1960 una declaración...*

A.S.– A finales de 1960.

F.C.– *Sí, en efecto, en septiembre de 1960. La declaración del* Grupo de Teatro Realista *fue divulgada y está recogida en varias partes y naturalmente su contenido está al alcance de todos*[8]. *Pues bien, lo que quisiera preguntarte es cómo* juzgas tú hoy esa experiencia.

A.S.– Fue muy, muy interesante. Fue lo más interesante quizá que yo he hecho como teatro propiamente dicho, haciendo una diferenciación entre la escritura teatral, que eso es un tema, y el teatro. En cuanto a teatro propiamente dicho, el Grupo de Teatro Realista es el momento en que yo me aproximo más al tipo de experiencias que quería hacer. Fue también una tentativa de aprovechar las condiciones del sistema teatral profesional, de darle una vuelta y hacer un experimento muy diferente a los condicionamientos del sistema. Por tanto era también una experiencia abocada, sin duda, al fracaso. Claramente, yo nunca tuve esperanza de que aquello fuera a seguir. Por un lado, porque era oponerse al sistema teatral desde dentro del sistema teatral y, por otro, porque era tomar unas posiciones radicales. Con ese teatro queríamos hacer un teatro político, de izquierda revolucionaria, o sea queríamos contribuir con ese teatro a la destrucción del fascismo, lo que ya era una pretensión bien ambiciosa, y en el plano estético queríamos hacer una investigación de las formas del realismo en el teatro. El Grupo de Teatro Realista no pretendía decir que fuera un grupo determinado que tratara de ilustrar determinadas teorías sobre el realismo, sino era una investigación dentro del realismo y sus posibilidades. Para empezar, era una pregunta sobre qué es el realismo o qué puede ser el realismo dentro del teatro. De manera que no había ningún partido tomado de carácter sectario, ni en la estética del teatro. Decíamos: "Vamos a ver, vamos a investigar, formando un grupo de trabajo, un grupo de investigación, en el cual tendrá tanta importancia casi las representaciones propiamente dichas como los coloquios y los debates sobre los espectáculos". Y así se hizo.

F.C.– *Fue también una ocasión para criticar las estructuras del teatro de la época y sobre todo la censura.*

A.S.– A la censura nos oponíamos formalmente e intensamente. Libramos una gran batalla contra la censura. En aquel momento hubo un documento, que se llamó "Documento contra la censura" y que firmó, es decir firmamos, varios cientos de personas. Fue en el 59 o en el 60. El documento lo hicimos nosotros, con Aldecoa y otros amigos. Firmó, como digo, bastante gente. Bueno. Viene esto porque, sí, la censura era algo totalmente inaguantable, invivible... En aquel momento había como un cansancio dentro de la censura, porque todavía estaba el viejo ministro de Información que lo había sido durante todo el franquismo, todavía estaba ese ministro. Claro, era ya un Ministerio muy degradado. Ese momento de cansancio que hubo fue aprovechado por algunas personas para tomarse algunas libertades. Ese fue el momento en que se hizo el Grupo de Teatro Realista y se estrenó, por ejemplo, *La Camisa* de Lauro Olmo... O sea que fue un año en el que se hicieron algunas cosas de cariz casi subversivo. Resulta una cosa rara. No es que hubiera una liberación, sino que tomamos la libertad de hacer cosas que un poco antes hubieran sido totalmente imposibles.

F.C.– *En 1960 tuviste también la polémica con Buero Vallejo sobre el posibilismo.*

A.S.– No recuerdo yo el año. Lo que recuerdo son los términos de la polémica.

F.C.– *Pues háblame de esa famosa polémica.*

A.S.– Pues sí, esto fue un artículo aparecido en *Primer Acto*, en donde yo sometía a crítica dos posiciones, la posición de Buero Vallejo y la posición de Alfonso Paso, según las había observado en las manifestaciones de ellos. La posición de Alfonso Paso fue por artículos que él había publicado diciendo que había que firmar un pacto con el sistema, para después, desde dentro del sistema, atacarlo. Y la posición de Buero Vallejo, porque en una reunión con directores de teatros, a la que yo asistí en un Colegio Mayor de Madrid, atacó a las gentes que hacíamos un teatro *deliberadamente imposible*. Se refería evidentemente mucho a mí, yo estaba además presente, y él decía que había que adoptarse una postura *posibilista*. A esta posición de que había de hacerse un *teatro posibilista* y a la de Alfonso Paso de que había que firmar *el pacto social* –mira si después se han firmado pactos sociales–, pues yo, entonces, contesté con un pequeño artículo en *Primer Acto* que se titulaba así: "Teatro imposible y pacto social", tratando de estas posiciones y diciendo que la firma del pacto significaba entrar en un pacto irreversible, era ingresar en el conformismo, pues luego no había forma de romper el pacto una vez firmado... Esa era la respuesta a Alfonso Paso. En cuanto a la respuesta a Buero Vallejo consistía aproximadamente en decir que no se podía hablar de un teatro posible en la medida en que la censura no tenía una estructura determinada, pues tenía una estructura muy arbitraria, y que el preconizar la realización de un teatro posible, desde el punto de vista del posibilismo, podía encerrar el riesgo de la autocensura, de que nosotros le ahorráramos el trabajo a la censura, censurándonos a nosotros mismos. Yo era contrario a eso, por tanto, y defendía estar siempre llegando a las fronteras de lo imposible, haciendo más bien un teatro que fuera imposible, pero posibilitando ese teatro, actualmente quizás imposible, por la acción de todos. En el sentido en que ejerciendo o tratando de ejercer la libertad, por lo menos revelaríamos la estructura del mecanismo opresor. Cosa que no se produciría si nosotros mismos desde unas posiciones posibilistas evitábamos el trabajo de la censura, interiorizando nosotros esa censura. Bueno. Más o menos ese era mi pensamiento. Lo expuse en el artículo, muy breve, de *Primer Acto*. Buero Vallejo contestó con un *largo* artículo; yo creo que él se habrá avergonzado después de haber hecho un artículo así. Porque era un artículo que pretendía ser muy cruel contra mí, indicando *todos* los aspectos posibilistas que había en mi teatro y de cómo no correspondía a mis ideas el hecho de que yo mismo había practicado el posibilismo. Bueno, era una tesis perfectamente defendible porque yo reconozco perfectamente haber escrito cuando hice *La mordaza* una obra que intentó ser posible después de tres obras prohibidas. De modo que eso históricamente era cierto. Lo que ya significaba cierta mala fe, cierto deseo de hacer un ataque muy hiriente, era presentar un proceso, un proceso que había sido histórico en mí, de una manera sincrónica. Pues claro, esas contradicciones que históricamente se pueden explicar por un proceso en el que haya pasado por esa y por aquella fase, presentarlo todo en el mismo saco sincrónico, era como presentar la imagen de un escritor esquizofrénico que decía una cosa y hacía otra. Eso era malo desde el punto de vista intelectual por parte suya. Además al final decía que, bueno, con eso se terminaba ya la polémica... Era un artículo larguísimo. Yo contesté a ese artículo con un artículo mío, breve también, reponiendo y explicando mis puntos de vista. Pero lo que quedó de esa polémica fue esos términos: el posibilismo, el imposibilismo. De eso trató la polémica. Yo no conservo esos textos porque he perdido mi colección de *Primer Acto*[9].

F.C.– *Luego, creo, has llegado a decir que tal vez estabais los dos un poco equivocados.*

A.S.– Lo he dicho y lo mantengo. ¿Equivocados?... Pero ¿qué se podía hacer? No había otra posibilidad. ¿Cuál hubiera sido *la tercera* posibilidad? No lo sé. En fin, equivocados en la medida en que ambos postulábamos la destrucción del sistema fascista, la liquidación del régimen franquista, y, por tanto, la expresión de nuestra libertad. Entonces, yo pienso que la equivocación de Buero Vallejo consistía en que al ejercer su trabajo desde el punto de vista posibilista se adaptó al sistema. Y adaptándose al sistema, no contribuyó demasiado a romperlo. Una historia que termina en la Real Academia de la Lengua y así, no me parece que sea un gran triunfo desde el punto de vista inconformista. Y, por otro lado, la posición mía, más radical, tampoco es un gran triunfo porque ese radicalismo de mis posiciones me llevó a la inoperancia, a que mis obras no se estrenaran. Con lo cual tampoco contribuí grandemente a la libertad. O sea que, por un lado o por otro, llegábamos a que el teatro no servía para gran cosa desde el punto de vista de la subversión social a la que algunos queríamos abocar.

Los años 60: Teatro, narraciones, crítica.

F.C.– *Volviendo a tu obra propiamente teatral, de autor teatral, después de esta experiencia del Grupo de Teatro Realista, entraste en una etapa en que apenas estrenaste, hasta que en 1967 se estrenó* Oficio de tinieblas, *obra que en cierta medida puede considerarse como una pieza menor, ¿no es verdad?*

A.S.– Sí.

F.C.– *¿Cómo caracterizas esos años, esa etapa que va de 1961 a 1967?*

A.S.– Fueron unos años terribles. No sé. Pero hice muchas cosas durante esos años. No teatro, pero otras cosas. Son los años en que firmo el documento contra las torturas en Asturias, entro en el PC en el 63... Son años también de vida intelectual, de publicación de libros... Escribo *La sangre y la Ceniza...*

F.C.– *Publicas* Anatomía del realismo, *en 1965...*

A.S.– Y en el 64 me parece que se publicó *Las noches lúgubres.* En fin, durante esos años se publican unos cuantos libros. Hay un vacío de teatro escénico pero hay otras cosas.

F.C.– *Empiezas a trabajar en la clandestinidad en esos años.*

A.S.– Yo nunca he sido un clandestino en el sentido profesional, nunca he sido un clandestino *full-time*, pero zonas de mi vida clandestinas siempre ha habido, sí, desde el año 56. Mi ingreso en el PC no supone ningún cambio en la vida, tengo unos vínculos auténticos con el Partido, desde luego, pero trato con la misma gente con la que trataba antes del ingreso. No significa nada cualitativamente diferente.

F.C.– *En cuanto a* Oficio de tinieblas *que, a pesar de que se estrenó en 1967, fue escrita en 1962, ¿qué fue para ti?*

A.S.– Fue un intento de reflejar la *dolce vita* de los restos de los fascismos de distintos países que recalaban en España. Por ejemplo, franceses de Argelia o reaccionarios cubanos, todo ese mundillo de la reacción, que era muy bien acogida, muy hospitalariamente, por el franquismo. En la costa del Mediterráneo, más que en Madrid, había ya unas colonias de gentes que procedían de la lucha política en sus países y que habían sido rechazados en ellos. Así los fascistas franceses que procedían de Argelia, los *pieds noirs*, los cubanos de Batista. Estos grupos de exiliados tenían ya sus colonias en nuestro país. Todas estas gentes, como dije, eran muy bien acogidas por el franquismo y muchos vivían una *dolce vita* que era como la resaca de los fascismos del mundo. El primer título que pensé para la obra fue precisamente *La resaca*. Era, pues, recoger la *resaca* de los fascistas de distintos puntos que en España, régimen fascista superviviente a otros, encontraban acogida. Juan Goytisolo tenía una obra que se titulaba *La resaca*. Pensé otros títulos. Uno de ellos fue *Alcohol* pero en Francia se había estrenado una obra con ese título. Luego pensé en llamarla *Oficio de tinieblas* pero desistí más tarde por haber una novela de Rosario Castellanos, novelista mexicana, que se llamaba también *Oficio de tinieblas. Por la noche* fue un título que empleé en la edición de *Tres dramas españoles* (París, 1965). Pero mientras tanto la censura dio la autorización con el título con que la presenté, *Oficio de tinieblas*, y tuve miedo de volver a censura y proponer el cambio de título porque entonces me la podían prohibir. Así, pues, conservé el título *Oficio de tinieblas* aunque existían, en otras partes, obras que se llamaban así.

Por tanto, está publicada, en París, con el título *Por la noche*, y estrenada, en Madrid, con el título *Oficio de tinieblas.*

F.C.– *La acción ocurre en Jueves y Viernes Santo.*

A.S.– Verás, para mí el título éste tenía unos ingredientes por los que me gustaba mucho. El "oficio de tinieblas" se celebra el día de Viernes Santo, oscureciéndose toda la iglesia y se hace, o se hacía en las iglesias, como una representación de la muerte de Jesucristo, con un gran ruido de carracas, metáfora de los truenos que sonaron en la muerte de Cristo. Escénicamente me parecía muy buena la posibilidad de apagar en un momento dado las luces del teatro, que sonaran los truenos, las carracas, y que el espectador estuviera como en ese oficio de tinieblas. Al mismo tiempo había la ambigüedad del título, en el sentido de que todos esos fascistas habían ejercido durante toda su vida el "oficio de las tinieblas", es decir, que su oficio, la materia de sus vidas, estaba impregnada de *tinieblas*. Eran funcionarios de las *tinieblas*. Me parecía un título rico.

F.C.– *¿Hay algún elemento religioso en el drama?*

A.S.– Lo hay porque es el marco en que sitúo la acción. Pero ningún personaje, ni yo entonces, tiene inquietudes religiosas. Era como el marco social del oficio de tinieblas y había quizá el contraste del momento austero de la Semana Santa tal como se vivía en España y la gran juerga que todo ese grupo se corría en esos días, con la muerte de una inocente, de la puta aquella inocente que muere antes de empezar la acción, que, sí, podía tener una cierta relación con la muerte de Jesucristo. Todos esos elementos le daban a la obra un aire tal vez muy español que recogía yo como tal atmósfera. Pero sin que hubiera una implicación religiosa en este aspecto. Con *La sangre de Dios* se terminó toda implicación personal de tipo religioso en mis dramas. *La sangre de Dios* es la última obra en que expreso problemas religiosos. Aquí, en *Oficio de tinieblas*, lo religioso es un medio ambiente como podría serlo otro cualquiera. Escojo una situación dramáticamente fuerte como es la Semana Santa, la suspensión de todos los espectáculos públicos que se producía en esas fechas, y, en ese medio ambiente desértico, presento el drama de esa pequeña colectividad de fascistas. Eso es todo.

F.C.– *Cuando se estrenó en el Teatro de la Comedia, ¿cómo se recibió la obra?*

A.S.– Se recibió bien por la crítica profesional porque se consideró una obra experta, un teatro experto. Claro está, la crítica profesional siempre ha admirado cuando justamente la obra respondía a un modelo neoclásico y también aquí había una situación semejante, un único espacio, o sea una unidad de lugar, una unidad de acción y una unidad de tiempo, puesto que ocurre en unas horas toda la acción dramática. Entonces se consideró como una obra notable, que acreditaba, bueno, la experiencia del autor... La crítica fue muy buena pero el éxito no fue muy grande. Pero no era una novedad porque no he tenido *nunca* ningún éxito muy grande.

F.C.– *En 1967, cuando se estrenó, hacía ya unos seis años que no estrenabas, ¿verdad?*

A.S.– Sí, hacía cinco o seis años que no estrenaba. Sí, fue después de *En la red*... Claro, en ese momento, en el 67, ya también había irrumpido mucho la moda de hacer espectáculos sin texto, de hacer espectáculos con mucha más carga visual, con muchos más ingredientes espectaculares. Esta obra mía, en esos momentos, resultaba demasiado austera para los jóvenes, podríamos decir. Era otra la moda. Se había pasado a reconsiderar el problema teatral y se pensaba en la no importancia de los textos y el subrayado de la expresión corporal se acentuaba mucho, etc. Por otro lado, dado que los actores que la representaron formaban parte del sistema profesional y tampoco tenían una gran capacidad para ser muy expresivos desde el punto de vista corporal, quizás la representación resultó un poco mate, sin grandes relieves. Aunque yo creo que el texto daba lugar a una expresión corporal muy fuerte. Aquella muerte del muchacho a través de una gran pelea, de una pelea desigual, podía haber sido una gran cosa. Pero los actores no estaban capacitados para eso, a pesar de que se acudió al asesoramiento de unos actores especialistas de cine, de unos *cascadeurs*, que trataron de enseñar a los actores de la compañía cómo se hacía la pelea escénica. Es una materia que los actores profesionales no conocían. Luego, unos años después, seguramente eso se hubiera hecho de otra manera.

F.C.– *O sea que tú entonces eras consciente de que estabas haciendo una cosa experimental en este campo.*

A.S.– Pero que estaba reducida una vez más por el hecho de que era la institución teatral, comercial, la que representaba. Era un estreno comercial.

F.C.– *O sea que estabas muy al día de lo que se estaba gestando en medios teatrales independientes, experimentales.*

A.S.– Sí, ahí mismo estábamos tratando de imbuir esas preocupaciones, pero no era posible porque el medio institucional del teatro rechazaba el dar al espectáculo una envergadura... Entonces quedó como un espectáculo profesional, corriente. Quizás después de una larga ausencia también había una expectación grande y quizás si hubiera hecho la reaparición con un texto más brillante, hubiera tenido más repercusión... No lo sé.

F.C.– *Hay, ¿verdad?, una experimentación con el lenguaje en* Oficio de tinieblas.

A.S.– Ya ahí empecé un experimento de liberación del lenguaje. El lenguaje no es tan económico como antes. Ya me animo a emplear el lenguaje popular, que siempre lo había reducido a signos de carácter popular de algunas expresiones pero sin llegar a liberar el lenguaje. A través de ese personaje femenino, concretamente a través de Ismene, me animé mucho a emplear un lenguaje muy libre.

F.C.– *Luego este lenguaje lo incorporarás a tus tragedias complejas.*

A.S.– Ese experimento que inicié en *Oficio de tinieblas* fue un indicio de lo que luego intentaría en lo que he llamado la tragedia compleja. El lenguaje es mucho más libre, mucho más rico y realmente empiezo a preocuparme por los problemas del lenguaje. Incluso empiezo a preocuparme de liberar toda una serie de contenidos lingüísticos que yo había reservado siempre con el temor de caer en un teatro castizo que yo nunca había querido. La posibilidad de liberar el lenguaje me había dado siempre miedo. Pero a partir de ahí me empecé a decidir a liberar el lenguaje y ya lo hice posteriormente con bastante fuerza. En *La taberna fantástica*, por ejemplo, está todo el lenguaje del hampa madrileña y de los quinquilleros, en un intento de, sin embargo, no hacer un sainete. Yo quiero que no sea para nada un sainete y que, sin embargo, sea una imagen del lenguaje popular de una taberna del suburbio.

F.C.– *Porque siempre has buscado no caer en el naturalismo, ¿no?*

A.S.– El naturalismo siempre me ha parecido ser el enemigo del realismo. Pero siempre ha existido una confusión. Nosotros, cuando hicimos el GTR, tuvimos un problema. Fue el que se nos planteó cuando Lauro Olmo nos presentó el texto de *La camisa*. Nos propuso su estreno y justamente es uno de los textos que rechazamos porque nos parecía que sería subrayar un error, es decir, la confusión entre realismo y naturalismo. Si nosotros en el Grupo de Teatro Realista estrenábamos *La camisa* parecía que habíamos llegado al final del experimento y que aceptábamos que el naturalismo era una *expresión óptima* del realismo. Y como *no era eso* y como además uno de los pocos preconceptos que teníamos *era rechazar el naturalismo*, ese texto no lo aceptamos y Lauro Olmo lo estrenó con otro grupo. Sin embargo, aceptábamos obras como *El tintero* de Carlos Muñiz, que no era una obra realista, que era más bien una obra expresionista.

F.C.– *En cuanto al libro de narración,* Las noches lúgubres, *de 1964, al que ya te has referido más atrás, ¿se podría decir que se trata de una reacción contra el realismo que se hacía en aquellas fechas?*

A.S.– Quizás era una reacción contra esa concepción realista-naturalista. Como había yo postulado tanto una literatura realista me quedaba completamente asustadísimo cuando veía la literatura naturalista que se estaba haciendo con muy buena voluntad, con muy buena fe, pero con tan mala calidad desde el punto de vista estético. Me refiero a las novelas, por ejemplo, de Ármando López Salinas o de Antonio Ferres y toda esa gente que eran mis amigos, muy queridos, camaradas de Partido pero a los que literariamente yo no estimaba. Entonces pensaba que podía haber habido una gran incomprensión en el postulado de una literatura realista, entendiéndola como una literatura reductora de la expresión literaria en términos naturalistas. En cierto modo *Las noches lúgubres* es un ataque a este tipo de realismo. Si ya en *Anatomía del realismo* había denunciado teóricamente el populismo y una serie de deformaciones que eran éstas, en el aspecto de la práctica propiamente literaria, en *Las noches lúgubres* reivindiqué para nosotros el derecho a la fantasía.

F.C.– *En cuanto al tema del terror.*

A.S.– El tema del terror me interesaba mucho desde mis orígenes. Hablábamos ayer del tema del terrorismo, que está en una de mis primeras obras. Pues bien, me ha interesado siempre el tema del terror del ser humano tanto en cuanto es verificable, porque el ser humano está perseguido, acosado, como en el sentido en que ese ser humano en su condición a veces de revolucionario puede llegar a tomar la opción de la lucha armada, de la lucha violenta, incluso de la lucha por medio de una acción tan indeterminada como es la de poner una bomba en la calle o en un lugar, que es el caso de *Prólogo patético*... Fíjate, pues, como hay en mí el interés tanto por todo ese mundo del terror que uno sufre porque es perseguido por la policía como por el terror que uno provoca en la lucha revolucionaria sin querer provocarlo, como por el sentido metafísico del terror ante las fuerzas misteriosas, oscuras, todavía inexplicadas, de la naturaleza; el terror todavía a lo sobrenatural como una reminiscencia de fases filogénitas ya superadas socialmente pero que en el individuo todavía quedan como terrores nocturnos, etc. Todo ese mundo del terror a mí me ha interesado mucho, me ha obsesionado incluso. Entonces, uno de los ingredientes, el terror real, natural, policíaco, etc, eso no había ningún problema para incluirlo dentro de una literatura realista. Porque entra dentro de la violencia del terror policíaco, de la denuncia de la tortura, o en la reflexión del terror que un revolucionario mismo puede producir involuntariamente en su lucha violenta contra un sistema injusto. Lo que era más problemático, si había una consideración estrecha del concepto de realismo, era incluir todo ese mundo de los terrores sobrenaturales, míticos, etc., como materia teatral. Podría considerarse como una diversión en un momento en que lo que urgía era hacer una literatura política y de urgencia, una literatura que interviniera en el proceso político, en el sentido de colaborar a la destrucción del fascismo. Pero, eso lo vi bastante claro, ya a principios de los 60, teníamos que reclamar para nosotros la imaginación, es decir que la imaginación no se podía ceder a la burguesía.

F.C.– *Entiendo yo que en* Las noches lúgubres *hay una meditación doble, por un lado, hacernos ver que muchos de los terrores que tenemos son subjetivos y hay que vencerlos y, por otro lado, que hay que tener la capacidad de imaginar terrores.*

A.S.– Recuerdo que una de las luchas que llevábamos entonces en colaboración con los amigos del Partido era la lucha contra las bases americanas en España y contra el peligro de la guerra atómica. Me acuerdo de que me daba cuenta de cómo con cifras y con números no se podía hacer vivir en las masas la idea del peligro atómico, que eso era un problema de imaginación, y que nosotros teníamos que emplear la imaginación, incluso para hacer comprender cosas que en principio cuantitativamente se podían explicar. Por ejemplo, decir, bueno, la base americana de Torrejón de Ardoz está a tal distancia de Madrid, en el caso de que una bomba atómica de tal categoría estallara en la base de Torrejón de Ardoz, en un radio de tales dimensiones se producirían tales tipos de destrucciones... Eso era expresable en términos matemáticos y topográficos. Me daba, sin embargo, cuenta de que así –recuerdo que hacíamos proyectos en tal sentido– no se producía la vivencia del terror atómico y que tal *vivencia* era una cuestión de literatura y de la imaginación literaria. La imaginación es un arma de dos filos que, por tanto, nosotros no podemos, me decía entonces yo, dejar en manos del enemigo. Luego venía la consideración de que la imaginación no podía ser tenida como un mero medio de evasión confundiéndola con la fantasía, con los meros fantaseos. Ya entonces empecé a pensar que la imaginación tenía un tipo de estructura que la hacía muy aceptable como un tipo de relación con la realidad, es decir, que tenía una estructura de carácter dialéctico. La imaginación era, por tanto, uno de los instrumentos de lucha.

F.C.– *Aunque algo posterior, tu colección de piezas de teatro* Ejercicios de terror...

A.S.– Claro, entran dentro de esa consideración crítica de los mitos del terror. Pero junto a piezas sobre los terrores humanos, hay otras de carácter lúdico, de diversión. Además hay también esas cuñas sobre Vietnam...

F.C.– *O sobre Fabián Marías (Julián Marías) o sobre* Cuadernos Hispanoamericanos...

A.S.– O se describen, *en Ejercicio de terror*, gran parte de los métodos de tortura de la policía española con todos sus nombres. Esta obra se representó completa en Roma. Algunas cosas, como la del monstruo Frankenstein, tenían un aspecto divertido, pero cuando llegaba el momento en que se explicaba cómo era la tortura policíaca y se escenificaban algunos métodos de tortura que empleaba –y emplea, sigue empleando, hoy, todavía– la policía española, la gente se quedaba penetrada. En todo aquel espectáculo que tenía bastante de lúdico, de pronto también llegaba el terror policíaco y la cosa penetraba mucho.

F.C.– *También hay referencias en una de las obritas de* Ejercicios de terror *a Valle Inclán, a los espejos de la Calle del Gato, al esperpento.*

A.S.– También. Porque es un maestro aceptable. Lo que pasa es que hay un gran riesgo con él. Yo he visto colegas que se han quedado deslumbrados al leer los esperpentos de Valle Inclán y se han puesto a escribir a lo Valle Inclán. No creo que ése sea el camino. Es un momento bien superado. Yo publiqué en el diario *El País* un artículo titulado "El teatro y la izquierda, o ¡muera Valle Inclán!", no porque yo no le admire, porque le admiro mucho, sino en el sentido de que no se puede o debería decir que el esperpento es la salida al teatro español de hoy. Valle Inclán es un momento de la historia del teatro español, un momento a superar, a negar... A negar por medio de un tipo de tragedia compleja que asuma los caracteres del esperpento, pero que los supere.

F.C.– El lugar del crimen, *que consta de tres largos relatos, viene a ser la continuación de* Las noches lúgubres. *En un momento dado dijiste que a ese libro lo titularías* Las nuevas noches lúgubres *y luego empezaste a hablar de escribir en su lugar una novela,* Nekrópolis.

A.S.– Cuando hice *Las noches lúgubres* me quedaron bastantes temas sin escribir. El libro llegó a sus dimensiones y me quedaron materiales en reserva. Siempre pensé hacer una nueva entrega de relatos sobre este tipo de temas que pensaba titular *Nuevas noches lúgubres.* Después ese proyecto se hizo más complejo, más interesante, creo yo, para mí, y decidí, tomé muchas notas para ello, hacer una novela que se hubiera titulado *Nekrópolis*. Justamente cuando empecé a escribir *Nekrópolis*, que en su día incluirá en una trama novelesca una multitud de relatos cortos, el primero de los relatos que habrían de incluirse en esa trama, empezó a resultar un relato bastante largo. Ese relato y dos situaciones conectadas con éste, es lo que han dado lugar a esta obra que ahora aparece con el título de *El lugar del crimen*. El proyecto de *Nekrópolis* queda, por tanto, aún pendiente. Pero el conjunto de estas tres obras, en su día, formarán una especie de trilogía sobre el misterio y el terror.

F.C.– *Quisiera destacar ahora de tu libro* Anatomía del realismo *la crítica que haces en él del* populismo, *del* objetivismo *y del* posibilismo, *del que ya hemos hablado. Lo que dices acerca del* populismo *está en relación directa con tus reflexiones sobre el realismo*

A.S.– Tenía que ver con esa degradación que yo veía de un proyecto de una literatura realista.

F.C.– *Es decir, con el* realismo *que hacían los autores que comentabas antes.*

A.S.– Sí, en la generación que se ha llamado de la berza.

F.C.– *Tu crítica del* objetivismo, *de la escuela de la mirada, lo comparto o entiendo menos. ¿Por qué criticabas a Hortelano y al mismo Ferlosio? Yo soy bastante admirador de esta tendencia novelística.*

A.S.– Porque en cierto modo no correspondía a ningún tipo de investigación. Entonces todas mis tentativas eran que se enunciara una vida literaria relativamente autónoma. He estado siempre por esa relativa autonomía de nuestro fenómeno literario con relación a las directrices de las culturas dominantes. Es un poco la idea del imperialismo cultural, de que siempre tuviéramos que estar a rastras de alguna u otra tendencia que se generaba y se desarrollaba en las metrópolis culturales, generalmente, Francia o Estados Unidos. En un momento en que parecía necesario que la literatura tuviera un componente crítico complejo y reflexivo, esa reducción del instrumento de percepción literario a los sentidos, a la mirada, en términos concretos, me parecía una reducción innecesaria. Me pareció que era como adoptar una moda literaria, ya que como moda entendí ese fenómeno literario en España. Pues bien, en la medida en que podía ser una moda y, en que, en cualquier caso, comportaba una reducción de la complejidad del aparato perceptor de la realidad, yo lo rechazaba. Hubo un momento en que realmente se decía: bueno, pues yo hago *objetivismo*. Era como aceptar una fórmula que no venía para nada de un proceso creador en el que uno hubiera llegado a ir reduciendo su aparato perceptivo a la *mirada*. Experimentalmente podía ser interesante el objetivo, pero en un momento en el que lo que sobraba era caos, caos sensorial, en que había cantidad de cosas vagas, confusas, inexplicadas, que circulaban en nuestro alrededor, reducir la percepción a esos mensajes sensoriales, me parecía un empobrecimiento de la literatura, una sumisión a una moda y una suscripción de la dependencia cultural de la literatura española con relación a las literaturas europeas dominantes.

F.C.– *Quizás venga a cuento ahora hablar de tu posición frente a determinados autores extranjeros. Por ejemplo, para ti Beckett, como cualquier otro* ismo, *puede ser enriquecedor, pero para adoptar, ante él, como ante Brecht, cito otro ejemplo, una posición personal.*

A.S.– Hablando de Beckett, fui deslumbrado por *Esperando a Godot.* Para mí fue un descubrimiento que estaba por encima de cualquier consideración de otro tipo. Me pareció y me sigue pareciendo, una obra maestra del teatro contemporáneo. Y las obras posteriores de Samuel Beckett, aunque no añaden nada nuevo, aunque eran, si se quiere, siempre la misma cosa, me parecen igualmente importantes. Están todas dentro de su filosofía de que las cosas son así y no de otra manera, de que todo va cada vez peor. La línea de Beckett va hacia el silencio –me refiero a sus obras teatrales, no a sus novelas que también conozco–, sus últimas obras de teatro se van reduciendo casi al silencio, son cada vez más cortas, casi se alza el telón y no hay nada... Su testimonio del nihilismo, que era una realidad de nuestro tiempo, me parecía muy lúcido: la realidad del nihilismo, si tenía que tener una expresión, ahí estaba, en su teatro. Su teatro me parecía un tesoro. Cuando vi *Esperando a Godot* me dije que había que contar con Beckett. Es un elemento que tiene que entrar, pensé, en lo que hagamos. Además, a mí me defendió mucho Beckett contra el optimismo a veces burocrático de, por ejemplo, un Bertolt Brecht: la realidad como un desarrollo histórico en el que el socialismo siempre es una perspectiva abierta, la aceptación de que había una historia, que la historia iba de peor a mejor, y así siempre, a pesar de todos los baches y de todos los incidentes que pudiera haber, con cierta ocultación de los caracteres moribundos de los sujetos de esa historia. En las obras de Brecht parece que el hombre es un sujeto de la historia y nada más. Si muere un personaje se pasa sobre la muerte del personaje como si fuera un pequeño incidente en una especie de proceso hegeliano, pues, a fin de cuentas, se encuentra ahí la visión del origen hegeliano del marxismo, sin para nada subrayar los aspectos agónicos del ser humano. Me parecía a mí eso una visión unilateral como me parecía también unilateral –ése es el problema: que no he sabido nunca dónde estar, pues siempre he tenido una posición crítica– la visión del ser humano como una nada, como un absurdo, como un mero absurdo. Tampoco me he resignado yo a eso. Entonces me decía: "Pues está muy bien, tener ese fuego nihilizador, tener presente el carácter nihilista del ser humano, lo cual nos defenderá contra el optimismo socialista burocrático..." Ahora, el carácter socialista del proceso, la aceptación de que hay historia y de que no estamos en una situación meramente recurrente en que todo es siempre lo mismo, que todo es una mierda, como viene a decir Beckett, ese carácter de que realmente hay un proceso histórico y de que hace 20 años las cosas estaban peor que ahora y que el año que viene estaremos un poquito mejor, a pesar de que se den los dos pasos atrás, a veces; de que la dialéctica tiene momentos en que parece que regresamos y que la historia tiene momentos en que parece que se repite, pero en cierto modo se reconoce, yo reconozco, la espiral dialéctica que decía Lenin, es decir, que parece que hay la imagen de un retorno a lo mismo pero el siguiente círculo se produce generalmente en un nivel ligeramente superior al anterior, es decir, que esa imagen de la espiral no es el círculo que se muerde la cola, sino que parece que es eso, pero que, vamos, en cada círculo se produce con todos sus altos y bajos, de algún modo, el desarrollo histórico. Pues bien, ese desarrollo histórico, que yo acepto y por eso soy marxista, ha de tener en cuenta siempre, contra todo optimismo, el carácter de moribundia del sujeto de ese proceso. Por tanto, la presencia de una literatura nihilista es muy importante para sacarnos de cualquier tentación dogmática marxista vulgar.

F.C.– *Pero, ¿ves un peligro para la tragedia tanto en Beckett como en Brecht?*

A.S.– Es que ninguno de los dos son autores trágicos. De ahí viene el problema. Yo veía también un peligro en que los dos autores son antitrágicos. La reclamación de la tragedia la tenía que hacer contra el uno y contra el otro. Porque donde no hay más que una mierda, una mierda que se ve ahí y se descompone, ya no hay tragedia, no hay ya nada. No se puede decir que Vladimir ni Estragón, en *Esperando a Godot*, son sujetos trágicos. Porque no, al no tener ellos ninguna respuesta a la situación en la que se encuentran sino esa pasividad de estar percibiendo la nihilidad de lo que les rodea sin más, y con una expectación de dolor, pero que es una expectación, no hay ninguna tensión... Es estar esperando no se sabe qué, esperando a Godot que no viene, pero no hay ninguna búsqueda de ese dolor, no hay nada. Es: "Bueno, ¿estás aquí?" "Sí, bueno, igual que ayer". "Sí, claro. ¿Vendrá hoy?" "No sé, es posible". "Y mientras tanto, ¿qué hacemos?" "Pues no sé". "¿Y si nos suicidáramos?" "Ah, pues bien..." Esos personajes no pueden ser sujetos de una tragedia y, sin embargo, son retratos de la realidad de la época. Por eso reclamé el carácter realista de *Esperando* *a Godot* en un artículo. Esas conversaciones las había escuchado, las había oído en las gentes de la época. Yo reconocía esos seres humanos sin perspectiva. Ahora bien, el que esos seres humanos no tuvieran ninguna perspectiva no quería decir que no existieran unas ciertas perspectivas para la lucha. Esos no son sujetos de tragedia en la medida en que no hacen respuestas a su contorno. Los personajes de tipo brechtiano no lo son en cuanto que tienen como previamente asimilados los caracteres dolorosos del proceso y van para adelante. No sé, en Brecht los aspectos agónicos quedan disueltos en la reflexión y en los caracteres *grandes* del proceso histórico. Entonces, claro, mi afirmación de una tragedia compleja y actual era frente al nihilismo, al cual había que incorporar los elementos positivos históricos, y frente al optimismo burocrático del socialismo cerrado ante el cual había que tener en cuenta los aspectos agónicos. De tener en cuenta esos dos ingredientes surgía la tragedia compleja.

F.C.– *En cuanto al esperpento...*

A.S.– El esperpento es una forma de negación de la tragedia también, que se podría asimilar... Yo podría decir que *Esperando a Godot* es un esperpento, que está muy dentro del esperpento. Yo he asimilado cosas de Beckett y de Valle Inclán, pero creo que disolviendo los elementos esperpénticos en un proyecto histórico. Es decir, que esto va hacia alguna parte, que esto –la vida– tiene *algún sentido histórico.*

F.C.– *En cuanto a tu posición ante Brecht, tú la has resumido en la frase que quisiera me explicaras: "El camino está en la negación dialéctica de la negación brechtiana".*

A.S.– Sí, la negación de la negación. Es una ley de la dialéctica que después ha sido sometida a crítica. Recuerdo que Althusser ha dicho que esa ley no existía, que había sido un invento y que no se daba tal mecanismo, la negación de la negación, en la realidad. Lo que ciertamente es un proceso visible en la dialéctica hegeliana y en Marx también. El proceso histórico se produce a través de negaciones de la negación, es decir que cada situación nueva niega la situación antigua, la clase nueva niega la clase antigua y, posteriormente, se produce una negación de esa negación, que no es una reafirmación de lo anteriormente negado. Quiero decir, por ejemplo: hay la filosofía burguesa que ha sido negada por la filosofía proletaria. Por otro lado hay la filosofía burguesa que ha sido a su vez la negación del feudalismo. Entonces, la negación proletaria de la filosofía burguesa no es una reafirmación de la filosofía del feudalismo, es una negación proletaria de la negación burguesa de la filosofía feudal. Es una negación de la negación. Ese sería el proceso histórico. Y cada negación asume determinados contenidos de lo negado, o sea que no es la negación metafísica de una situación con relación a otra. No es: "Hasta aquí ha habido burguesía y ahora hay un mundo nuevo que es el mundo proletario". No. Esa negación proletaria asume determinados aspectos, determinados contenidos, de la filosofía burguesa, los aspectos "positivos", los aspectos de negación de lo retrógrado que la filosofía burguesa contenía en sí. Ahora que ha muerto Piaget, yo he recordado, lo leí un poco hace unos años, que él había estudiado mucho cómo se va formando la inteligencia del niño y cómo cada estadio de su evolución significa una superación de los estadios anteriores, pero una superación que asume los contenidos del estadio anterior. Es una negación del estadio anterior, porque da un salto hacia adelante, pero es una negación que asume lo anterior. No es la negación metafísica, brutal, de "hasta aquí así y a partir de ahora de otra manera". No, es una negación de carácter dialéctico. Cuando yo leí a Aristóteles vi las insuficiencias de la filosofía aristotélica del teatro, pero eso no me conducía a mí a otra cosa que a tratar de poner al día esa estética teatral, añadiendo, por ejemplo, al concepto de catarsis el de catarsis social o cosas de ese tipo. Después, años más tarde, leyendo a Brecht, en su posición decididamente antiaristotélica me di cuenta de que era justo tener una posición mucho más fuerte contra Aristóteles que la que yo había tenido años atrás, y que se objetivó en el libro *Drama y sociedad*. Había que hacer una negación del aristotelismo, una oposición al aristotelismo, una negación de la filosofía aristotélica, más que una mera *puesta al día* de esa filosofía, que era un parche y que era lo que yo había hecho. Pero me pareció que la negación brechtiana del aristotelismo era poco dialéctica en la medida en que destruía demasiadas cosas del aristotelismo. Eso me ponía a mí en el trance de hacer una negación de Brecht, o sea hacer una negación actual de la negación brechtiana del aristotelismo. Era seguir el proceso dialéctico del pensamiento estético dentro del teatro, y era no negar a Brecht reivindicando a Aristóteles, no; era hacer una negación de la negación. Era seguir el pensamiento de Brecht. Yo había notado que Brecht en su tensión fuerte contra Aristóteles había negado la tragedia. Yo pensaba en una recuperación de la tragedia pero no de la tragedia aristotélica, sino de una tragedia sometida ya a la fuerte crítica que Brecht había hecho de la vieja tragedia. Después ya recuperamos la tragedia en nivel superior... Y ese tipo de tragedia que yo quería recuperar es lo que llamaba tragedia compleja. Por ahí andaba el significado de la frase que tú citabas: "El camino está en la negación dialéctica de la negación brechtiana".

F.C.– *Mientras me hablabas de todo esto se me ha ocurrido pensar si* Anatomía del realismo *no sería como una negación de la negación de lo que se hacía literariamente en España, es decir, sería un libro contra el* populismo, *el* objetivismo *y el* posibilismo *que se hacía en España por esos años.*

A.S.– Claro, porque date cuenta de que en esos capítulos sobre el *populismo, objetivismo* y el *posibilismo* lo que hago es negar a mis compañeros que, a su vez, intentaban una negación del fascismo. Hacía yo, pues, una negación de la negación. Los escritores populistas, con su populismo, intentaban hacer una literatura antifascista, es decir negar el fascismo. Los escritores objetivistas se oponían igualmente con su estilo al sistema. El posibilismo era también una forma táctica de enfrentarse con un problema. Entonces yo era la negación de esas negaciones del fascismo que, naturalmente, no suponía una reafirmación del fascismo. Lo que pasa es que yo intentaba dar un paso más complejo en la lucha cultural contra el franquismo. Y así se reconoció. Entre nosotros mi actitud caía bien. Porque mis compañeros narradores populistas entendían perfectamente que yo tuviera esa crítica. Era, en fin, *nuestra* polémica. Hacía yo ese tipo de crítica porque me sentía un poco responsable de haber desencadenado el movimiento realista, tan mal entendido. Yo me avergonzaba un poco...

F.C.– *Porque tú fuiste uno de los principales iniciadores del movimiento realista.*

A.S.– Pero no me reconocía en los frutos, en los productos. Yo decía: "No, esto no". Fue, claro, en el teatro donde lo lancé, pero lo intenté traer también a otros géneros. Hice una encuesta, recuerdo, sobre la *poesía social* en aquel momento también. Con las respuestas hice un artículo que salió en *El Correo Literario* y se titulaba "Poesía social". Lo publiqué en una doble plana de esa revista. Pensaba que el realismo social tenía que ser una filosofía estética que se extendiera a los distintos sectores de la cultura. Pero los productos no me gustaban nada, me parecía que había un mal entendimiento.

F.C.– *¿Qué relaciones mantuviste entonces con Carlos Barral, Castellet y la editorial Seix Barral que también desempeñaron un papel importante en potenciar la literatura realista y social?*

A.S.– Yo publiqué en Seix Barral mi *Anatomía del realismo* y, sí, manteníamos con ellos una relación amistosa.

F.C.– *¿Erais gente en la misma línea, no?*

A.S.– Sí, además de en el campo de la literatura, independientemente de la literatura, colaborábamos muy intensamente en la lucha antifascista en una circunstancia u otra. O sea que entre el grupo de Madrid, que éramos comunistas o compañeros de viaje, y el de Barcelona, en torno a la editorial Seix Barral o en torno a Barral, Castellet, Goytisolo, había unas relaciones permanentes. Tanto ellos nos visitaban como nosotros a ellos. Muchas de las actividades culturales antifascistas las hacíamos así.

F.C.– *En* Anatomía del realismo *haces un juicio de ti mismo que me parece muy acertado. Dices allí que eres "uno de esos escritores combatientes que se siguen resistiendo con tenacidad a ser decapitados por unos y por otros... Aquéllos funcionarios del sistema y éstos revolucionarios de ocasión".*

A.S.– Sí, sí, claro, eso ya es en la segunda edición de *Anatomía del realismo,* de 1974, con un prólogo nuevo y tal. Pues en la primera, de 1965, eso no salía. Me refería, seguro, sí, a ciertas posiciones de carácter izquierdista-radical-burgués que se habían producido por esas fechas, que eran posiciones de gentes más izquierdistas que Dios. Había como un radicalismo burgués que no ayudaba nada al proceso. Y eso se vio muy claro –no sé si a eso me refería en el texto específico que has citado— en la teoría teatral, con relación a la posición que se tenía frente a la función de la palabra en el drama, a la función más o menos importante que tenía la palabra dentro del fenómeno dramático. Entonces los graves problemas que nosotros habíamos tenido con la censura se referían a las palabras del texto. Porque en teatro la censura tenía un carácter doble: había una censura del texto y otra del espectáculo. Primeramente, leían en Censura el texto y ese era el momento duro, era el momento en que te cortaban páginas o te prohibían todo. Luego iban unos funcionarios al ensayo general de la obra y asistían al espectáculo haciendo la censura de los aspectos visuales y plásticos, la censura propiamente teatral. Pero el momento verdaderamente duro era cuando el texto pasaba por la censura, pues podían mutilar el texto o prohibirlo enteramente. Era entonces cuando podían ocurrir las catástrofes. Mientras era una lucha contra la derecha que no dejaba hablar, mientras era la derecha la que iba contra la palabra, contra *el verbo* en el teatro, pues para ellos la palabra era peligrosa, la cosa estaba bien. Pero es que en esos años finales de los 60, vienen unos grupos importando unos fenómenos teatrales muy interesantes y notables pero que entre nosotros en ese momento tenían que haber desempeñado una función diferente o por lo menos haberse importado de otra manera. En fin, viene el teatro gestual y viene como una nueva moda importada. Se dice que la palabra no tiene ninguna importancia y que el autor es un ser completamente inútil dentro del fenómeno teatral. Se intenta hacer un teatro sin texto. Ahí yo comprendí que había una convergencia lamentable entre el odio a la palabra que había tenido al fascismo durante todo nuestro proceso y el desdén y desprecio por la palabra que tenían los grupos radicales de izquierda. Eran más que otra cosa grupos radicales burgueses. Grupos izquierdistas se les llamaría en términos leninistas. En suma, en aquellos años sentimos el doble fuego contra la palabra en el teatro que procedía, por un lado, de la censura que mutilaba los textos y, por otro, de unos grupos que declaraban la inconveniencia de que en el teatro hubiera textos y hubiera palabras. A ese tipo de posiciones podía considerárseles como posiciones radicales de carácter burgués o revolucionarias de ocasión.

F.C.— *En diciembre de 1980 publicaste, en* El Viejo Topo, *el artículo "Graves medidas necesarias para la salvación del teatro dramático español". Propones unas medidas que, según tú allí explicas, significarían partir de un "grado cero" teatral...*

A.S.— Es una forma crítica de enfrentarme con el hecho de que los grupos de teatro, puede haber alguna excepción, parten de unas formas muy convencionales en cuanto a la expresión teatral. Aceptan la expresión corporal en forma de determinadas piruetas, de determinados excesos corporales, saltos propios de saltimbanquis, o relaciones muy vistosas desde el punto de vista mecánico, convirtiendo todo esto en la esencia del teatro. Yo pensaba al escribir ese artículo que debía autoprohibirse hacer ningún gesto de éstos antes de haber aprendido a hacer gestos más elementales, para llegar algún día a hacer expresiones más complejas. A eso llamo yo partir de un "grado cero".

F.C.– *Dices en ese artículo de* El Viejo Topo *que, en definitiva, "no se pretende otra cosa que* reclamar un sitio, en el teatro, para el teatro dramático".

A.S.– Porque el teatro dramático prácticamente ha desaparecido. Ha sido como puesto entre paréntesis, olvidado, abandonado..., en función de esa especie de adoración de la expresión corporal. Yo pienso que habría que recuperar el teatro como drama, en el sentido en que el drama da una imagen más profunda y matizada de lo que es la existencia humana. Me parece que la existencia humana, a través de esas gesticulaciones convencionales, queda caricaturizada. Opino que se puede llegar incluso a una especie de nostalgia de la época de los grandes dramaturgos. No es que el sistema teatral burgués sea bueno, sino que realmente es muy malo. Pero ya era un sistema colectivo aunque malamente colectivo: el productor tenía demasiada fuerza; se rendía demasiada pleitesía a un autor cuando era ilustre... El organismo resultaba desde un punto de vista colectivo algo discontinuo y deforme, y en el cual, por ejemplo, los actores podían tener un papel muy secundario o funcionaban como unos meros servidores, salvo cuando eran grandes vedettes. No se enteraban a veces ni del sentido de la obra que estaban representando... No estoy contento con ese sistema. Pero tampoco me parece que el sistema sustitutivo, es decir el colectivo tal como se ha querido entender en los últimos años –y que partía de la no necesidad de tener una relación con un escritor dramático–, tampoco me parece, digo, que sea una buena vía. Sin embargo, pienso que puede seguir siendo una buena vía que el embrión de un espectáculo dramático consista en la confrontación entre un grupo de actores y un texto. Cuando el trabajo de un texto teatral se ha realizado, aunque eso no sea teatro, se ha producido un hecho de carácter imaginario, si quieres preteatral, y ese texto puede ser muy positivo a efectos de que después pasemos a un segundo momento en el cual un grupo de actores con su director recoja ese texto y se produzca una dialéctica con el texto. Por esa línea pueden salir productos muy complejos y muy matizados. A través de meras improvisaciones corporales como la esencia del teatro, se producen espectáculos muchas veces muy simples y muy elementales. Por eso se puede hablar de una nostalgia del teatro dramático y de los grandes autores.

Grupos de Teatro Independiente.

F.C.– *Creo que en* Cuadernos para el Diálogo *escribiste un artículo que se titulaba "¿Umbral de qué?" en el que atacabas a los jóvenes autores, a los grupos influenciados por Artaud, Grotowski, etc., a los grupos del llamado teatro independiente.*

A.S.– En efecto, recuerdo que algunos jóvenes autores luego me han recordado que ese artículo les produjo fastidio y dolor.

F.C.– *¿Podrías detenerte un poco más en los términos en que veías congruente tu crítica?*

A.S.– Sí, veras. Mi crítica se refería a estos grupos que declaraban la palabra como inútil haciendo la crítica de una supuesta dictadura del escritor en la fase anterior. Nosotros nunca habíamos tenido una posición dictatorial en el teatro. Esto era evidente, entre otras cosas porque nosotros habíamos sido siempre los últimos monos del fenómeno teatral que, además, habíamos intentado cambiar las cosas desde posiciones siempre muy precarias. Por tanto, si ahora, de pronto, se nos criticaba como dictadores del fenómeno teatral, se cometía una injusticia y un error histórico. De modo que era una mala manera de empezar a pensar, atacar a unas personas que no habían mantenido ningún cetro en ningún momento. Al contrario, siempre habíamos estado fuera de la institución teatral intentando cambiarla.

F.C.– *Pero con estos grupos del llamado Teatro Independiente enlazaste pronto. Con ellos llegaste a colaborar, por ejemplo, cuando hiciste el* Marat/Sade, *e incluso desde antes.*

A.S.– Claro, todo esto eran debates muy fraternales, entre nosotros mismos. Yo enlacé inmediatamente con ellos, y colaboramos juntos.

F.C.– *¿Cómo ocurrió esta relación y colaboración?*

A.S.– Porque alguno de estos grupos, concretamente el grupo Bululú, que era uno de los más extraordinarios que surgieron en estos momentos, se dirigió a mí y me pidió colaboración. Inmediatamente después de esa primera fase, muy sectaria, antiescritor, comprendieron la conveniencia de que el escritor tuviera una función dentro del espectáculo. Entonces se relacionaron conmigo y se produjo una colaboración muy buena, magnífica, en la medida en que ellos también descubrieron que no había por parte mía, de otros no sé pero supongo que tampoco, una postura de considerar el texto como una entidad sagrada, sino que el texto eran unos materiales para trabajar. Esa era también mi concepción, en eso estábamos de acuerdo. De esa manera empezamos ya a trabajar. El grupo Bululú hizo un espectáculo sobre mi obra *Guillermo Tell tiene los ojos tristes*[10], que era una obra, como ya te dije, prohibida. Me dijeron que ellos tenían el proyecto de hacer un tratamiento muy libre de esta obra. Era una forma que a mí me parecía muy bien de trabajar. Era no aceptar el texto como un texto sagrado, del cual solamente tendrían que dar una versión escénica, sino tomar el texto como un elemento para transformarlo desde los puntos de vista que ellos aportaban a la idea de hacer aquel espectáculo. Se produjo la relación muy bien. Yo les di el texto, sin ninguna reserva para que ellos hicieran una reelaboración libre. Hicieron una reelaboración extraordinaria, destruyendo el texto absolutamente y reconstruyéndolo a su manera. Al final se hizo un espectáculo magnífico, desde el punto de vista político muy subversivo, en el que yo a pesar de la destrucción, me reconocí como autor y, a la vez, cada uno de ellos se reconocía como autor también. Era una obra de la que todos éramos autores. Eso fue perfecto, magnífico. Pero eso ya significaba la reflexión de que el autor era alguien, uno más entre el grupo, de acuerdo, pero a quien no se le podía destruir así como así. El autor era alguien. La función de la palabra la admitían. En fin, los comienzos de estos grupos, que coincidieron con el mayo francés, hacia el 68, tuvieron una fase muy subversiva, muy radical. Luego cambiaron.

F.C.– *En cuanto al* Marat/Sade, *que se estrenó después de este* Guillermo Tell..

A.S.– El grupo Bululú, cuyo dirigente era Antonio Malonda, se encargó de una de las partes de la versión española de *Marat/Sade*. Este espectáculo fue el más importante, al menos uno de los más importantes, que yo sepa, de los que se hicieron en España durante el fascismo. El texto es grande; sin duda es extraordinario. Yo hice la versión porque me lo pidió Adolfo Marsillach. No fue, pues, una idea mía aunque conocía la obra. Puse muchos reparos porque existía ya una versión de Manuel Sacristán. Pero Adolfo Marsillach me dijo que la versión de Sacristán no era teatral, lo cual es cierto pues su versión era literal, muy rígida. Marsillach me dijo que, por tanto, si yo no hacía la versión se la tendría que encargar a otra persona que no sería Manuel Sacristán. Ante esa perspectiva acepté hacerla a pesar de la preexistencia de la versión de Manuel Sacristán. Yo sé que se enfadó mucho porque yo había hecho eso teniendo él una versión. Pero quizás no sepa que en un principio me negué y que si acepté lo hice una vez que Marsillach me dijo que no quería servirse en absulto de la versión de Sacristán. Bueno. Hice la versión con la colaboración de amigos germanoparlantes y fundamentalmente una versión francesa de Jean Baudrillard, que era muy buena. Para empezar contábamos con un texto muy bueno. Eso de algún modo era reconsiderar la importancia del texto. El texto era importante, aunque luego se podía tratar de una manera o de otra. Evidentemente era mejor partir de un buen texto que de un mal texto y todavía mejor que no partir de ningún texto, de nada, es decir, partir solamente de improvisaciones escénicas de las que luego a veces salían cosas muy pobres. Cuando se partía, fuera de la literatura, de improvisaciones materiales sobre un escenario, a veces se han hecho cosas algo notables, pero, generalmente, no era así. Cuando se trabajaba independientemente de un texto no se elevaba, en general, mucho la calidad del espectáculo. Siempre ha hecho falta un texto con el que discutir, con el que entrar en un debate, aunque fuera descomponiéndolo o destruyéndolo. Pero el texto ha sido siempre necesario. Pues bien, Marsillach, que vio muy bien la importancia del texto de Peter Weiss, me encargó a mí la versión, y dividió el trabajo en tres sectores que trabajaban independientemente el uno del otro. Lo cual correspondía realmente a una especie de análisis de lo que era la obra estructuralmente. En la obra hay un elemento muy importante, el diálogo entre Marat y Sade, que es fundamental, que es *lo* fundamental según el autor. La censura quitó algunas cosas pero no del diálogo entre Marat y Sade. Yo hablé con Peter Weiss cuando actuó la censura y quitó algunas cosas, y me dijo que si no habían tocado nada del diálogo entre Marat y Sade esos cortes no le importaban. El consideraba que lo más importante de la obra era ese debate entre los dos personajes. Yo estaba también de acuerdo. Ese debate se ensayó por parte de Adolfo Marsillach, quien hizo de Sade, y por parte del actor que hizo de Marat, José María de Prada, que hace poco, qué lástima, ha muerto. Ese grupo ensayó esa parte propiamente dramática, ese gran debate entre las posiciones de Marat y Sade. Otro sector, que fue el grupo Bululú, hizo los cuatro cantores que es uno de los elementos que comentan el texto continuamente, que varias veces lo interrumpen y hacen el comentario. Y un tercer sector, el grupo de Barcelona *Los Cátaros,* que dirigía Alberto Miralles, hizo todo lo referente a los locos del manicomio de Charenton. Ensayaron los tres sectores independientes. Los Cátaros hacían los locos. El Bululú hacía los cuatro cantores. Marsillach y sus actores hacían la parte dramática. Llegaron a ensayar incluso en lugares geográficos distintos. Y todos, al final, se reunieron y empezaron la recomposición de todo el trabajo independiente. Salió una cosa extraordinaria. Ya en ese momento, por tanto, estaba clara la situación teórica. La primera fase de rechazo del texto había dado paso a una actitud distinta, a una reconsideración del texto como una cosa modificable, criticable, con la que cabía tratar. Y a eso correspondía que en parte de los escritores, en mi caso al menos, hubiera absolutamente la inclinación a que el texto no fuera respetado por grupos que fueran desde luego ideológicamente afines al escritor, a mí. Pero tenía que ser, repito, cuando se tratara de un grupo que tuviera con el escritor, conmigo, una afinidad ideológica. Porque si yo tengo un problema con un texto en una compañía convencional ya veo más difícil que en mi caso dejara libertad para que introdujeran cambios en ese texto mío. No me fiaría de ellos. Como recordarás, al actor de la compañía convencional que quiso hacer *La cornada* le quité la obra por oponerme a los cambios que quería introducir. No teníamos él y yo nada ideológicamente en común. En el caso de esos grupos ideológicamente afines e inteligentes ya cambia la cosa.

F.C.– *Te han estrenado mucho a ti los grupos independientes, ¿no?*

A.S.– Trabajé mucho con *El Bululú* que se radicalizó mucho en el aspecto político, hubo entre ellos distintos grados de radicalización, diferencias políticas grandes, y se rompió. Parte del grupo se fue a El Salvador. Los que se quedaron en Madrid apenas hicieron nada. Otro grupo con quien trabajé bastante fue el grupo *Tábano*, el que hizo *Castañuela 60.* Después tuvo también una serie de transformaciones y, uno de sus dirigentes, Juan Margallo, que creó el grupo *El Buho* tras una escisión con el *Tábano*, estrenó el *Servet* por el mismo mecanismo de texto abierto para su trabajo que fue muy libre. Ese mismo grupo, después de una escisión posterior, es el que ha hecho *Ahola no es de leíl,* en *El Gayo Vallecano*. Los grupos con quienes más me he relacionado son éstos.

F.C.– *¿Cuál es tu juicio en términos generales sobre estos grupos?*

A.S.– Reconozco muchas deficiencias. Pero, bueno, al estar todo muerto en el teatro convencional han dado cierta vida al teatro. Para mí proceso, que es la separación del teatro convencional, separación que se va produciendo en una lucha en la que yo me he ido quedando al margen, estos grupos han supuesto un reencuentro con el teatro. Yo que empecé estrenando en los grandes teatros, he terminado en los pequeños teatros, en la Sala Villarroel, en El Gayo Vallecano...

F.C.– *¿Qué crítica harías de este fenómeno teatral, de los grupos de teatro independiente?*

A.S.– Ellos están en crisis también. Son grupos que han pasado una crisis fuerte porque no se recuperan ahora en la situación postfranquista. Yo creo que no saben muy bien por dónde ir. Nadie sabe muy bien por dónde ir y ellos tampoco. Durante el fascismo todavía había una especie de motor polémico, antifascista. Eso funcionaba e incluso hacía que hasta deficiencias de carácter estético eran excusables. Muchas veces se debían estas deficiencias a falta de talento, quizás, pero muchas veces también se debían a una gran pobreza de elementos y una precariedad de situación. Todo ello impedía hacer un trabajo muy serio. Muchos espectáculos, es verdad, no se podían considerar admirables en el aspecto estético, pero como el aspecto de inconformismo, antifascista, tenía mucha importancia en ese momento, todo esto a ellos también les movía a vencer las dificultades y a hacer las cosas. Hoy ese motor ha desaparecido al desaparecer Franco y no ha sido sustituido por otro motor, que podría ser, no sé qué, la construcción de una sociedad socialista... Hoy no hay otro motor. Esto también ha afectado a estos grupos teatrales.

F.C.– *Ya has mencionado también más arriba que uno de los problemas de estos grupos fue el haber imitado técnicas de fuera sin asimilarlas por completo. Es la misma crítica que hiciste a los autores populistas y objetivistas, ¿no?*

A.S.– Ha habido siempre una gran dependencia cultural en este país. No ha habido manera de solucionar este problema nunca. Yo no quiero una autonomía numantina, lo que sería contrario a mí, que siempre he buscado el debate con autores que no son españoles. Pero lo que sí se había de conseguir es una relativa autonomía. Eso sí es importante, justamente para que después se pueda conseguir una integración con los otros experimentos. Esto ha sido difícil. En un momento dado, ha habido la fase en la que se hacían espectáculos a la brechtiana, partiendo de lecturas de Brecht y de algún espectáculo que se había visto en el Berliner Ensemble. Se hacían entonces espectáculos a lo Brecht, pero sin considerar que la filosofía del teatro de Brecht está pensada en la práctica, en el contexto del espectador alemán. A veces he pensado que el espectador alemán seguramente debe tener una propensión a la identificación emocional con lo que está ocurriendo en la escena que hace más convenientes los efectos de distanciación, para producir esa dialéctica, mientras que el público español es tan irónico y distanciado que más bien hay que ir agarrándolo aunque sea por la parte afectiva. Hay que analizar, en fin, nuestro propio público para ver nuestros propios *efectos*. Esto no se hacía. Por eso Brecht ha resultado aquí tan aburrido. Resultaba aburrido porque era una importación indiscriminada y acrítica. Había, eso sí, una enorme devoción, creo yo exagerada, por los textos de Brecht. Sin embargo, después, cuando vino la fase en que se puso de moda Grotowski, el Living Theatre, Artaud, etc., hubo ese movimiento por destruir los textos, absolutamente, y hacer espectáculos a lo Grotowski, a lo tal o a lo cual, a la moda nueva. Esto no estaba bien. Yo decía que eso no podía ser, que había que tener en cuenta el contexto nuestro y no hacer las cosas tal como nos las den. Había que tener una línea de pensamiento y de trabajo relativamente autónoma, pensaba yo. Pero eso no pasó. Para mí la vía ha sido el realismo, lo que estaba lejano. Llegará el tiempo, aunque yo no sé si viviré para entonces, en que se haga un teatro realista en España. Hoy estamos muy lejos de esa meta porque los grupos están muy lejanos todavía de aceptar una hipótesis realista.

F.C.– *En cuanto a los escritores que se ha dado en llamar la "generación realista", me refiero a Rodríguez Méndez, Martín Recuerda, Lauro Olmo, Antonio Gala, Carlos Muñiz, ¿qué relación tuviste con ellos?*

A.S.– El problema está en que yo he rechazado siempre lo de la "generación realista" porque he tenido muy poca estimación por la mayor parte de esos autores. No me he considerado nunca muy vinculado a ellos.

F.C.– *¿En cuanto al llamado "Teatro Underground"?*

A.S.– Ha sido una cosa posterior a nosotros. Creo que ha sido inventar una generación, cuando vino a España para hacer su libro sobre el teatro, que el llama *underground*, de autores de tan poca entidad como Ruibal, Bellido, Martínez Ballesteros, etc., encontrase una generación muy poderosa, muy brillante.

Tercera jornada

De los libros de poesía.

F.C.– *Hablemos, si te parece, de tu poesía.*

A.S.– Bien.

F.C.– *Tu primer libro es* El español al alcance de todos.

A.S.– Sí, aunque publiqué antes *Balada de Carabanchel.*

F.C.– *Sí, es cierto.*

A.S.– Pero en fin, *El español al alcance de todos* es un libro escrito antes.

F.C.– *En este libro dices que has escrito siempre poesía y que la guardabas siempre como unos "documentos secretos".*

A.S.– Iba guardando todo, bueno, casi todo lo que escribía y a ese material lo llamaba "documento secreto".

F.C.– *En* El español al alcance de todos *hay una serie de poemas juveniles en que cantas a la primavera, son poemas de carácter lúdico. ¿Podrías enlazar esto con el ambiente falangista de la época?*

A.S.– No, yo no he sido nunca falangista ni he estado vinculado a la Falange. Tal vez sea una cosa inocente, alegre, "juvenil". Y había influencia modernista en mí. Me gustaba mucho Rubén Darío. Estos poemas a que te refieres cabe relacionarlos con "los cazadores de la primavera". Era todo muy literario.

F.C.– *¿A quién leías en aquellos años?*

A.S.– Leía a Rubén Darío, como te digo. Me gustaba también mucho Antonio Machado. François Villon era uno de los poetas por quienes tenía mayor preferencia. Siendo jovencito intenté traducirle y uno de mis pimeros trabajos escritos en la Universidad fue sobre él. Me entusiasmaba y me sigue entusiasmando. Leí pronto, y con mucho entusiasmo, al turco Nazim Hikmet a quien luego conocí. A César Vallejo lo leí mucho también. Estos eran mis autores favoritos.

F.C.– *Has puesto bastante atención en* El español al alcance de todos *al tema de los actores.*

A.S.– Ese libro recoge poemas de libros que yo había hecho. Yo había dedicado todo un libro a los actores y a temas del teatro. Otros libros trataban sobre el cine, otros sobre las tabernas... Había hecho varios libros. *El español al alcance de todos* es una selección de poemas de distintos libros. Es una especie de antología.

F.C.– *Otro tema que sobresale en este libro de poemas es el de la relación con tus padres. Haces muchas alusiones a la vejez, a la muerte.*

A.S.– Sí, todo esto lo viví con intensidad.

F.C.– *También hablas en tu poema de 1958 llamado "Confidencial" de...*

A.S.– ...de los recuerdos últimos de mi crisis religiosa. Lo quise recoger ahí.

F.C.– *Luego tienes un poema, "Cuento raíces", no indicas la fecha de su composición, en que decías que te consideraban como parte de la intelectualidad española, pero que tú no te reconocías parte de ella.*

A.S.– Fue en el momento, me acuerdo de eso, en que empecé a tener una especie de relaciones públicas y empecé a ser –o me sentía– reconocido como un miembro de la intelectualidad española. Eso a mí no me extrañaba, me sorprendía mucho, porque yo me reconocía mucho en mi vida mediocre, modesta, de cuando era estudiante. Me entraba una nostalgia de cuando nadie me conocía y estaba tranquilito.

F.C.– *En 1961, en el poema "Muy importante", dices que tienes piso, una familia... ¿Te sentías un poco como aburguesado?*

A.S.– Quizás sí. Fue un año doloroso porque murió mi padre a finales de ese año, en diciembre. También fue un año de gran intensidad y exaltación. Fundamos el Grupo de Teatro Realista. Se estrenó *En la red*. Mi padre todavía asistió a ese estreno. En el extranjero empezaron a escribir tesis universitarias sobre mi teatro. Hubo, de pronto, un reconocimiento y, al mismo tiempo, teníamos problemas con la policía española espantosos.

F.C.– *¿No marca ese año curiosamente un punto de declive en tu vida? Por entonces empezaste ya a entrar en las listas negras y a ser perseguido.*

A.S.– Claro. En 1961 se funda el GTR que luego es destruido. En ese año fui detenido y tuve que saltar a París. . Allí se estrenó, en circunstancias muy dramáticas, mi *Ana Kleiber*, que estuvo un mes en cartelera. Hubo el *putsch* de Argelia de los generales ultras. París en ese momento estaba ocupado por los tanques y se esperaba la ocupación de los paracaidistas de Argelia. Vivimos ese año unas cosas muy intensas.

F.C.– *En 1966, estando en la cárcel de Carabanchel, por vez primera ejecutaron a un preso y en el poema dices "...y pienso en las pistolas que no tengo..." ¿Fue ése un acto que ayudó a radicalizarte?*

A.S.– Fue la cólera. Mataron a un quinquillero. Radicalizado ya lo estaba. Fue uno de esos momentos en que uno desearía tener un arma para disparar. Porque fue un crimen espantoso la ejecución de aquel quinquillero. Yo había conocido a sus hermanos en Carabanchel. Sus hermanos nos contaban el problema. Hubo la muerte de un Guardia Civil, el Sargento Barriga, en Villaverde. Acusaron a un grupo de quinquilleros de esa muerte. El acusado principal había huido y habían detenido a dos hermanos suyos, a quienes conocí en la cárcel. Hablé con ellos bastante. Me dijeron que ni ellos ni su hermano habían matado al guardia civil. Uno de ellos me dijo que incluso tenía una idea de quien lo había matado porque se había usado una pistola suya. Pero dijeron que ellos no tendrían problema porque estaba claro que no habían matado al guardia civil y que su hermano estaba bien huido y no le iban a poder coger. "Estamos, pues, tranquilos", me dijeron. Pero un día, estábamos en el comedor por la noche, nos habían sacado allí, como solían hacer para ver las noticias en la tele, cuando en la pantalla apareció la imagen del hermano con la noticia de que había sido detenido en Salamanca. Sus dos hermanos se levantaron, lo que no podían hacer pues era antireglamentario, para irse a sus celdas. El funcionario ese día era un bestia al que llamaban don Pedro el Cruel. Era tuerto. Un tipo violento. Yo lo he sacado en *El camarada oscuro*. Nosotros, Moreno Galván, Caballero Bonald, López Salinas y yo, nos levantamos y les dimos la mano a ellos ostentosamente diciéndoles que sentíamos lo que había pasado ¡Eso nos lo agradecieron! Al día siguiente en cuanto nos vieron nos invitaron a café en la cantina y nos contaron muchas cosas de sus vidas, de la infancia, de las persecuciones, de los palos que habían recibido desde niños... En fin, las vidas de los quinquilleros. Nuestro arresto fue de un mes. Estando todavía en Carabanchel ingresó el hermano y ya estaban preparando el garrote, en la parte de abajo de la cúpula de la prisión. Estando nosotros fuera de Carabanchel, en libertad, llegó la noticia de la ejecución del quinquillero. Fue entonces cuando hice ese poema.

F.C.– *En el año 67 haces un poema, "Testamento", en que dices que andas "jodido y descontento", que has pasado "mucha tristeza"... ¿Podrías localizar ese momento?*

A.S.– No sé localizar ese momento. Debe ser un momento de depresión. La mía es una tensión larga, dura muchos años... ¡He tenido tantas dificultades! Unas veces he escrito sobre ellas y otras veces no lo he hecho.

F.C.– *En el poema "Salamanca", de 1970, recreas otro momento de depresión. Dices en ese poema:*

> Soy como una barrica de angustia esta mañana.
> Lloraría por todo.
> Deslizándome voy por esta calle
> y perdiendo la vista por no fijarla en cosas.
> Esta ciudad es un desierto
> y por donde yo ahora paso no hay nadie ni yo mismo.
> Mediocridad no áurea, plomífera la mía
> a estos 44 años que ya llevo habitando en este valle.

A.S.– Sí, se trata de otro momento parecido.

F.C.– *Volviendo unos años atrás, en los 60 publicaste una serie de sonetos clandestinos, recogidos en el libro* T.B.O. *Usaste también unos seudónimos, Antón Salamanca y Teresa de Manzanares. ¿Qué recuerdas de esa poesía clandestina?*

A.S.– Parte de esa poesía salía en nuestro boletín. La publicaba bajo distintos nombres.

F.C.– *¿Cómo se llamaba el boletín?*

A.S.– *Información.* Era, claro, una cosa modesta. Allí publiqué muchos poemas. También en otros sitios. Esos sonetos "einauditos" fueron con motivo de aquel folleto de *Canciones de resistencia* que publicó la editorial italiana Einaudi. Era bastante malo ese folleto. Algunas canciones eran bastante groseras.

F.C.– *Tus sonetos son extraordinarios*[11].

A.S.– No sé. Lo de Antón Salamanca eran mis iniciales. Era dar una clave. Además mi madre era de Salamanca. Algunos se publicaron en el *Ruedo Ibérico*, en uno de aquellos libros anuales que salieron entonces. Se distribuían clandestinamente en España.

F.C.– *¿Tuviste problemas en España por estos sonetos?*

A.S.– No; luego, cuando hubo la posibilidad de publicarlos en libro, los saqué en *T.B.O.*

F.C.– *En* El español al alcance de todos *dices:*

> Delante de una mujer
> dan palos a su hijo.
> Luego no existo

y en T.B.O. *dices:*

> Existe Cuba
> Luego existo

Estos versos, espero no ser yo ahora libresco, son testimonio de que has superado el existencialismo de tu primera etapa de escritor, de que ya no te preocupas de problemas metafísicos, sino que especificas realidades y soluciones sociales y esas realidades son la clave de la existencia, de la vida.

A.S.– Así es.

F.C.– *Pasemos ahora a otro libro de poesía tuyo, a* Balada de Carabanchel, *libro importante tanto por su calidad poética como por su valor testimonial.*

A.S.– No sé si poéticamente es importante, pero como testimonio de unos instantes, es sincero. El libro está escrito en la cárcel y...

F.C.– *Quizás es hablar de un tema doloroso.*

A.S.– No. Justamente después de escribir el libro quedé liberado de muchos problemas de estos.

F.C.– *En uno de los poemas de este libro, por ejemplo, hablas de la reacción de algunas personas en los días en que te buscaba la policía mientras tú intentabas hacer gestiones con relación a la detención de Eva...*

A.S.– Te refieres al poema "¿Por qué te presentaste?"[12]

F.C.– *En otro poema de* Balada de Carabanchel *dices: "El poeta se acuerda de los demás y acepta su cuota de dolor". ¿Se trata de una actitud que te ha ayudado a soportar tanto dolor?*

A.S.– Esa expresión, así, se la había oído yo a un cubano, hablando de lo que habían sufrido, de los sufrimientos que habían pasado haciendo la revolución cubana. Yo recordé la expresión "cuota de dolor de cada uno" estando en la cárcel. Y entonces, en la cárcel, comprendí que aquello era "mi cuota"...

F.C.– *En otro poema hablas de una celda de castigo...*

A.S.– Cuando me metieron en la cárcel, Antonio Durán estaba en la celda de al lado. Yo no lo sabía, porque me metieron directamente allí. El debió enterarse de alguna manera y empezó a gritar mi nombre. ¡Era Antonio que estaba al lado!

F.C.– *En el poema "De prisión a prisión" hablas de tu correspondencia con Eva. ¿Cuándo pudiste ponerte en contacto con Eva, escribirle, verla...?*

A.S.– Ya pronto nos permitieron escribirnos. Unas semanas después pedimos una entrevista, que por fin nos autorizaron. Trajeron a Eva de la cárcel de mujeres de Yeserías al Hospital Penitenciario de Carabanchel, que está al lado de la Prisión de Carabanchel y allí nos vimos. A mí me sacaron en una furgoneta, aunque entre la Prisión y el Hospital había un minuto de distancia. Me iban a esposar y el mismo guardia dijo: "No creo que sea necesario". Un funcionario, que fue muy amable, me puso una silla en la furgoneta. Tampoco era necesario pero fue un gesto simpático. Luego a ese funcionario lo he visto después, en la calle, en Madrid...

F.C.– *Estando en Carabanchel escribiste el poema "Evangelio de Drácula". Podrías hablarme de cuál fue tu intención al escribirlo.*

A.S.– Fue realmente una distracción escribir sobre el tema de Drácula que es uno de los temas del terror que siempre he tratado. Fue más bien una diversión...

F.C.– *Estando en la cárcel recuerdas, en tu poema a Ho-Chi-Min, todos tus sueños "imposibilistas" vistos realidad en la victoria vietnamita.*

A.S.– Es que estando en la cárcel terminó la guerra de Vietnam.

F.C.– *En un poema recoges una sentencia extraordinaria de un gitano: "Estos se van a cagar en cuanto entremos en Saigon".*

A.S.– Eso es auténtico.

F.C.– *¿Cabe considerar autobiográfico tu libro inédito de poemas* Vida del hombre invisible contada por sí mismo, *en donde hablas de aspectos diversos de tu vida pública y privada?*

A.S.– Es casi una autobiografía en la medida en que no se trata de una recopilación de poemas escritos en los distintos momentos referidos en los poemas, sino que hay un momento en el que yo procedo a una especie de recuerdo general de mi vida pública, de mis incertidumbres y determinados sufrimientos padecidos a través de esa vida pública de la que sólo son conocidos los caracteres exteriores. En la mayoría de los poemas –aunque a veces tenía tomados bocetos– hay una escritura actual sobre mi vida.

F.C.– *¿Hay algo en común con* Balada de Carabanchel?

A.S.– Tienen mucho que ver temáticamente. Pero la gran diferencia es que *Balada de Carabanchel* está escrita en el momento mismo del padecimiento y aquí hay un distanciamiento, esa vida está recordada.

F.C.– Vida del hombre invisible... *tiene también aspectos infernales, dantescos, ¿No?*

A.S.– Porque bastantes recuerdos de mi vida tienen un carácter muy fuerte; muchas de mis experiencias tienen un carácter muy infernal incluso. Yo los recojo con palabras esenciales, con la distanciación del recuerdo, pero, a pesar de ello, algunos poemas seguramente contienen cierto espíritu infernal.

F.C.– *El título de este libro es bastante único.*

A.S.– Es un título insólito en el panorama de los títulos de poesía. No parece que un libro de poemas se pueda titular así. El título responde a mi deseo de contar los aspectos "invisibles" de mi vida pública.

Teatro para niños.

F.C.– *Luego, en 1962, haces* El circulito de tiza, *que es un intento de teatro para niños, un homenaje a Bertolt Brecht.*

A.S.– Es una cosa episódica porque como no se representó apenas en España, (se hizo una representación en el Teatro de Cámara de Alicante y en algún otro sitio, pero se representó muy poquito), ya no seguí escribiendo para los niños. No hice más que esa obra. Pero tuvo fortuna fuera. Se ha representado mucho en teatros para niños de Alemania, de los países escandinavos y de Italia. Pero en España no. Una vez más faltaba ese mecanismo de retroalimentación del que te he hablado varias veces. Al no ver los efectos de ese experimento, tampoco me animé a seguir haciendo experiencias para los niños lo cual no quiere decir que algún día no las haga.

F.C.– *En esta obra te preguntas cosas importantes. Por ejemplo, te preguntas por los límites del autor de teatro en cuanto a su posible influencia en la formación de la mente del niño. Al hacer un teatro para niños parece ser que te das aún mejor cuenta de los peligros que comporta un teatro de propaganda.*

A.S.– Yo publiqué un par de textos teóricos sobre el teatro para los niños.

Un texto se publicó en la revista *El Urogallo*, y otro en unos folletos que editaba la Escuela de Arte Dramático de Madrid. Eran dos intentos de reflexionar teóricamente sobre cómo habría de ser un teatro para los niños. Ya planteaba ahí que, igual que un teatro popular no debería resignarse a proceder a simplificaciones para ponerlo al nivel de una cultura media baja, también en el problema del teatro para los niños yo me planteaba que no había que hacer un teatro simplificado, sino un teatro vario, rico, complejo. Pero, como digo, ese experimento no continuó. Por lo tanto, no tengo más experiencias sobre este tema. Ahora va a haber en Arizona una reunión sobre literatura y teatro para los niños, al que me han invitado, pero, seguramente, no iré porque no puedo aportar experiencias personales. Realmente estoy fuera de la práctica.

F.C.– *Al final de la* Historia de una muñeca abandonada *dices a los niños:*

> Pensad lo que habéis visto
> y comentadlo los unos con los otros.
> ¡Yo no insisto,
> pero insistid vosotros!

Quizás esto resume un poco tu posición sobre este tipo de teatro.

A.S.– Es proponer una reflexión y ceder la palabra. Sí, eso es un poco lo que yo quería.

F.C.– *Luego está el que toda la gente que está alrededor de la "muñeca abandonada" es gente popular, un trapero, una peluquera, o gente rica.*

A.S.– Yo quería plantear ahí la lucha de clases. Por eso hay la niña rica y la niña pobre. Es, sí, una simplificación. A fin de cuentas uno cae en simplificaciones. Aunque el planteamiento de *El circulito de tiza* es bastante complejo. La obra completa nunca se ha representado. Incluso en estos países nórdicos, donde ha tenido tanto éxito, sólamente se ha representado la segunda parte, *La muñeca abandonada*. La primera parte, *El circulito chino*, es la versión fiel a la obra originaria, que no es de Bertolt Brecht sino de un chino del siglo XII, Li Hsing Tao. Bien, en esa primera parte que como te decía no se ha representado, en esa parte, a través de la prueba del círculo de tiza, que es como el juicio de Salomón, se ve a quien pertenece la niña, quién es su madre natural. La crítica a que somete esto Brecht consiste en decir que el hijo pertenece a la persona que lo ha cuidado y no a la que ejerce su propiedad por el hecho de haberlo dado a luz. O sea que las cosas pertenecen a quienes las cuidan. La tierra es para quien la trabaja. Esto viene a ser la tesis. Entonces las dos obras mías, *El circulito chino* y *La muñeca abandonada,* presentan, una, el planteamiento mítico originario y, otra, la reflexión crítica, actual. Eso sería el espectáculo más completo. Pero nunca se ha hecho, nunca se han representado las dos partes juntas. Solo la segunda se ha representado. De ahí tal vez esa posible o aparente simplificación de que te hablaba.

F.C.– *En la nota de presentación a tu obrita para niños todavía inédita,* El único hijo de Guillermo Tell, *escribes: "Mi punto de vista es que el teatro para niños ha de ser un ejercicio para la vida real. Y también que el punto de vista de este teatro ha de ser, en lo posible, el punto de vista de los niños, que, generalmente, es ignorado". Más adelante, en esa nota, señalas que se trata de una "tragedia para niños", cuando no suelen escribirse para los niños tragedias. Además quieres demostrar, desde la perspectiva del niño, "el carácter culturalmente reaccionario" de su padre, de Guillermo Tell.*

A.S.– Esa es un poco la intención de esta obrita. Hace años escribí, ya hemos hablado de ello, una tragedia con el título *Guillermo Tell tiene los ojos tristes*. Posteriormente, reflexionando en la posibilidad de hacer una historia se me ocurrió recontar la historia de Guillermo Tell, que yo había convertido en una tragedia más dura y más fuerte que la de Schiller, pues el hijo muere en aquella obra mía. Pero ahora, el pensar recontar esta obra para los niños, quise eludir el final trágico. Es decir, lo que hago ahora es retomar el mito tradicional, de tal manera que, como en la obra de Schiller, el niño no muere por la hazaña de su padre. La situación de la manzana y la acción del padre son vistos ahora desde una visión del niño, del que nadie se acuerda en el mito. Cuando se habla de este mito, el niño parece que es un objeto sobre el cual se coloca otro objeto, que es la manzana. Yo pensé que realmente en gran parte el héroe de ese mito es el niño; o que por lo menos la heroicidad del acto debe de estar compartida. Algo de eso ya había en mi *Guillermo Tell tiene los ojos tristes*, pues hay una escena entre el padre y el hijo, a quien yo hice de una edad superior, en la que éste le dice a su padre: "Hazlo, dispara sobre la manzana..." Prácticamente, pues, ahí, el héroe es tambien el hijo. Los dos comparten el acto heroico. En *El único hijo de Guillermo Tell* volví a aniñar el personaje; es un niño pequeño como en el mito tradicional. Pero ahora es el niño el que cuenta la historia. Parto de una ficción. Unos emigrantes que trabajan en Suiza –es retornar un poco a la historia tradicional de los manuscritos que son encontrados en botellas– descubren en una excavación una botella con unos papeles manuscritos que se suponen escritos, a modo de diario, por el hijo de Guillermo Tell. Eso se escenifica como un drama. Es una visión ingenua de aquel proceso pero también crítica en relación con los padres. Porque hay una relación culturalmente muy atrasada. El padre, que es un revolucionario desde el punto de vista social, es al mismo tiempo un padre enormemente tradicional; el niño, pues, es sometido a una educación enteramente tradicional.

F.C.– *Sales también en defensa de las mujeres. En la nota de presentación recuerdas haber visto una vez a la mujer de un dirigente de C.C.O.O. limpiarle a su marido los zapatos. Esa contradicción parece que te preocupa en* El único hijo de Guillermo Tell. *Es decir, sometes a crítica "el reaccionarismo cultural de muchos revolucionarios".*

A.S.– En la casa de Guillermo Tell, que es la casa de un revolucionario, es la mujer la que cocina, la que pone la mesa, la que friega los cacharros, la que lo hace todo, como en cualquier casa tradicional. Este mundo entra en crisis con el episodio dramático en que Guillermo Tell atraviesa la manzana sobre la cabeza de su hijo. Muchas otras cosas quedan también atravesadas por este episodio. Hay por parte de Guillermo Tell una reconsideración de su atraso cultural, de su atraso desde el punto de vista de las costumbres. Y ello despertado por las opiniones del niño durante esta historia. No se ha representado nunca pero pienso que puede tener algún éxito cuando se empiece a representar.

F.C.– *La novedad de tratarse de una tragedia...*

A.S.– Se expresa en el hecho de que la tragedia se suele evitar en las obras para los niños. El tipo de literatura que se suele hacer para los niños pone entre paréntesis los aspectos siniestros y trágicos de la vida. Para mí el niño es el potencial receptor de un mensaje.

F.C.– *¿Por qué empleas el verso en* El único hijo de Guillermo Tell?

A.S.– Los versos condensan mucho la significación de los sentimientos que se expresan. A través de los versos parece que se puede producir una reducción de la palabra hasta términos muy esenciales, muy condensados, muy inteligibles. Con los versitos que empleo, por sencillos que sean, se logra una condensación sentimental e incluso ideológica que la prosa, por rica que fuera, no sería capaz de ofrecer.

Revolución y crítica cultural. Las "listas negras".

F.C.– *En* La revolución y la crítica de la cultura *te planteas el problema de la crítica en España, de lo que tu llamas la "crítica secreta y cuasi ejecutiva de ciertos comisarios de la cultura". Es un tema que ya tocabas en* Drama y sociedad *y que ahora presentas de forma más exacerbada, sin duda por tu mayor experiencia personal con la crítica.*

A.S.– Pero en *Drama y sociedad* me refería a los críticos que firman sus críticas, que son conocidos como críticos, y en *La revolución y la crítica de la cultura* me refería al fenómeno de críticos secretos, de determinadas personas que, sin publicar artículos críticos en los periódicos, actuando en los alrededores de las editoriales o de los periódicos actuaban como verdaderos comisarios secretos indicando por qué caminos o por qué líneas tenía que ir la cultura y cuáles eran los autores a los que había que dedicar atención y a cuáles no. Había todo un procedimiento, muy poco justificable desde cualquier punto de vista, que significaba la existencia de un verdadero "comisario secreto de la cultura".

F.C.– *Luego también hablas de los líderes espirituales fetichizados. Mencionas, en* La revolución y la crítica de la cultura, *a Zubiri, a Marías...*

A.S.– A mí me sorprendía que incluso dentro del pensamiento marxista español, por modesto que fuera el pensamiento de carácter marxista que había entonces, no se sometiera a una crítica severa a determinadas personas que eran aceptadas acríticamente. Que la izquierda marxista aceptara ciertos prestigios como invulnerables, como lo hacía la derecha, me parecía muy mal. Era el caso de Ortega. Yo he visto en textos de gente que se decían marxistas hacer citas de Ortega con gran estimación. A mí me parece que Ortega se merece una crítica severa.

F.C.– *Este libro te trajo muchos problemas por tus juicios sobre los comisarios y los fetiches culturales.*

A.S.– *La revolución y la crítica de la cultura* ha sido una cosa de doble filo porque ha sido el único libro mío que ha producido una cierta lectura.

F.C.– *Se hizo una segunda edición rápidamente, ¿verdad?*

A.S.– Yo creo, contra lo que dice el editor, que hizo tres ediciones. Sí, se vendió mucho durante algún tiempo. Se publicaron no sé cuántos, decenas de artículos, sobre el libro, aunque la mayoría en contra. Hubo algunos en favor. Pero todos, tanto los unos como los otros, fueron muy apasionados. Todo fue promovido quizas por unos artículos que aparecieron en *Triunfo*. Los primeros artículos sobre el libro salieron en *Triunfo*. Fueron dos artículos de Carandell y de Trías. Eran dos artículos muy fuertes contra el libro. Esto provocó que otras gentes intervinieran. Yo contesté también en *Triunfo*. Entonces se promovió una discusión sobre unos capítulos del libro porque *tampoco* ese libro *fue leído*[13]

F.C.– *Eso está claro porque...*

A.S.– Sí, leyeron más de uno el capítulo en que yo hacía unas críticas severas a determinadas personalidades. Luis Carandell decía que el libro era una "ensalada de palos". Mucha gente compró el libro para ver a quién le daba los palos. O sea que el libro tampoco tuvo una lectura profunda.

F.C.– *Lo que es una lástima porque planteas unos problemas básicos de la cultura española bajo el franquismo. Por ejemplo, en "De la crítica y de la barbarie", que recoges en el libro, hablas de "los revisteros de la cultura", que es una realidad.*

A.S.– Había toda esa cantidad de críticos que tenían su columna semanal y que además tenían que hacer la crítica de libros de distintas materias y, claro, no podía ser. Lo que había en consecuencia, era un gran diletantismo. Cualquier crítico literario escribía de cualquier cosa.

F.C.– *Tú proponías en* La revolución y la crítica de la cultura *que se crearan unos equipos de crítica.*

A.S.– Es lo que yo pensaba.

F.C.– *A mi modo de ver exponías una situación muy real y proponías una solución.*

A.S.– Era necesario hacer algo.

F.C.– *Pero los críticos de* La revolución y la crítica de la cultura *no parecían inclinados a debatir estas realidades y daban una muestra más de decrepitud y diletantismo. Pero, en fin, en tu libro te quejas personalmente de haber sido víctima en más de una ocasión de ese ambiente crítico. Por ejemplo, recoges en el libro una carta de 1968 que mandaste a los críticos con motivo del estreno de* Marat/Sade. *En tono irónico haces unas denuncias bien elocuentes.*

A.S.– Eso fue una cosa bien curiosa. Porque colaboraron con el sistema. Colaboraron en un momento en que yo estaba sometido al silencio más absoluto por el régimen. Ellos sabían que yo era el autor de la versión de *Marat/Sade* que tuve que firmar con el seudónimo de Salvador Moreno Zarza.

F.C.– *No podías firmar con tu nombre.*

A.S.– No podía firmar con mi nombre, no. Adolfo Marsillach, como ya te conté, me pidió la versión. Después de la discusión en que le expuse mis reparos porque ya existía la versión de Manuel Sacristán, la hice y a Adolfo le gustó mucho. Pero me dijo que no se atrevía a presentar la obra a censura con mi nombre. Me dijo: "Sería mejor hacerlo con un seudónimo, pues como el texto de por sí ya es bastante difícil sólo falta añadir la dificultad de dar tu nombre". Yo acepté. Firmé con los apellidos de mis padres. La censura cortó dos pequeños pasajes, consulté a Peter Weiss y aceptó. Empezaron los ensayos y como nadie sabía que era yo el autor de la versión no pude ir a los ensayos. Llevamos la cosa Marsillach y yo con un estricto secreto. Cuando ya faltaban unos ocho días para el estreno y era ya el estreno un hecho consumado, se presentó la necesidad de que yo asistiera a los ensayos con una cierta autoridad para hacer algunos comentarios. Si no se revelaba que yo era el autor de la versión, no podía decir nada con autoridad. Entonces Adolfo dijo que como estaba todo en marcha no creía ya que iba a haber problemas. Mandó una carta al Ministerio explicando que la obra se había firmado con un seudónimo pero que el autor de la versión era Alfonso Sastre. La razón que dio fue que yo había estrenado en ese año dos versiones de teatro extranjero y que yo no quería empezar a tener una reputación como mero traductor pero que ahora había cambiado de opinión y que quería figurar con mi nombre. El Ministerio contestó que la obra se estrenaría *solamente* si se hacía empleando el seudónimo, que mi nombre verdadero *no podía figurar.* Que lo que ellos habían autorizado era una versión firmada por Moreno Zarza y que la obra se estrenaba *así o de ninguna manera.* Pero como ya estaba revelado mi nombre al Ministerio, asistí a los ensayos y, claro, todo el mundo sabía que el autor de la versión era yo. Fue útil todavía que yo fuera al final a los ensayos pero algunas cosas quedaron mal por no haber podido ir antes. Los cantables que hacen los cuatro cantores los había hecho en unas estrofas que a mí me sonaban muy bien. Las hice fijándome algo en el texto alemán pero pensé que Adolfo iba a encargarles una música distinta a la de la obra en versión alemana. Por eso no reproduje los ritmos de las estrofas alemanas. Adolfo, con gran sorpresa mía, empleó la música alemana, original, y se encontró con unas estrofas que no casaban con esa música. En los cantables apenas se entendían muchas cosas. Yo me llevé un gran choque cuando pude ir a los ensayos. Pero ya era entonces demasiado tarde para reescribir esa parte. Adolfo me dijo que había sido un trabajo de chinos meter mis cantables en la música alemana. De haberlo sabido yo los hubiera reescrito. Eso fue uno de los fallos, aunque no fue muy grave. Bueno. Con esto te ilustro que no pude firmar la obra. Pero, en fin, los críticos omitieron que se hubiera hecho una versión castellana. Parecía como si la obra se hubiera escrito originalmente en castellano. Y eso que todos sabían que yo había hecho esa versión. Hubiera sido una buena ocasión para solidarizarse conmigo. Sus críticas, eso sí, fueron extraordinariamente positivas y entusiastas, pero en ellas se hacía consistentemente caso omiso del autor de la versión. Por eso escribí esa carta a los críticos. Si la versión era tan buena, yo sé que lo era, algo positivo podían haber dicho de quien hizo esa versión. ¡Podían haberme echado una mano, hombre![14].

F.C.– *Oye, ya que estamos hablando del silencio que pesaba sobre ciertos escritores, ¿en qué consistían las listas negras?*

A.S.– Ha habido medidas contra autores sin necesidad de una lista. Pero hubo una lista propiamente dicha, que yo sepa, cuando firmamos 101 escritores y artistas el documento contra las torturas en Asturias. Esa firma de los 101 fue la lista negra para que no se pudiera trabajar en ningún medio del Estado ni dependiente en algún modo del Estado. O sea que ninguno de los que firmamos ese documento podríamos en adelante –y yo he seguido así hasta hoy– trabajar en televisión, en teatros nacionales o en otro instrumento de la cultura dependiente del Estado.

F.C.– *Tú has seguido en esa situación, claro.*

A.S.– Yo sí. Yo nunca he hecho nada después –tampoco antes– en televisión. No es nada fantástico. En esa situación la gente a veces se crea manías persecutorias. La gente se siente perseguida, y a veces exagera. Pero, no, yo en eso no he sido nunca fantástico. He ido viendo siempre las cosas, creo, tal como son. En ese caso, la lista existía físicamente porque hay datos concretos de gente que firmó ese documento e inmediatamente pasó a ser despedida de su trabajo. Está el caso de Carlos Muñiz que era colaborador habitual o incluso estaba en la plantilla de la Televisión Española, y que iba a estrenar unos ocho días después de firmar el documento una traducción de la obra de Dürrenmatt, *El matrimonio del señor Mississippi.* Ya estaban los carteles puestos en el teatro. Ese estreno se suprimió por la participación de Muñiz y lo expulsaron de Televisión. Hubo también, que yo sepa, el caso de Torrente Ballester que era crítico de Radio Nacional, crítico del diario *Arriba* y profesor de literatura en una Escuela de la Marina, no sé dónde. Pues bien, lo echaron de los tres puestos. Yo me lo encontré un día en el barrio de las Ventas, donde vivíamos los dos, y me dijo literalmente: "Me han puesto en la calle". Y yo le contesté: "Bienvenido". Porque yo ya estaba en la calle, claro está. En otros casos fue igual. Solamente uno de los firmantes se retractó de su firma, fue un pintor. Algo vergonzoso para él, aunque luego se arrepintió mucho. Pero entonces dijo que le habían engañado los comunistas y qu su firma fue obtenida por engaños. La carta en que él se retractó de haber firmado el documento salió en la televisión. Hicieron una propaganda tal con este pobre hombre que fue algo vergonzoso, porque además era un hombre de izquierdas.

F.C.– *¿Quién fue ese pintor que se retractó de haber firmado?*

A.S.– Fue el pintor Francisco Mateos. Pero los firmantes se portaron bien. Intervinimos en la redacción del documento Castellet, Hortelano y yo, entre otros, y empezamos nosotros a sacar las primeras firmas. Ante las explicaciones judiciales los firmantes respondieron bien. Todos tuvimos que desfilar por un juez, pues se intentaba descubrir quiénes hicieron el escrito. Nadie, pero nadie, hizo la menor revelación. Incluso el mismo Mateos, ante el juez, dijo que habían sido unos estudiantes desconocidos para él. Al final, pues, la cosa quedó muy bien. Pero desde entonces, las dificultades de estas 100 personas fueron mayores que antes. Así que hubo una lista.

F.C.– *En* La revolución y la crítica de la cultura *hablas, en general, de la cultura de la izquierda en los años 60 en términos bastante negativos.*

A.S.– Claro. Me refería a lo que fue la crítica que hacía Castellet, el mismo Carlos Barral, Juan Goytisolo... Yo les hacía unas observaciones muy críticas. Especialmente porque habían tenido una actitud bastante sectaria intentando considerar solamente obra valiosa aquella que era directamente antifascista. Mientras habían sometido al olvido más absoluto a escritores que no se habían distinguido en la lucha antifascista pero que eran, como escritores, interesantes. Por otra parte, ellos exhibían a algunos narradores malos como importantes, por tener una actividad política distinguida. Cuando empezaron a hacer panoramas de la literatura española contemporánea, que salieron en revistas extranjeras, fueron muy sectarios. A Aldecoa, por ejemplo, lo ignoraron, como si no existiera. A mí eso me parecía muy injusto. Era una posición muy sectaria.

F.C.– *En fin, que te metías con la derecha y con la izquierda, estabas en todos los frentes.*

A.S.– Sí, estaba muy enfadado. Pero más que nada con la izquierda. Con el sectarismo no se va a ninguna parte. Yo era, naturalmente, contrario al fascismo y luchaba contra él. Pero la izquierda sectaria me irritaba. Decir que una literatura era muy buena por el mero hecho de tener un contenido antifascista me parecía que era una guía muy falsa. El caso es que dos o tres años después se empezó el linchamiento de toda esa literatura, y se inventó la expresión de la "generación de la berza" y todos aquellos escritores que habían sido exaltados fueron considerados como una porquería. Tampoco era justo. De pronto la exaltación, de pronto decir que eran una birria. A mí me parecía que eso era reproducir todos los vicios y los defectos de la cultura burguesa.

F.C.– *Hablas también en* La revolución y la crítica de la cultura *de tu posición ante Brecht, de lo que ya hemos hablado, y de Peter Weiss. ¿Podrías hablarme de tu relación con Peter Weiss y de lo que ha significado para ti?*

A.S.– Mi relación con Peter Weiss fue a partir del estreno de *Marat/Sade*. Tuvimos desde entonces una relación amistosa porque él vivía en Estocolmo y yo fui allí varias veces. En una ocasión le hice una entrevista que publiqué en la revista italiana *Dramma* y que luego reproduje en *Primer Acto*. Esa relación tuvo algunos momentos un poco críticos pero yo le admiraba mucho como escritor de teatro. Creo que era un gran escritor de teatro. Lo admiraba principalmente por el *Marat/Sade*, pero también lo seguí mucho en su fase de teatro de documento, aunque siempre con alguna reserva de que no me parecía que esa línea pudiera ser la fundamental de la historia del teatro contemporáneo.

F.C.– *¿Hay algún paralelismo entre estas reservas y las razones que te hacían negar a Brecht?*

A.S.– No. En el caso de Peter Weiss era fundamentalmente porque a mí me parecía que no había que renunciar a la imaginación fabulante. Convertir el teatro en un mero receptáculo y en caja de resonancia de documentos, por muy orgánica y hábilmente trabados que estuvieran, me parecía que estaba bien pero que, si nos limitábamos a eso, empobreceríamos las posibilidades del teatro. Gran parte de las posibilidades del teatro estaban para mí en la imaginación y, por tanto, reducir la capacidad imaginativa para hacer un teatro meramente documental no estaba bien, aunque se hicieran hábilmente buenas cosas. Esas eran mis reservas con Weiss.

F.C.– *Otro tema de gran importancia de* La revolución y la crítica de la cultura, *al que apenas se ha prestado atención, es el estudio "Lenguaje, Teatro, Estructura, Historia". Es difícil resumir lo que querías decir en ese estudio pero...*

A.S.– Es el mejor estudio del libro. Se podría resumir diciendo que es ahí donde describo la estructura séxtuple del drama y donde encuentro que esa estructura ha permanecido prácticamente como un elemento permanente a lo largo de la historia. Es decir que ese tipo de estructura es lo permanente en la historia del drama occidental.

F.C.– *Hay una defensa del lenguaje...*

A.S.– Hay un intento de colocar el lenguaje en su sitio, que no es colocarlo en el origen del drama. Con lo cual hacía una crítica a quienes planteaban primero la tesis de que el origen del drama era el lenguaje para luego negarlo. Yo estaba de acuerdo en que el lenguaje no era el origen del drama pero que tampoco era bueno reducir el elemento lingüístico en el teatro hasta cero, como había en las tendencias de teatro meramente gestual. Yo trataba de colocar el lenguaje en su sitio. Decía allí, creo recordar, que no estaba con los místicos del lenguaje que dicen que en el principio del teatro está el verbo. No. En el principio está la situación dramática, situación dramática que genera lenguaje o no. Porque tampoco hay lenguaje en los actos sin palabras de Samuel Beckett. Allí la situación no genera lenguaje porque los personajes no llegan a hablar. Pero pueden hablar y si hablan, el texto no ha sido lo primordial. Lo primordial ha sido una situación imaginaria en la cual unos personajes se ponen o no a hablar.

F.C.– *Otro estudio que me parece muy significativo de* La revolución y la crítica de la cultura *al que también la crítica prestó poca atención, es el titulado "Literatura y revolución: problemas y perspectivas. Sobre la crítica 'política' de la literatura y el arte".*

A.S.– Ahí hay una reflexión sobre temas que nos importaban tanto en esos momentos, como las relaciones entre los intelectuales y los partidos revolucionarios, el problema de la revolución cultural, la función revolucionaria del escritor... Eran temas que nos importaban mucho.

F.C.– *En este trabajo pareces estar muy influenciado por Fidel Castro.*

A.S.– Era uno de los elementos, sí, que yo aceptaba. La tesis, que parece muy simplista pero que a mí de momento me parecía sufiente, de que en una situación revolucionaria tendría que haber una libertad siempre que se estuviera *con la revolución.* Libertad absoluta pero *dentro de la revolución, con la revolución,* y ninguna libertad *contra la revolución.* Era una tesis un poco simple pero que a nosotros nos valía. Además en Cuba había libertad de expresión pero no la había contra la revolución, es verdad. Claro, esto no es simpático. Pero nadie ha dicho que el proceso de transformación del mundo se puede producir en términos simpáticos y agradables. Es una cosa bien cruenta y bien dura.

F.C.– *En algunos regímenes socialistas en que se persigue a los intelectuales, pienso yo que tal vez esa persecución a los intelectuales refleja una falta de libertades generales, es reflejo en fin de una falta de libertades que afectan al conjunto de la sociedad.*

A.S.– De algún modo, sí, porque la literatura viene a ser una expresión con un componente individual muy fuerte. Pero yo no sé hasta qué punto se producen esas persecuciones. Yo tengo muchas reservas para aceptar todas las campañas contra los países socialistas. Entonces, no sé en qué términos se produce la persecución, porque me he encontrado con casos como el de Solchenitsin en que casi se puede aceptar aquella *boutade* de Juan Benet, quien, después de conocer a Solchenitsin, dijo: "Ahora comprendo y justifico la existencia del Goulag". Esto es una barbaridad, pero de algún modo... Yo apoyaría siempre las posiciones disidentes dentro del socialismo por una izquierda socialista y a favor de la revolución cultural socialista. Pero cuando esas posturas disidentes tienen como contenido una nostalgia del capitalismo y tratan de restaurar relaciones de producción capitalista, entonces estoy en contra de esas disidencias y justifico que se las persiga.

F.C.– *¿Cuál ha sido tu relación con el pensamiento leninista en lo referente al campo cultural? ¿Te ha influido mucho su pensamiento?*

A.S.– No. Al contrario. A veces, digo en broma que yo tengo una "fiera leninista" dentro. Es una broma. Pero, no, Lenin es una persona con la que yo me he debatido mucho. Su artículo sobre los intelectuales y el Partido, no sé si en *La revolución y la crítica de la cultura* lo expresé bien, me ha parecido que en algún modo pudo abrir la puerta a lo que después fue el estalinismo.

F.C.– *No he sacado yo esa consecuencia leyendo tu trabajo "Literatura y Revolución", en* La revolución y la crítica de la cultura.

A.S.– Quizás ha sido un debate con contradicciones...

F.C.– *Ya veo.*

A.S.– Pero no es una figura a la que yo haya tenido una simpatía entregada. He discutido muy íntimamente con Lenin, sobre todo porque me daba esa idea de que podía muy bien abrir paso a lo que después desgraciadamente ocurrió, la congelación estalinista.

F.C.– *Tal vez el debate contradictorio con Lenin, que mencionas, estribe en el hecho de que estando de acuerdo con él en que el arte es un arma del Partido, abogas, a la vez por la autonomía del arte.*

A.S.– Ahí está el debate, claro.

F.C.– *Y en ese debate pareces estar en la línea de Adolfo Sánchez Vázquez.*

A.S.– Posiblemente. Yo le he leído siempre con gusto y somos amigos. El ha sido un poco para España lo que Ernst Fischer fue para el comunismo austríaco. Su posición ha sido siempre muy abierta. A Sánchez Vázquez le conocí en Cuba. El incorporó un trabajo mío en su antología *Estética y marxismo*. Mi libro *Crítica de la imaginación* lo hice prácticamente a invitación suya, ya que iba él a publicarlo en Grijalbo de México, pero luego yo les pedí que lo publicara Grijalbo en España, en Barcelona. Pero en un principio *Crítica de la imaginación* era para una colección que Sánchez Vázquez dirigía en Grijalbo de México.

Las tragedias complejas.

F.C.– *En 1962, año en que escribes* El circulito de tiza *y* Oficio de tinieblas, *empiezas* La sangre y la ceniza[15]. *Te decides entonces por la tragedia compleja.*

A.S.– Claro. Eso fue porque había observado, creo haberte mencionado, cierta separación entre el público y mis obras, las pocas veces que se conseguía que fueran representadas. En esas veces tampoco tenía grandes éxitos. De modo que no podía plantearme sólo el hecho de que mis obras no se representaban por culpa de la censura y quedarme muy tranquilo diciendo que era víctima de la censura. No, el problema era más grave porque algunas de las obras, a pesar de todo, se representaban y en la representación yo observaba que había una adhesión de carácter político siempre. Por parte de la gente antifascista siempre se producía un hecho muy emotivo la noche de los estrenos, *pero* la relación con el público no se producía generalmente en términos fuertes. Mis obras debían tener por su estructura, pro su lenguaje, por su *seriedad*, por su carácter cuaresmático y económico de elementos o por el hecho también de que pretendían ser "tragedias puras" en que los personajes eran tallados todos de un modo monolítico... No sé... Por una serie de razones que yo no me explicaba muy bien, veía que no se producía una relación fuerte entre el espectáculo, cuando era un texto mío, y los espectadores. Y a pesar de la simpatía de los espectadores que iban a verlo. Era una cosa que se representaba pero no llegaba a producir un efecto dramático fuerte. Entonces me enfrenté con el tema de Servet. El tema me había interesado siempre y sobre él una vez pensé hacer una tragedia como las que solía hacer yo hasta ese momento, es decir, una tragedia "muy seria", con un personaje "heroico", una réplica al *Galileo* de Bertolt Brecht que, ante el tribunal de la Inquisición, públicamente desmiente su pensamiento, aunque luego esto se pueda justificar para seguir trabajando. De otra manera no se podía seguir trabajando porque a uno lo matan. Bueno, yo quería oponer la figura de la dignidad incluso frente a la conveniencia práctica de seguir la investigación. Preferible la muerte a decir una mentira pública. Entonces, bueno, eso tenía el carácter de una tragedia con un personaje muy entero, muy heroico, una especie de hombre que llegaría a la muerte con una gran serenidad y sería como una especie de modelo del científico incontaminado. Pero al empezar a escribir me di cuenta de que entonces *una vez más* —y ahora quizás más que nunca, ahora lo veía más claro que nunca— iba a producir una tragedia muy distanciada del público. Porque el personaje resultaría tan lejano, tan estimable, tan maravilloso en su rechazo de todo condicionamiento, tan modélico..., que, bueno, podría ser como para los católicos la figura de un santo en un altar. Está ahí, en el altar, pero no se participa. Es un santo; pues bien, allá él... Pero no, tenía que ser un humano, con muchas debilidades, con muchos problemas y que, entonces, la tragedia tenía que tener un carácter mucho más complejo del que yo le había otorgado hasta entonces como, por ejemplo, en *El pan de todos,* en donde el héroe es completamente serio y angustiado, sin ninguna debilidad, que llega a entregar a su madre y que, bueno, luego se suicida, pero en un sistema un tanto rígido y sin que en ningún momento la obra pueda proponer al lector, al espectador, un respiro, un alivio... Era un teatro con una seriedad muy sombría. Entonces, empecé a escribir el *Servet* y me daba cuenta de que iba a hacer una cosa así, una tragedia sombría sobre una figura sublime y que eso una vez más iba a dar con una estructura distanciadora, malamente distanciadora, con un personaje admirable, sobre el que se podría decir: qué estupendo que haya científicos que antes de desdecirse prefieran la muerte; *pero* sería un personaje lejano.

F.C.– *Estudiaste la figura de Servet cuando hiciste una biografía de Servet para Rivadeneyra, reeditada recientemente, por cierto, por Argos-Vergara.*

A.S.– Sí, tuve que hacer su biografía y estudié la documentación sobre este personaje histórico. El mismo personaje histórico, su biografía, me dio ya la solución. Entonces vi que era un personaje que había tenido grandes debilidades. Incluso desde el punto de vista físico era un personaje que podía ser un poco grotesco, porque tenía una hernia, era medio cojo; en el juicio salió el tema de su impotencia sexual... Después yo vi que durante los interrogatorios tuvo momentos de gran debilidad en que negó cosas, como Galileo, que parece que eran evidentes, y que, en el momento de la muerte, lo pasó muy mal. Pegó gritos enormes y pidió misericordia, gritando "¡Misericordia!, ¡Misericordia!", en español, en ese momento lo dijo en español, aunque solía hablar en francés durante el proceso. Fue muy difícil atarlo al poste para quemarlo porque estaba desmadejado completamente; se estaba muriendo de miedo... Yo vi que toda esa historia era muy significativa por la razón de que me encontraba ante un ser humano, lleno de debilidades pero que, a pesar de todo, no rectificaba su punto de vista ideológico. Pero esto es *a pesar de todo*. No es que se trate de un hombre con esa entereza tremenda y esa serenidad de modelo y tal. No, es un hombre como otro cualquiera pero que no llegaba a aceptar el decir públicamente algo con lo cual él no estaba de acuerdo. Esto, *a pesar de todo*, le daba incluso una mayor grandeza. Por tanto, incorporé elementos grotescos a la personalidad, pero podían ser aproximativos al espectador que podía considerar que, bueno, éste es un hombre como todos nosotros, únicamente que él tuvo además la valentía de no desdecirse. Así, el personaje, de pronto, resultaba simpático, mientras que de otra manera hubiera sido solamente admirable. A partir de eso estaba ya el problema del lenguaje, de hacer un lenguaje que fuera en algunos momentos hasta divertido. Pero no tuve nunca la tentación de caer en el esperpento. Era continuar la línea trágica incorporando elementos que generalmente pertenecen al esperpento o a la tragedia grotesca. Mi riesgo, claro, era hacer una tragicomedia. Yo decía, bueno, yo quisiera ir adelante en este pensamiento, buscar unas formas teatrales nuevas, pero me daba mucha cuenta de que quizás con todo esto lo que iba a hacer era una tragicomedia. E, irónicamente, yo lo titulé *Tragicomedia de Miguel Servet*, o algo así. Pero yo pretendía realmente hacer una tragicomedia, una tragedia en la que todos esos elementos estuvieran disueltos y, al final, la línea de la obra fuera la de una tragedia. O sea que fuera una verdadera tragedia, que Miguel Servet fuera un verdadero héroe, para lo que tenía que ser desmitificado. Esta desmitificación no se producía negando su heroísmo, sino valorándolo, puesto que se trataba de una acción que se realizaba venciendo todo tipo de debilidades. Yo ya lo expresé, creo, con más fuerza haciendo que él no pudiera ni siquiera acceder al patíbulo; que lo elevaran hacia él con un gancho de carnicero, de ésos con los que cogen la carne; que la ejecución fuera una cosa verdaderamente penosa, como además fue. Es cierto también que cuando empezó a arder la hoguera, según varios testimonios de sus biografías, la leña estaba bastante verde, porque había estado expuesta durante la noche; fue una noche húmeda, y no ardía bien. Además hacía un viento que echaba las llamas para otro lado y lo empezaron a tostar lentamente. Fue una tortura espantosa. Servet, entonces, entre los gritos que dio, mientras se quemaba, decía: "Con lo que me habéis robado –lo que es verdad porque lo despojaron de todo lo que llevaba en los bolsillos–, y no habéis tenido siquiera para comprar leña seca". En ese momento resultaba una cosa grotesca. Todo eso, pues, fue como una revelación que se me fue produciendo de las posibilidades de una tragedia compleja, que al final fuera una verdadera tragedia y que el hecho de que los espectadores durante la acción pudieran reírse era positiva y para nada vulneraba el carácter trágico de la acción y el carácter ejemplar del personaje, sino que, al contrario, los acentuaría. Era también una liberación del lenguaje: que los personajes hablen con el lenguaje más rico posible y que el texto dure el tiempo que sea –mis obras anteriores duraban menos de dos horas, las hacía como un reloj–. Aquí, en esta obra, como además ya me daba cuenta de que iba a tener dificultades enormes para su representación, me olvidé, por tanto, de todo condicionamiento práctico de la escena, de las compañías que la podían estrenar... Yo, en fin, escribí esta obra con una libertad *absoluta* porque sabía que no se iba a estrenar. Bueno, me dije, si el texto dura tres horas, que dure. Cuando algún día se represente se podrá proceder a una reducción del texto según la compañía. O sea que actué aceptando esa tesis de que de ningún modo era un texto sagrado y de que, por tanto, era un texto a ofrecer a los grupos que intentaran hacerlo y que cada uno extrajera de esos materiales demasiado abundantes el drama que ellos consideraban más necesario. La obra, claro, se prohibió, se prohibió incluso su publicación en la edición de *Teatro completo* de Aguilar, pues ya la tenía escrita cuando se preparó ese tomo. Todavía tengo las notas que la censura dio para que el *Servet* no se incluyera en esa edición de Aguilar. Y eso que entonces la censura tenía una mayor benevolencia para los libros caros. Aún así, que este libro era caro, de papel biblia y encuadernado, lo prohibieron. Y para el teatro ni siquiera se intentó. Yo le pedí a Marsillach, no que la estrenara, pero que la presentara a censura. Porque el autor directamente no podía presentar una obra. Si no se presentaba un proyecto concreto de estreno, la censura no leía las obras... Cuando una compañía presentaba un proyecto con fechas de estreno, con tal local, con tal reparto, solamente así era cuando la censura estudiaba una obra. Yo le pedí a Marsillach, no que tuviera él el proyecto real de estrenarla –yo no quería imponerle eso–, pero que me firmara la instancia pidiendo que la obra fuera leída. Y no se atrevió tampoco, viendo que, si lo hacía, iba a tener problemas con el Ministerio para sus propios proyectos. En esos momentos yo estaba personalmente en una situación absolutamente espantosa. Ya años después, cuando estaba en Burdeos, en el exilio, fue cuando el grupo de Juan Margallo decidieron hacerla. Fue una versión que duraba dos horas. La obra, pues, se hizo muy reducida. Yo he visto la versión y he de decir que resultó una tragicomedia. O sea que, en cuanto al experimento, no ha conseguido lo que yo creía. Había, pues, sus momentos cómicos, muy distraída de ver. Sí, la gente se reía mucho en unos momentos, se emocionaba en otros, pero yo no veía que fuera un género nuevo, ni mucho menos. Y es que creo que no se ha hecho todavía el experimento complejo porque este grupo tampoco tenía condiciones para hacerlo. Ya al reducir las dimensiones tanto, al reducir el texto, al reducir el número de actores de una lista enorme a cinco o seis actores, aunque hacían cada uno el papel de varios personajes..., bueno, era un espectáculo que estaba bien pero así como una cosa de gran novedad estética no resultaba, no. Luego yo seguí, de todos modos, en esa línea.

F.C.– *En esta obra hay unas referencias históricas, intencionadamente te sirves de anacronismos. Hablas del fascismo, por ejemplo, cuando tu drama es sobre Servet. Este emplear unas referencias históricas, estos anacronismos, es una constante en casi toda tu producción teatral. En cierta medida no cortas, digamos, del todo con tu pasado al escribir tragedias complejas.*

A.S.– Sí, siempre que podíamos empleábamos la Historia para tratar de situaciones actuales. La Historia era siempre como una metáfora. Más que de Servet, la obra trataba de la censura fascista contra la vida intelectual, que era el problema nuestro. De modo que era una forma de enmascarar el ataque al sistema fascista en el que vivíamos, haciendo como que era un tema histórico. Ahora, claro, para que esa intención fuera evidente había que proceder a los anacronismos que ya había empleado, por cierto, en *Guillermo Tell*. Allí, cuando hablaba de Tell y del gobernador Gessler lo que hacía era hablar, a través de ellos, del fascismo nuestro.

F.C.– *En esta obra, en tu* Servet, *¿se podría decir que, aparte de la influencia de Brecht y de Valle Inclán, hay también la incorporación o culminación de unos viejos experimentos personales, realizados por ti antes en* Asalto nocturno, Guillermo Tell *y* Oficio de Tinieblas?

A.S.– Debe haber de todo. Es como un resumen de experiencias anteriores, pero en gran libertad, en gran libertad incondicionada. Ahí sí que realmente la única cautela o astucia mía fue el tratar de hacer a través de la historia de Servet una crítica fuerte y dura al fascismo español. Eso significaba una cierta metáfora. Pero *eso* es lo único que había con astucia. Lo demás fue un empleo de una libertad incondicionada, fue trabajar como si no hubiera censura, como si uno fuera libre.

F.C.– *De la tragedia compleja, en* La revolución y crítica de la cultura, *dijis-*

te: "... sería conveniente trabajar, proponiéndose la adquisición de lo que podríamos designar provisionalmente como una "tragedia compleja": un teatro que: admitiendo el "fuego nihilizador" de la vanguardia –que corresponden a la existencia real, objetiva, de "situaciones límites"–, superara, a su vez, la superación trágica (esperanza) de esta nihilidad, abriendo el horizonte a la perspectiva (también real) socialista".

A.S.– Es una forma un poco obligada de admitir ese "fuego nihilizador", del que ya te he hablado, de que ese recuerdo continuo de los caracteres agónicos del ser humano estuviera presente, y de no negar ese nihilismo desde el punto de vista de una tragedia optimista, sino de una tragedia que aceptara los elementos nihilistas. De tal modo que por eso el personaje puede resultar como un personaje esperpéntico en cierta manera, y, sin embargo, no caer en el esperpento; se trata de hacer una tragedia con todos esos elementos... En ese sentido se accedería a un nivel estético superior. Ya te digo que no estoy seguro de que eso se haya conseguido y que no hay ningún experimento práctico que me lo aclare.

F.C.– *¿Se podría decir que la tragedia compleja es una forma de respuesta a la sociedad degradada en que tú vivías?*

A.S.– Claro. Porque yo veía que ese tipo de *tragedia pura* que yo había hecho hasta entonces quedaba como un fenómeno muy aislado. Aislado porque no se representaba y, en el caso en que se representara, aislado también porque no llegaba a establecer un *rapport* suficiente... Eso indicaba que la sociedad en la que yo vivía estaba más degradada de lo que yo había pensado y que, por tanto, había que dar una imagen también de la degradación. Incluso el héroe trágico tenía que presentarse con ingredientes de la degradación del contexto. Unicamente que superando esa degradación. Pero estableciendo esa base de la degradación como la base de la comunicación entre espectadores y espectáculo. Y luego superando esa degradación por medio de la decisión trágica del personaje. Eso es lo que le daba toda esta complejidad.

F.C.– *No sé si cabe hacer una relación de todo lo que configura a la tragedia compleja. Vamos a ver. Su estructura es opuesta a la que proponía Aristóteles pues es una estructura suelta y además hay elementos narrativos.*

A.S.– Pero fíjate que ese arquetipo que se llama aristotélico es más bien el producto de una lectura neoclásica del texto de Aristóteles. Porque en la tragedia griega, que fue lo que sirvió de materia para la reflexión de Aristóteles, había elementos narrativos, entre otras cosas porque generalmente las tragedias empezaban con un relato al público. En *Medea*, por ejemplo se dice al comienzo: "¡Ojalá, mi dueña, Medea, no hubiera tal y tal en la isla de Colcos tal y tal... cuando Jasón llegó..." Había allí todo un relato con todos los antecedentes, había una forma narrativa. Luego los momentos corales son momentos que Brecht podía también aceptar como elementos críticos y distanciadores. De modo que la tragedia griega en si es mucho más rica que la lectura de la tragedia griega hecha por los neoclásicos italianos y franceses, y por Moratín.

F.C.– *Entonces no niegas a Aristóteles en la tragedia compleja.*

A.S.– Unicamente en el sentido de que el carácter trágico de la tragedia aristotélica y de la tragedia griega en la que Aristóteles se basó para hacer su pensamiento sobre ello, hay una separación evidente, evidentísima, entre los caracteres trágicos y los caracteres cómicos. Es decir que en las tragedias no hay más que un carácter meramente trágico puro. *Medea* no tiene ningún momento en que haya ninguna posibilidad de sonreír. Eso sí que fue un fetiche griego. La tragedia era una cosa y la comedia otra. La tragedia compleja en ese sentido incorporaría elementos tradicionalmente, o aristotélicamente, considerados como elementos cómicos. Yo, sin embargo, los incorporo a la tragedia. Pero no para hacer una tragicomedia. Porque el invento español de la tragicomedia es otra cosa. Mi tentativa es de hacer una tragedia en la que estos elementos cómicos están incorporados pero disueltos en la esencia fundamental de la obra que es trágica. En ese sentido es una posición antibrechtiana, puesto que para Brecht la tragedia había terminado, la consideraba como un espectáculo bárbaro.

F.C.– *Tú quieres que lo cómico sirva como una forma que posibilite una reflexión posterior, que tenga una función catártica.*

A.S.– Que sea como un vehículo para encontrar *lo irrisorio* del ser humano, *lo pobre* del ser humano, *las deficiencias* del ser humano. De modo que es una comicidad que no tiene la crueldad de lo cómico propiamente dicho sino que sirve para la comprensión de lo trágico. Se ríe uno pero con pena.

F.C.– *Es lo que dices en el prólogo a la edición reciente de* Ahola no es de leíl *cuando cuentas la anécdota del preso que se rió y...*

A.S.– Y después le da vergüenza. Eso es.

F.C.– *En la tragedia compleja hay, entonces, como elementos nuevos el uso libre del lenguaje.*

A.S.– Por mi parte sí. Esa riqueza del lenguaje la han tenido otros escritores antes. Pero es algo nuevo por mi parte.

F.C.– *Y los efectos sonoros...*

A.S.– Antes ya había echado mano de muchos recursos de ese tipo. No se puede decir que sea una incorporación propia de esa fase.

F.C.– *La fusión de diversos momentos históricos, mezclados, de modo anacrónico...*

A.S.– Tampoco es algo nuevo en mí.

F.C.– *Sin embargo, con todos estos elementos, que en su mayor parte ya has usado, creas la tragedia compleja, ¿no?*

A.S.– Quizás. Pero lo fundamentalmente nuevo sería en ese sentido la incorporación de los elementos irrisorios a la materia de la tragedia.

F.C.– *Esto es, entonces, lo nuevo de la tragedia compleja.*

A.S.– Yo creo que esto es lo propio de la tragedia compleja.

F.C.– *En el epílogo a* Miguel Servet *dices: "Dejemos las cosas en su sitio pero no como estaban". Quiero, esto ser, a fin de cuentas, la moraleja de la obra.*

A.S.– Podría ser. Quizás haya una concesión didáctica, aunque siempre he querido huir del didactismo. Pero sí, es una invitación a poner las cosas en su sitio, que no es el sitio en donde están. Porque poner las cosas en su sitio es, generalmente, lo que dice el pensamiento reaccionario. ¿A dónde van las costumbres? ¿A dónde van las cosas? Deben estar en su sitio, donde estaban, dicen los reaccionarios. Mi réplica viene a decir que el sitio de esas cosas no es donde está. Esta es, pues, mi moraleja.

F.C.– *Ya que es un drama basado en una investigación personal histórica, ¿cabría también entender este final moralizante como una invitación a estudiar de nuevo, a reestudiar la Historia y ver cómo la Historia tiene o puede tener una función educadora?*

A.S.– Eso es lo que se quiere decir ahí.

F.C.– *Luego escribes* El Banquete *y* La Taberna Fantástica.

A.S.– *El Banquete* es una réplica mía a la época en que hacía cine. Cuando escribí *El Banquete* ya había dejado el cine pero había sufrido mucho cuando lo estuve haciendo y, aunque ya me reía de esos años, me quedaba toda esa experiencia y de alguna manera la quería expresar. Quise hacer una sátira de cómo se producía el cine comercial. Tiene, pues, un cierto carácter de crítica de tipo social. Trato también el tema de la enajenación del ser humano a través de esos productos. En cierto modo tiene que ver con *La Cornada*. Es una obra menor.

F.C.– *¿Es* El Banquete *también un experimento en la línea de la tragedia compleja?*

A.S.– Creo que sí porque es una tragedia la muerte de esa chica y, sin embargo, todo el plano con el que está escrita la obra es como si fuera una comedia.

F.C.– *Es, por tanto, una obra principalmente experimental.*

A.S.– Sí, pero un experimento menor, es una obra menor.

F.C.– *En cuanto a* La taberna fantástica *que trata del mundo de los quinquilleros...*

A.S.– Eso era unos contenidos que yo tenía guardados, ocultos, justamente por temor a tratar un tema castizo. Entonces tenía yo tantas vivencias de lo que era la vida en los suburbios de Madrid, de lo que era la vida de los gitanos, de los quinquilleros, de los andaluces, de aquellos barrios, y había vivido tanto con ellos que se merecían, desde luego, que se escribiera algo sobre ellos. Luego cuando empecé a liberarme y a no tener tanto miedo de hacer un teatro que pudiera ser considerado como casticista y creí que había encontrado la fórmula para no caer en el casticismo, hice esa obra con entera libertad... Es una obra que ni he estrenado ni he publicado, pero yo me quedé tranquilo haciéndola. Porque, por otro lado, se basa mucho, muchísimo, en la realidad. Incluso la situación fundamental del chico que está perseguido por la policía y cuya madre muere en aquel barrio de barracas y chabolas, y él va al entierro pero se emborracha durante el camino, coge una gran borrachera y no llega al entierro de su madre..., esa historia ocurrió en el barrio. Luego hay diálogos que algunos, bueno, son un poco elaborados pero escuchados, como el diálogo final entre el Caco y el Badila, y que es un diálogo que parece de Beckett... Ese diálogo fue escuchado por un tabernero. Yo luego lo elaboré y reescribí, pero fue una cosa tremenda y real.

F.C.– *En 1963 escribes* Crónicas romanas. *La idea se te ocurrió, como tú dices en una nota a la edición de "Cátedra", durante una visita a Numancia. Se trata de nuevo de una obra en tu línea de la tragedia compleja.*

A.S.– Ahí vemos que está otra vez el héroe irrisorio. Tenemos en la primera ra parte un héroe irrisorio individual que es Viriato y en la segunda parte un héroe irrisorio colectivo que es la pequeña ciudad de Numancia frente al Imperio romano. Viriato y Numancia son tan irrisorios ante el Imperio Romano como el pobre Miguel Servet frente a la institución calvinista. Es una situación imposible que tiene que terminar en la muerte, en una tragedia. La idea se me ocurrió no simplemente al ir a Numancia, sino que fue el ir a Numancia y el que, en esos momentos, Eva y yo estábamos prendados de la figura de Che Guevara y angustiadísimos con la guerra de Vietnam. Yo vi en la historia de Numancia la posibilidad de hacer una reflexión sobre la guerrilla revolucionaria en América Latina y la lucha popular vietnamita contra el imperialismo americano. Numancia es un pueblo que yo no quiero mitificar porque es un pueblo en que, como ves, hay gente bastante bruta, hay gente torpe, hay gente ignorante... Hay gente de todo. Con esos materiales, con esos ingredientes, hacen, sin embargo, una gran epopeya. Es lo mismo que Servet. En el caso de Viriato es la misma cosa. Viriato es el *terror romanorum.* En una plaza de Soria hay, recuerdo, una estatua de Virato, que vi antes de escribir la obra, en que aparece como pastor con la inscripción *Terror romanorum.* Yo me acuerdo mucho de que del Che Guevara, cuando se fue de Cuba, se decía: "¿Dónde estará? ¿Estará en tal sitio?" Todo el mundo lo veía. Estaba en todas partes y no estaba en ninguna. Bueno, se supo que estaba en Bolivia cuando lo mataron. Pero antes parecía que estaba en todas partes y los yanquis lo veían por todos lados. Tenían miedo a la aparición del Che en algún lado, en la guerrilla... Y yo me acordaba de que el Che era asmático, que no era ningún superhombre sino simplemente un hombre decidido a pelear. Eso lo asociaba yo a la figura del Viriato, pastor lusitano y *terror romanorum*. Yo me complací mucho en presentar a Viriato, después de esa imagen del *terror romanorum* como un hombre mal hablado, medio cojo, como el héroe más irrisorio posible, y, sin embargo, un verdadero héroe que causa verdaderamente un terror a los romanos. Por eso hago que su muerte sea un gran ensañamiento. Porque piensan que no lo han matado y lo matan mil veces hasta que quedan sólo unos despojos. Es la presentación del héroe grandioso, pero grandioso desde su irrisoriedad.

F.C.– *¿No hay nada de ti en los héroes irrisorios que creas, ninguna transposición de la experiencia personal, ninguna reflexión basada en tu caso de intelectual perseguido, maltratado...?*

A.S.– No. Bueno, en *Servet* pudo haber algo pues era un intelectual sometido a la censura, que no podía hacer nada y, a pesar de todo, persiste en defender sus ideas... Sí, pero nunca en mi vida habrá unas situaciones tan límites como en las de estos personajes. He estado siempre en un nivel más bajo.

F.C.– *¿Hay una transposición de tu propia situación posiblemente irrisoria pero heroica?*

A.S.– No. Siempre me he basado en gente que he admirado y que nunca he sido yo mismo. En ese caso concreto era Vietnam, era Numancia y era el Che. Sin duda.

F.C.– *La calidad poética de algunos poemas de* Crónicas romanas *es realmente descollante.*

A.S.– Considero que hay ahí algún poema bonito. Es cierto.

F.C.– *Es un homenaje a Cervantes esta obra, ¿no?*

A.S.– En efecto.

F.C.– *Hay también implícitamente una consideración sobre cómo poner al día el teatro clásico español.*

A.S.– Es posible que sí. El homenaje a Cervantes, desde luego, es muy claro. Y se basa en dos elementos. Un elemento: la lectura estudiosa que yo hice de la *Numancia* en uno de esos cursos que daba para americanos. Yo conocía la obra, pero al tener que hacer el análisis para el curso ése, vi que era una obra extraordinariamente bien hecha, que tenía una estructura compleja, enormemente bien trabada, con una sucesión de un tipo de elementos y otros, alternados muy equilibradamente, y también es una obra muy, muy sobria. No sé si Cervantes la hizo de un modo espontáneo y salió eso, lo que a veces ocurre. No afirmo que Cervantes hizo un estudio tan pormenorizado de esa estructura. Yo he tenido la experiencia de un crítico, Juan Villegas, que hizo un estudio sobre *Ana Kleiber* y encontró que tenía esta obra una estructura complejísima y yo recuerdo que la hice como quien cuenta un cuento de viejas. Puede ocurrir eso. Pero la obra de Cervantes, su estructura, es verdaderamente admirable. Cervantes es un autor bien injustamente tratado en la historia del teatro español. Por otro lado, otro elemento es que yo vi una representación muy buena de la *Numancia* en el Teatro Español de Madrid. Quedaron entonces contrastadas las virtualidades teatrales con lo que había advertido en la lectura. No era, pues, que tuviera una buena estructura dramática solamente sino que también en el teatro resultaba una obra excelente. Mi admiración por la *Numancia* se completó. Pues bien, a la hora de hacer las *Crónicas romanas* hay homenajes muy evidentes en algunos momentos, hay como glosas de fragmentos de Cervantes.

F.C.– *Siempre has mantenido a lo largo de tu vida de autor una intensa relación con el teatro clásico español y siempre has intentado transformarlo, adaptarlo a tus fines e intenciones propios.*

A.S.– Eso es.

F.C.– *Otra cosa, Espartaco aparece al final de* Crónicas romanas. *El y Cristo son dos de tus grandes héroes, me parece a mí, vamos.*

A.S.– Cristo y Espartaco. Hay un poema mío antiguo en que hablo de los dos. En *Crónicas romanas* hago que la acción heroica de Numancia, que termina en ruinas, tenga unos gérmenes. Hay una continuación. La rebelión posterior de Espartaco puede encontrar un germen en Numancia. Entraría eso dentro de ese no resignarme nunca a que las obras terminen mal del todo y que se abra una esperanza. El ejemplo de Numancia podría encarnar posteriormente en la rebelión de los esclavos con Espartaco.

F.C.– *En estas tragedias complejas dejas el final abierto para que se introduzcan los cambios que el director de escena crea necesarios.*

A.S.– Yo pensaba que en cada momento en que la obra se hiciera tendría que tener unos caracteres un poco particulares. Era ver el texto, como te decía, como una estructura abierta y abundante. El texto era concebido con *sobreabundancia* de elementos y con una *estructura fuerte*, porque no es una falta de estructura, pues en ningún caso hay un *collage*. Estoy muy en contra de esa tendencia fácil que ha habido también en los últimos años, de pagar unos cuantos elementos y hacer un espectáculo a modo de *collage*. No, para mí en una estructura dramática cada paso conduce al siguiente, a través de unos vínculos más o menos fuertes, y de unas opciones. Lo cual no quiere decir que sea una estructura cerrada sino que de ella se pueden extraer distintas opciones según los puntos de vista del grupo que lo quiera hacer. De modo que muchas veces se puede elegir una serie de cuadros, pensar otros enlaces y hacer otra obra. Otra obra cuya matriz sería ese texto grande y abundante que está ahí. En *Crónicas romanas*, la ocupación del teatro con que acaba la obra es un homenaje al mayo del 68. Por esas fechas fue cuando escribí la obra. Entonces, en el 68, se ocuparon en Francia muchos teatros. Por eso también ocurre la ocupación del teatro en mi obra. Con este final, como con los de esas tragedias complejas, quería, sin duda, abrirlas a la improvisación de lo que se quisiera hacer en el momento que se fueran a representar. Si es que tal momento llegaba, si se iban a representar en alguna ocasión, se habría de respetar la situación coyuntural y política que se viviese en el momento de la representación. Incluso al final de *Crónicas romanas* cuando los estudiantes ocupan el teatro se podría aprovechar para celebrar allí una asamblea con los problemas del día. Por lo tanto, el final tendría que respetar necesariamente la coyuntura política de la situación del momento. De ahí la estructura abierta, incluidos los finales, de mis tragedias complejas.

F.C.– *En* Crónicas romanas *como en* Guillermo Tell *hay una crítica a los intelectuales y a la burocratización.*

A.S.– También hay esta crítica en mi *Servet*. Es toda una crítica a mis colegas durante toda la lucha nuestra. Movilizar a nuestros colegas para cualquier acción era, a veces, una cosa verdaderamente terrible. Había gente que decía: "Yo si hubiera que coger la metralleta, yo lo hago, pero firmar un documento, ¿de qué sirve?" Entonces, ni cogían la metralleta, lo que en aquella época era algo imposible, ni firmaban el documento contra las torturas. A mí eso me parecía una forma de hacer una coartada bien facilona. Por eso en *Crónicas romanas* hago la broma de darle a un intelectual una metralleta para ver lo que hace con ella. En el *Servet* hay también una escena análoga cuando se reúnen unos intelectuales para hacer o no un documento para salvar a Miguel Servet. Eso está muy recogido de los problemas que teníamos nosotros. Por ejemplo, de la experiencia que tuvimos cuando quisimos recoger firmas para un documento para salvar a Grimau. Nos ponían cantidad de pegas. Decían: "Bueno, sería mejor formar un comité, ya nos reuniremos mañana..." Y nosotros decíamos: "Pero es que a Grimau lo van a matar *antes*". La actitud era ir remitiendo las cosas, que la escritura estuviera cuidada, que no sé cuántos... Ir, en fin, dejando pasar las cosas, bajo la especie de que la vida intelectual tiene que tener un ritmo más reflexivo. Mientras, iban ocurriendo los acontecimientos y no se hacía nada por influir en ellos. De modo que sí, eso es mucho mi pleito con los colegas míos durante el franquismo. Se refleja de una manera u otra en esas escenas.

F.C.– *En 1971 hiciste para la televisión sueca* Askatasuna. *Entonces hablaste de una tragedia política y de una tragedia que sirviera de instrumento de información política.*

A.S.– Porque eso fue en una circunstancia especial. Fue una invitación de la televisión sueca para hacer un texto para ellos y que lo escribiera en Estocolmo. O sea que me invitaron a que pasara una temporada en Estocolmo con el fin de que escribiera una obra para ellos con un tema libre que no tenía que ser necesariamente político. Me pagaron el viaje, la estancia y los derechos de autor. Yo pensé aprovechar esta circunstancia, ya que el tema vasco era tan desconocido en Europa, para hacer una información de ese problema. En ese sentido era una tragedia *política* e *informativa*, pero es una tragedia en la que se cuentan cosas que seguramente para un espectador español eran quizás bastantes conocidas: la estructura del movimiento vasco, el carácter del pensamiento patriótico vasco, los debates en torno al contenido revolucionario y a sus posiciones frente a las posiciones patrióticas y nacionalistas de la derecha... Algo de eso se sabía en España pero fuera nada, absolutamente nada. Aproveché yo para, de un lado, desquitarme de no haber podido escribir en su momento *En la red* con toda la carne en el asador, por razones de censura, y por otro lado esa estructura que allí había quedado un tanto abstracta llenarla de contenido con unos problemas muy vivos y muy conocidos por mí. O sea desquitarme de la escritura provisional de *En la red*, hacer *verdaderamente* la obra, y darle una función informativa[16].

F.C.– *La estructura es la misma que la de* En la red.

A.S.– Idéntica.

F.C.– *Sin embargo es diferente.*

A.S.– Porque está llena de una vida real, no libresca. Todo lo que en *En la red* había era libresco, en la medida que en esta obra, en *En la red*, yo no me atreví a hacer una relación de los relatos que de la tortura se hacían en la Puerta del Sol. Yo empleé los relatos que de la tortura hacían los franceses en Argelia. Eso resultaba una cosa que yo había leído, pero no tenía un conocimiento directo de ese problema. Luego el debate sobre la incidencia de determinados franceses que abrazaron la causa de la libertad del pueblo argelino, yo tampoco conocía muy bien eso. Por tanto, yo creo que para un espectáculo francés, *En la red* debería resultar muy abstracta y para un espectador español lejana.

F;C.– *A mí, sin embargo, me llama la atención que en* Askatasuna *introduzcas esa conversación intelectual sobre la empatía aristotélica, sobre Brecht, etc. Para mí esos son elementos librescos.*

A.S.– No. Esos no son elementos librescos porque los personajes hablan de cosas que conocen. Las experiencias de que yo hablo en *Askatasuna* no están tomadas de los libros; son de los vascos, de su lucha, de cómo es la policía española y de lo que hace. Son intelectuales los personajes y hablan además de sus cosas.

Cuarta jornada

Militancia y teatro político. Carabanchel-Burdeos-Fuenterrabía.

F.C.– *Hablas en* Askatasuna *de la "nueva espiral dialéctica", una espiral diferente a la que hablábamos ayer. Aquí es una acción/represión/acción.*

A.S.– Eso era la teoría de los vascos en la lucha, en aquellos años. Ellos proponían esa espiral dialéctica como una línea de liberación. Era la espiral dialéctica *strictu sensu.*

F.C.– *En* El camarada oscuro, *de 1972, tratas de temas nacionales y personales. Están esos dos planos, el de la historia nacional y el de la historia personal.*

A.S.– Es una obra que procede de mi militancia dentro del Partido Comunista de España, de mi conocimiento con los viejos militantes comunistas y sus aptitudes heroicas no aparatosas, es decir, el heroísmo del camarada *sencillo*, del camarada *oscuro* del Partido, y de la experiencia de las terribles tensiones y torsiones a las que estos camaradas oscuros del Partido se vieron sometidos durante las últimas décadas. Concretamente, el pasar de ser admiradores de Stalin, porque el Partido lo era, a tener que asumir la liquidación de la figura de Stalin, su destrucción como líder y modelo. Tener que ir digeriendo unos cambios a veces tremendos y que iban asumiendo porque el Partido tenía que ir tirando hacia adelante a pesar de todo. Ahí había un tipo de heroísmo no solamente ante la policía sino por la asunción de esa dirección cambiante que, por otro lado, llegaba a ellos desde las alturas. Porque la democracia interna en el Partido no existía. Se justificaba eso, en aquellos años en que yo militaba, por razones de clandestinidad, que obligaba a que no hubiera debates en la base del Partido que pudieran contribuir a la adopción de una línea o de otra. Se explicaba así y, bueno, en cierto modo yo también aceptaba que eso era muy difícil, porque era muy peligroso reunirse, lo cual acreditaba de algún modo que podía ser justo que la línea viniera desde arriba. Un día nos decían que la Reconciliación Nacional es nuestra línea. Eso se intentaba explicar a los camaradas de la base y unos lo entendían y otros no. Viejos militares muy fortalecidos en una lucha muy tensa contra la reacción y el capitalismo, difícilmente podían asumir ideas como la de la Reconciliación Nacional. Sin embargo, a fin de cuentas, por amor al Partido y por pensar que el Partido era el instrumento de la revolución aceptaban eso. Incluso defendían la idea de la reconciliación sin que para ellos tuviera un contenido, porque eran gentes forjadas en la lucha y no en la reconciliación con el enemigo. Y ese tipo de problema se fue depositando en mi memoria activa pugnando por tener una expresión. Porque aquellos camaradas oscuros a quienes nadie les hacía caso y a quienes solamente se les pedía sacrificios, tenían que tener de algún modo su cantor para decir: "Aquí está toda esta gente admirable".

F.C.– *¿Qué opinas ahora del ataque que hace Ruperto de los grupos que se separan del PC? Literalmente les llama "grupitos de mierda".*

A.S.– En ese momento yo tenía una opinión muy contraria a esos grupos, a las escisiones. Nunca les hubiera llamado "grupitos de mierda", pero mi posición era muy curiosa. Frente a los pequeños grupos yo defendía, aunque muchas veces no con mucha convicción, la línea del Partido. Pero *en el interior* del Partido yo defendía la legitimidad de que se separaran del Partido muchos de esos grupos dada la línea que el Partido presentaba. Muchas veces yo me encontraba mal con los grupos, llegando incluso a recibir anónimos de algún grupito marxista-leninista de izquierda, diciendo que yo era un carrillista y que un día tendría que responder de mis posiciones. Sin embargo, dentro del carrillismo, dentro del Partido, estaba considerado como un izquierdista. Era un lugar muy raro aquel en el que yo me encontraba. Aunque yo nunca dije "grupitos de mierda", comprendía muy bien que algún viejo militante lo dijera.

F.C.– *Ruperto en su testamento dice que la "vía pacífica es un sueño". Tú que has querido soñar tanto te encuentras, de pronto, con un sueño del que, según Ruperto, hay que deshacerse.*

A.S.– Porque es un sueño posibilista. Yo estoy más por los sueños utópicos, por soñar lo imposible. Soñando lo imposible, soñando la utopía, se pueden dar pasos adelante. Soñar el posibilismo, que fue un poco el problema de la Unidad Popular Chilena, esa vía es un sueño rechazable porque nunca el enemigo pacíficamente, está claro, va a permitir que se establezca otro sistema de relaciones sociales. Ellos van a emplear siempre la violencia. Por tanto es un sueño pensar en la vía pacífica al socialismo. Es un sueño posibilista y, en ese sentido, hay que rechazarlo. Yo prefiero los sueños utópicos, imposibilistas, porque, me parece a mí, son motores inductores para ir adelante. Mientras que los sueños posibilistas, que tratan de adaptarse a las circunstancias y penetrarlas lentamente, son motores reductores.

F.C.– *Ya que hemos estado hablando de tus relaciones con el PCE, deja que abra un pequeño paréntesis y te pregunte por el efecto que pudo tener en ti tus viajes a Cuba. Por cierto, ¿cuántas veces has estado en Cuba?*

A.S.– Yo he estado tres veces en Cuba. Mi primer viaje solamente sirvió de confirmación de la importancia del proceso cubano. Siempre he sido un gran admirador de la revolución cubana y lo sigo siendo ahora, en lo cual estoy bastante solo dentro de los medios culturales europeos. Pero mi primer viaje fue una confirmación; fue un viaje muy alegre, porque fue ver un proceso revolucionario en marcha que me compensaba de todas las tristezas que pasábamos en España. " ¡En algún sitio", me decía, "hay un proceso revolucionario en marcha!" Eso fue muy exaltador. No tuvo mayor importancia. Pero ya era bastante.

F.C.– *En el 68 volviste para asistir a un Congreso.*

A.S.– Sí, para el Congreso Cultural de La Habana.

F.C.– *Uno de los temas importantes fue el de concepto de Cultura Nacional.*

A.S.– Sí. Hubo muchas ponencias. Fue una cosa muy aparatosa. No sé hasta qué punto fue muy importante. Fue más aparatoso que importante. Es curioso que la mayor parte de intelectuales que se presentaron como enormemente radicalizados y enormemente admiradores de la revolución cubana después suscribieron el documento contra el Gobierno cubano a propósito de Padilla. De modo que hubo una decepción de todos aquellos entusiastas. Hubo, pues, un entusiasmo proclive a dejar de serlo. Era un momento en que los cubanos consideraban que los intelectuales europeos y americanos podían desempeñar un papel muy importante en la revolución, mucho más importante que el que podían desempeñar los partidos comunistas oficiales. Yo estoy de acuerdo en que hubiera todo tipo de reservas sobre los partidos comunistas oficiales. Pero no veía muy claro que pudiera descansar la revolución en los intelectuales de esos países. Aunque allí eran todos muy radicales, eran intelectuales de la metralleta, ninguno la había tomado nunca y muy pocos de ellos la tomaron después. Algunos intelectuales franceses y otros que fueron de Europa al Congreso no pudieron al poco tiempo asumir ni siquiera el hecho de que un poeta como Padilla estuviera detenido veinte días.

F.C.– *¿Cuándo empiezas a plantearte la posibilidad de apartarte del Partido Comunista?*

A.S.– Yo tenía muchas dificultades, es cierto, para seguir, porque en muchos puntos de vista estaba en desacuerdo. Era muy difícil continuar y sobre todo era muy difícil ser dirigente del Partido. A mí me nombraron miembro del Comité Central del Partido poco después de ingresar. Fue una carrera meteórica. Estuve en una sola reunión del Comité Central, que fue clandestina, en un lugar desconocido de Francia. En esa reunión del Comité Central planteé determinadas críticas bastante severas al trabajo que se hacía en Madrid, que es lo que yo conocía. Critiqué el burocratismo, la falta de atención a los problemas internacionales, la falta de atención al tema del Vietnam, pues se hacía una cosa meramente formal de solidaridad pero no se hacía nada de solidaridad real por el Vietnam... Critiqué también el problema de que hubiera una organización de intelectuales separada en el Partido. Eso me parecía que no era válido en un Partido en el cual además se postulaba la alianza de las fuerzas del trabajo y de la cultura. A esto se daba una explicación también por la clandestinidad. Porque era más normal que se pudiera justificar una reunión de obreros en un sitio que una reunión mixta de obreros y de intelectuales. Era menos defendible ante una intervención policíaca. Todas esas cosas eran en cierto modo razones sólidas para justificar que la organización de intelectuales fuera separada. Pero yo, de todos modos, no lo consideraba bien y propuse la disolución de la organización de intelectuales porque a fin de cuentas no nos reuníamos nunca. Era un mero comité para redactar los documentos o las cosas más urgentes. Yo quería que nos disolviéramos y nos integráramos en las organizaciones de nuestro barrio. Ese tipo de cosas, entre otras, de distinta índole, eran objeciones muy graves que yo proponía. Entonces, dada esa posición mía, en el siguiente Congreso fui expulsado del Comité Central. Lo comprendí muy bien. Un dirigente del PC me hizo una cita, era en la clandestinidad, bajo el franquismo, y me comunicó que se había celebrado el Congreso, al que ni siquiera me habían invitado, y entonces se produjo mi expulsión del Comité Central. Comprendí que teniendo tantas reservas con la línea del Partido no podía ser dirigente. Así me lo explicaron en esa cita. Pero no quería marcharme del Partido porque había otros comunistas que tenían también posiciones críticas. Tenía la esperanza de que se abriera paso una posición más de izquierda dentro del Partido y temía que si nos íbamos la gente con posiciones críticas cada vez sería peor. Lo mejor era estar aunque fuera en la base. No para hacer tendencias, pues nunca he participado en ninguna escisión –he tenido una lealtad siempre total. Pero sí hacía falta gentes más críticas y que no se quedaran solamente los seguidistas de Carrillo, de su línea. Yo le pedí a ese dirigente quedarme en la base del Partido. Había otros "izquierdistas" en la misma situación. Teníamos contacto con el Partido a través de una persona. Ese hilo delgado es el que nos unía al Partido. Esperábamos que dentro del Partido se produjera un movimiento regenerador.

F.C.– *¿Cuándo fue eso?*

A.S.– Creo que debió ser en el VIII Congreso. Era entonces todo tan peligroso que de estas cosas ni siquiera tomaba notas. No tengo constancia documental de nada de todo eso. Pero pudo ser en el 72 o en el 73. En fin, desde siempre, dentro de la organización, yo manifestaba muchas críticas. Pero todo lo que yo hacía era ya extramuros de la organización. Aunque tuve una actividad fuerte cuando hicimos el Comité de Solidaridad. Fue un comité con el que el Partido, cuando lo fundamos, estaba de acuerdo en que se creara. Pero luego ese comité no lo sometimos a ningún control del Partido. Lo llevábamos especialmente Eva y yo con un grupo de amigos. Pero éstos no todos eran militantes del Partido.

F.C.– *¿Qué se hacía en este comité?*

A.S.– Sobre todo se hacía una tarea muy fuerte de información de problemas y temas. Empezó por ser un comité de apoyo al Vietnam y luego fue un comité de solidaridad en términos más generales. Con el tiempo nos ocupamos mucho de los problemas vascos, de dar información sobre la situación en el País Vasco.

F.C.– *¿Dónde hacíais vuestra labor?*

A.S.– Teníamos un apartamento clandestino en un domicilio que habíamos comprado y que todavía tenemos. Fue una de las "cuevas del terrorismo", como dijeron cuando lo descubrieron. Teníamos varios aparatos multicopistas. Eramos un grupo pequeño, muy activo y crítico con el PC. Pero también publicamos cosas sobre el PC sin hacerle nunca, desde luego, ninguna crítica pública. Eran siempre, las nuestras, críticas privadas.

F.C.– *En el año 74 te sales del PC.*

A.S.– En el año 74 se produce la detención de Eva y mi gran decepción cuando acudí a los abogados del Partido para ver qué se podía hacer por Eva, que la estuvieron torturando durante ocho días en la Puerta del Sol, y se comportaron bastante mal, me aislaron, me prohibieron volver al local de ellos, de los abogados, en Atocha. Me dijeron que no volviera más, que les diera un teléfono y si algún abogado se animaba a defender a Eva que ya me avisarían. Prácticamente cortaron en un momento en que yo necesitaba una ayuda enorme. Yo estaba solo, perseguido por la policía. Me tuve que desfigurar. Me afeité la barba. Me vestí con corbata. Ir por la calle era verdaderamente peligroso. Ahí fallaron. Fue el fallo definitivo. Se creyeron la versión policíaca de que éramos unos terroristas. Al ingresar yo en la cárcel, desde allí mismo, recapitulé la situación, le mandé una carta a Carrillo, que supongo que le llegaría, dándome de baja del Partido. Me marché del Partido[17].

F.C.– *En* Balada de Carabanchel, *en varios poemas allí reunidos, explicas el pánico que cundió en Madrid cuando detuvieron a Eva.*

A.S.– Se produjo un terror tal en la ciudad, fue algo verdaderamente espantoso, que impedía incluso a muchos de mis amigos más íntimos ayudarme, porque estaban paralizados por el terror. Sin embargo, hubo camaradas oscuros que me ayudaron *hasta que* fue posible, *mientras* fue posible. Por ejemplo, me alojaron. Pero las detenciones eran cada vez más y yo iba perdiendo todos los contactos. Yo tenía un contacto, por citarte un caso, con uno de los compañeros, Vicente Sáez de la Peña (que era director de teatro, y con él quisimos hacer un grupo de teatro de izquierdas, ACUSA se iba a llamar). Todos los días, a determinada hora, en un café nos comentábamos todas las noticias que habíamos obtenido por nuestra parte. Un día no fue al café y habíamos quedado que si alguna vez no acudíamos a la cita a las veinticuatro horas justas, esta cita se renovaba. Al día siguiente fui y él tampoco acudió. Poco después me enteré de que lo habían detenido también. Luego llamé a otro contacto y me dijeron que lo habían detenido. Iba cayendo la gente y yo me iba quedando solo. Me refugié en la casa de unos amigos comunistas con quienes tenía amistad muy íntima y de siempre camaradas oscuros. De hecho, uno de esos amigos, una mujer, es uno de los personajes de mi obra *El camara oscuro*... Pues bien, me quedaba a dormir en su casa, lo que fue muy heroico por parte de ellos porque realmente era peligroso tenerme alojado. Antes de ir a dormir yo les llamaba por teléfono por si había habido una visita policíaca. Todas las tardes yo llamaba por teléfono y les preguntaba: "¿Qué tal? ¿Cómo estáis?", y respondían: "Bien". Entonces yo iba a su casa. Pero un día llamé y me contestaron: "Estamos bastante mal. Fulanito está grave". Ya no volví. Habían detenido a la hija de la casa y a su marido.

F.C.– *¿Cuánto tiempo estuviste así?*

A.S.– Diez días. También hubo otras detenciones de este tipo. Entonces, es natural, la gente me encontraba y se asustaba. Me decían: "Pero ¿cómo estás aquí? Refúgiate en una Embajada". Yo no quería hacer eso y por otra parte no quería venir al País Vasco porque me imaginaba que podía comprometer a la gente de aquí. Luego algunos vascos me han reprochado que no hubiese venido aquí a refugiarme. Pero es que no quería comprometerles. Además no me atrevía a tomar el tren y no tenía a nadie que me sacara de Madrid en coche. Luego salió en *ABC* que yo estaba en Portugal y eso me fue bien porque la gente se creyó la noticia. Yo mandé entonces una carta al jefe de la Brigada Social, insultándole. Era una carta muy dura. Lo hice pensando que le haría así creer que yo estaba en Portugal. Luego, estando ya en la cárcel me procesaron también por esa carta. Esa carta que era, entre otras cosas, una denuncia de las torturas, salió en la prensa de muchos países. En esos diez días lancé el tema de la prisión de Eva al extranjero. O sea que pude hacer muchas cosas.

F.C. *En un poema te quejas de la atención que se prestaba a disidentes como Pasternak y compañía y que a vosotros apenas nadie hacía caso.*

A.S.– Bueno. Escribí a Peter Weiss y él se portó muy bien. Publicó un artículo en un periódico sueco que se llamaba "¿Dónde está Eva?". Mandé cartas a Sartre y a Gisèle Halimi, que publicó en *Le Monde* algo sobre Eva. Entonces la edición *Des Femmes*, de París recogió una lista enorme de firmas en apoyo de Eva y más tarde le publicaron la edición bilingüe de cartas que Eva había escrito desde la cárcel... El movimiento mundial de solidaridad fue enorme. Ya en el momento en que estaba el movimiento en marcha, vi que solamente me quedaba la alternativa de marcharme al extranjero, aunque no sabía cómo podía haberlo intentado, o de dirigirme a los militares y pedir explicaciones de la detención de Eva. Aunque yo me temía que iba a ser detenido, no pensaba que iba a haber ningún caso contra mí. Ahora, me daba miedo que me hubiera detenido la policía porque me hubiera matado a palos. Porque después de la carta que les mandé insultándoles... Luego me dijeron que me hubieran matado. Además es posible que hubiera ocurrido. A Eva le dijeron que me habían matado y ella se lo creyó. Pero lo que hice fue llamar al Gobierno Militar después de preparado un poco para la posible detención que ya me temía y de ir a la Sociedad de

Autores para buscar dinero, pues no tenía ni un céntimo y sabía que en la cárcel se pasa mal sin dinero. En la Sociedad de Autores se asustaron. Parecía que se habían encontrado con el monstruo de Frankenstein. Además creían que estaba en Portugal. Todo el mundo me hablaba allí en voz baja. Estando en una taberna antes de llamar al Gobierno Militar, vi en la televisión que salían lo que llamaron nuestros refugios. Vi fotografiada la casa donde vivíamos nosotros y la casa en donde hacíamos la propaganda. Convirtieron esas casas en "refugios del terrorismo", en "cárceles del pueblo"... Lo presentaron todo de una forma sensacionalista. Se oía una música al fondo y una voz que iba describiendo los "refugios"... Apareció también la foto de Eva y de los amigos que cayeron aquellos días. Me enteré que cayó aquel piloto de Iberia, Bernardo Badell, mallorquín. Detuvieron a él y a su mujer. Eran amigos nuestros.

F.C.– *Cayó también Antonio Durán y...*

A.S.– Antonio Durán fue de los primeros. Le pegaron unas palizas horrorosas. Ha quedado muy mal. Le ha quedado una cosa de vértebras.

F.C.– *Y Reme...*

A.S.– Su mujer, Reme, también cayó.

F.C.– *Y Mari Luz Fernández.*

A.S.– Sí, está ahora en Asturias; se portó muy bien, como todos.

F.C.– *Y Lidia Falcón...*

A.S.– Lidia Falcón y su marido Eliseo Bayo. Porque en su casa teníamos también un agujero, un refugio. Verás. Habíamos instalado una especie de infraestructuras de refugios para en caso de persecución policíaca escondernos o poder esconder gente. Esto lo hicimos el Comité de Solidaridad cuyas actividades cada vez eran más complejas.

F.C.– *¿Sabía algo de todo esto el Partido Comunista?*

A.S.– No, nada. De los refugios, no sabían nada. Ellos se creyeron la versión policíaca, que esos refugios eran cárceles del pueblo. Pero era una versión absurda porque la imagen que daban era de que habíamos preparado cárceles del pueblo con destino a posibles secuestros de personalidades que íbamos a encerrar ahí. Pero nada más ver los agujeros aquéllos se daba uno cuenta de que no podían ser eso porque eran pequeños sitios que se abrían desde dentro y que cabía una persona para esconderse pero que podía salir de ahí si quería. En nuestra casa había dos refugios. La hipótesis de que eran cárceles era absurda. Pues bueno, toda la gente que tenía refugio, que no se llegó a utilizar ninguno, fue detenida. Cuando empezaron las detenciones, no sabíamos por dónde iba la cosa, qué es lo que había pasado. Estábamos sometidos a unas detenciones y no sabíamos de qué. Cuando detuvieron a Vicente Sáez de la Peña, con quien tenía yo la cita, como te he contado, pensé que fue por ser amigo mío. Vicente era el marido de Mari Paz Ballesteros, la actriz que también fue detenida. Pero el día que fui a Europa Press, que por cierto me atendieron muy bien y eso que comprometía a la gente con mi presencia, me dijeron que habían detenido a un piloto de Iberia en Madrid, que era Bernardo Badell, y a Lidia Falcón y a Eliseo Bayo en Barcelona, entonces me di cuenta que coincidían las detenciones con gente que tenían "agujeros". Fuimos detenidos los que teníamos "agujeros"...

F.C.– *¡Qué diez días pasaste, yendo de un lado para otro...!*

A.S.– Yo me movía mucho. Estaba en un barrio, luego me iba a otro. O sea que me movía mucho durante todo el día. Por la noche terminaba muerto. Los últimos días dormí en casa de mi hermano, lo que tampoco era muy buena cosa porque era un sitio donde la policía podía ir. Pero bueno...

F.C.– *¿Tenías relación con ETA?*

A.S.– Lo que teníamos era relación con vascos, con el movimiento vasco. Eso sí. Porque en nuestro boletín *Información* publicábamos materiales vascos.

F.C.– *¿A ti te torturaron?*

A.S.– No, no. Porque yo fui al Gobierno Militar. Y no me torturaron.

F.C.– *Tú saliste de la cárcel sin que se te hubiera acusado de ningún cargo. Ni a Eva se la acusó de nada.*

A.S.– No. No llegó a haber juicio. Fueron cárceles preventivas.

F.C.– *Tú estuviste en la cárcel...*

A.S.– Yo estuve en la cárcel ocho meses y medio aproximadamente.

F.C.– *Y Eva...*

A.S.– Eva casi tres años.

F.C.– *Después de salir de la cárcel te exiliaste en Francia, ¿no?*

A.S.– Todavía me quedé todo ese año en España, es decir, de junio de 1975, que es cuando salí, hasta diciembre. En diciembre Eva tuvo la impresión, por los interrogatorios que le hacían entonces, de que podían volver a detenerme. La acusación parecía precisarse en el hecho que a Eva la acusaron de ser la autora del libro *Operación Ogro,* cosa que era cierta y...

F.C.– *¿Cómo escribió el libro?*

A.S.– Con grabaciones, con cintas que le procuraron. Y entonces, en el manuscrito de ese libro, antes de que fuera a imprenta, yo había hecho algunas correcciones manuales. Peritos calígrafos y tal estaban estudiando el manuscrito. A Eva le dijeron que tenían fundadas sospechas de que yo había intervenido en la elaboración del libro. Cosa que no era exacta porque yo sólo había hecho unas correcciones manuscritas. Pero se podía probar por un perito que yo había tenido alguna parte en ese libro y, por tanto, me podían detener. Había muerto Franco ya, eh, pero para nosotros la lucha seguía igual. Entonces, en diciembre, por indicación de Eva, que tenía miedo de que me detuvieran otra vez, me marché. Evita, mi hija, y yo nos fuimos a Burdeos. Mi hijo Pablo estaba estudiando entonces Sociología en Burdeos. A través de unos amigos conocí a un matrimonio, que fue maravilloso, que tuvo una gran solidaridad, y me puse a vivir en casa de ellos y luego me pasé a una casita de al lado que era de un tío de ese matrimonio quien me la alquiló muy barata. Allí me quedé un año, hasta que me expulsaron de Francia.

F.C.– *¿Cómo surgió la idea de hacer el libro sobre la "Operación Ogro"?*

A.S.– Era muy interesante, claro. Era un tema interesantísimo. El atentado a Carrero Blanco fue verdaderamente una cosa extraordinaria, ¿no? Y hubo la posibilidad de establecer unos vínculos para obtener los materiales grabados por el comando en los que ellos contaban cómo lo hicieron.

F.C.– *¿Fue básicamente un trabajo de transcripción?*

A.S.– No, porque Eva no se limitó a hacer la mera transcripción que era muy inorgánica, sino que además organizó todos los materiales y lo escribió todo. Eva es verdaderamente la autora del libro, pues trabajó sobre unos materiales muy informes. No, no fue la mera transcripción de unas cintas.

F.C.– *En Burdeos seguiste trabajando en tu libro* Crítica de la imaginación, *¿verdad?*

A.S.– Sí, en esa casita de Burdeos de que te hablaba terminé el libro.

F.C.– *A mí me parece admirable que pudieras, en la situación en que te hallabas, trabajar en un libro como* Crítica de la imaginación.

A.S.– Me costó, pero el libro en realidad estaba muy avanzado cuando me detuvieron. Llevaba ya escritos, cuando me detuvieron, cuatrocientos folios. Estuve, por cierto, a punto de perder el original. El libro lo tenía en un pisito que teníamos alquilado en Miraflores de la Sierra. La Guardia Civil asaltó ese piso creyendo que era otro refugio. Me contaron luego cómo fue. La Guardia Civil hizo un cerco al piso y lo asaltaron. Entraron y, claro, no encontraron nada. Yo me iba allí a pasar los fines de semana y a veces me quedaba ocho o diez días escribiendo. Allí tenía todo el original de *Crítica de la imaginación*. Pocos días después de la detención de Eva y después de acudir a las cosas más urgentes, me acordé del libro. Había estado años trabajando en el libro y temí que además me destruyeran el manuscrito. No es que en esos momentos fuera la pérdida más grave, desde luego, pero, claro, era una pérdida. Ahora bien, yo no podía ir a Miraflores a buscarlo. Era meterme en la boca del lobo. Pero en esas situaciones tan tensas hay gente que reacciona muy bien y gente que crees que es valerosa y luego se acobarda. En fin, a Carlos Muñiz le encargué la operación de rescatar el original. Le mandé una carta a su casa. Como él tiene una casita también en Miraflores pensé en él, se me ocurrió que a lo mejor Carlos se animaría a hacer esa operación. Le pedí que fuera a ver si todavía estaba el manuscrito allí y si todavía no se lo había llevado o destruido la Guardia Civil o la Policía, se lo trajera a Madrid.

F.C.– *¿Le escribiste antes de presentarte al Gobierno Militar?*

A.S.– Fue, sí, una de las gestiones que hice en los diez días antes de llamar al Gobierno Militar.

F.C.– *O sea que lo sacó antes de ingresar tú en la cárcel.*

A.S.– Eso no lo sé. Pero cuando salí de la cárcel le llamé y me dijo que tenía el manuscrito.

F.C.– *¿Cómo sobreviviste en Burdeos?*

A.S.– Lo pasé muy mal...

F.C.– *¿Y económicamente?*

A.S.– En el aspecto económico no fue muy difícil. Porque el libro de Eva, el libro de sus *Cartas* que editó en seguida el grupo de *Femmes*, dio dinero abundante. Eva ganó mucho dinero con ese libro. Yo lo cobraba. Escribí a mis editoriales y a los teatros, a los sitios donde había cosas mías, indicándoles cuál era mi nueva dirección y que además necesitaba dinero. Empecé a recibir dinero. También me llegaba dinero de solidaridad, de gente que por solidaridad me mandaba cien dólares o lo que fuera. De pronto me encontré que tenía todo tipo de problemas menos el problema económico. Llegué a tener dinero. Cosa increíble, cosa que no me había ocurrido nunca antes.

F.C.– *Hagamos un poco de sociología, háblame de tu vida económica.*

A.S.– He tenido siempre grandes dificultades económicas al no tener un ingreso fijo. En los años 70 di unos cursos para la Universidad de Nueva York. Fue la única vez que tuve un ingreso fijo. Duró tres años eso. El contrato del año 74 no lo pude cumplir porque me detuvieron. Aurorita Albornoz y otros me sustituyeron. En Salamanca di algunos cursos de verano para extranjeros. Era una pequeña ayuda. En los años 50, en el 56 y en el 57, trabajé bastante en el cine. Y eso dio dinero. Entonces, en esos dos años, casi tuve que dejar la escritura teatral, por lo que sufrí mucho. Pero llegó un momento en que el sufrimiento era indecible; ya no podía más. Para colmo me encargaron la adaptación para el cine de una novela de Carlos Reyes, *El embrujo de Sevilla*, y yo veía que iban a hacer una cosa folklórica, mala... Antes todavía pude hacer cosas discretas. Pero ya con esa novela vi que no, que no podía ser. Decidimos romper con el cine e intentar que los ingresos vinieran por otro lado. Y no, estuvimos uno o dos años sin ingreso, con cantidad de deudas y cuentas en las tiendas... Por tanto, endeudados casi siempre. Cuando empezaron a ingresar derechos de autor, sobre todo del extranjero, y de traducciones, cuando empezaron a traducirme en el extranjero...

F.C.– *Eso fue en los años sesenta, ¿verdad?*

A.S.– Sí. Entonces fue cuando empezamos a enderezarnos un poco, a pagar deudas... Pero siempre tuvimos deudas. Nunca estábamos sin deber dinero. Siempre debíamos bastante dinero. Siempre, siempre.... ¡Llegué a deber cien mil pesetas al huevero! El dinero ingresaba para ir pagando alguna de las cosas que debíamos. Eso a mí me producía una gran intranquilidad, me fastidiaba mucho, me sentaba muy mal. Después empecé a ganar dinero con el teatro de nuevo y especialmente no con mi teatro, que nunca he tenido grandes éxitos con mi teatro –en España se ha representado poco y ha tenido poco éxito–, sino con las traducciones que he hecho de obras de teatro extranjeras. *Marat/Sade*, por ejemplo, dio mucho dinero. Bastante dinero dio *Rosas rojas para mí* y las representaciones de las traducciones que hice de Sartre. Pero siempre hemos ido viviendo, como ahora, de forma azarosa, sin ninguna seguridad ni ingreso fijo. Ahora tampoco hay ninguna seguridad, ningún ingreso fijo. Mi vida económica siempre ha sido muy azarosa. Y lo sigue siendo.

F.C.– *Estando en la cárcel escribiste también* Ahola no es de leíl.

A.S.– Sí.

F.C.– *Hiciste una lectura de* Ahola no es de leíl *en Carabanchel según cuentas en una reciente edición de esta obra.*

A.S.– Se hizo la lectura el 1º de mayo.

F.C.– *Entonces fue cuando un preso tuvo esa reacción tan interesante y te hizo el comentario de que se avergonzó de haberse reído.*

A.S.– Es cierto.

F.C.– *¿Se podría decir que en esta obra intentas emplear el humor con un fin catártico? ¿Es consciente esto?*

A.S.– Pues sí, es consciente. Esta obra es un plan antiguo que yo tenía, es aquel proyecto que quería titular *El verdugo español* y que nunca me había animado a hacer.

F.C.– *Tomas de Cervantes el nombre de los protagonistas, Cortadillo y Rinconete. ¿Cómo fue el decidirte a emplear estos nombres?*

A.S.– Es un nuevo homenaje a Cervantes. Además los dos soldados de mi obra son como dos pícaros.

F.C.– *Esta obra es una crítica del imperialismo español.*

A.S.– Esto quedaba más claro cuando lo titulaba *El verdugo español*. Luego, en la versión que hicieron los del Gayo Vallecano, acentuaron mucho esta crítica. La obra termina con una bandera española que se derrumba.

F.C.– *La obra es de nuevo una reflexión crítica sobre la historia de España. Es un nuevo intento de desmitificar nuestro pasado. Aquí apuntas, creo, hacia una crítica de la Hispanidad, del concepto franquista de la Hispanidad.*

A.S.– En esta línea está.

F.C.– *Es también un homenaje a Cuba, ¿no?*

A.S.– Sí. La anécdota de la muerte de un chino por equivocación me la contaron así, literalmente, en Cuba. No sé si fue en mi primer viaje o posteriormente. Pero el caso es que me contaron en Cuba, hablando de los chinos en Cuba, esa historia. Parece algo inverosímil, aunque tal vez fuera una historia verdadera. A mí desde luego me la contaron como si fuera verdadera. Desde que me la contaron quise hacer sobre ella una obra de teatro y con ese título, *El verdugo español.*

F.C.– *Si nos fijamos en la trilogía que querías hacer, en* El verdugo español, *sobre el tema del imperialismo español, obra que finalmente has titulado* Ahola no es de leíl*; en* El monstruo marxista, *una historia sobre un miembro de base del PCE que has titulado* El camarada oscuro*; y en el proyecto no realizado de* *escribir* El censor, *pieza teatral acerca de la censura en España, si nos fijamos en esas obras y en el proyecto irrealizado se puede muy bien concluir que mires donde mires, a la derecha y a la izquierda, encuentras un panorama bastante desolador.*

A.S.– Bastante deprimente, en efecto. Porque además ese aspecto circular del que uno quiere huir, da la impresión de que se produce, de que se sigue reproduciendo. De ahí la vigencia hoy de un Larra, por ejemplo.

F.C.– *Por cierto, he pensado en algún momento que entre tú y Larra se podría establecer un vínculo.*

A.S.– He leído algo a Larra y sus artículos de los años 30, en los que habla de la libertad de expresión y de otros temas, me han recordado situaciones que yo he vivido.

F.C.– *¿Se podría decir de ti que eres, digamos, un Larra marxista?*

A.S.– Quizás. Pero yo no he hecho artículos de costumbres.

F.C.– *Pero has hecho crítica de las costumbres y hábitos culturales de este país.*

A.S.– Pero no a través del medio del artículo.

F.C.– *Pero tenéis algo en común, algo que os une.*

A.S.– Tal vez tengamos en común una posición crítica. Es posible.

F.C.– *Volvamos de nuevo a tu teatro. Me gustaría saber tu opinión acerca de la representación de* Ahola no es de leíl *que recientemente se ha representado en* El Gayo Vallecano *de Madrid.*

A.S.– Me ha parecido bien sobre la base de la libertad de reconstrucción de la obra que ellos usaron con acierto. Hicieron un buen invento poniendo a esos dos personajes, a Rincón y Cortado, en una guerra colonial posterior, en la cual los últimos restos del imperio español desaparecen. Es decir, hicieron una dialéctica entre el episodio cubano y el africano, que estaba muy bien. Acentuaron aspectos políticos de la obra, en el sentido de reflejar la caída del imperio y quedó un espectáculo bueno. Aunque no estoy muy seguro tampoco de que se diera un tipo de emoción trágico-compleja, sino más bien parecía una obra trágico-cómica.

F.C.– *Ahora me gustaría que habláramos de la etapa en que saliste de la cárcel y tuviste que irte a Burdeos. Sales de la cárcel en verano de 1975, te quedas unos meses en España y, a finales de ese año, te marchas a Francia.*

A.S.– Salí de la cárcel en junio de 1975. En diciembre me fui a Francia y estuve en Burdeos todo el año 76. Mejor dicho, hasta febrero del 77.

F.C.– *Volviste de Francia porque fuiste expulsado por la policía francesa, siendo Poniatowski ministro del Interior.*

A.S.– Porque me expulsó la policía francesa, así es.

F.C.– *Tu expulsión estuvo relacionada con la presentación del libro de Eva,* Testimonios de lucha y resistencia, *en San Juan de Luz, a comienzos de 1977.*

A.S.– Sí.

F.C.– *¡Vaya motivo!*

A.S.– Me detuvieron con ese motivo pero la razón que luego esgrimieron para expulsarme fue mi participación en una huelga de hambre que habíamos hecho, unos meses antes, en diciembre de 1976. La nochebuena de 1976 iniciamos varios vascos y yo una huelga de hambre en la catedral de Bayona para protestar contra los destierros de refugiados vascos por parte del gobierno francés, que los había enviado a la isla de Yeu. Para reclamar la atención sobre estos destierros iniciamos la huelga de hambre. La policía nos detuvo el primer día por la noche, nos fichó y nos dejó en libertad. Volvimos a la catedral y, poco después, llegó otra vez la policía. Entonces nosotros escapamos. No hubo una segunda detención pero la policía ya había tomado mi ficha y parece ser que me buscaba. Aunque me extraña porque la policía sabía que yo vivía en Burdeos y sabía además mi domicilio. Pero pasaron dos meses y medio, fui a San Juan de Luz a presentar el libro de Eva, me agarraron y me pusieron en la Frontera.

F.C.– *Al volver a España te hicieron un homenaje en Madrid y por entonces publicaste en* El País *el artículo "¿Dónde estoy?"*[18]

A.S.– Sí, ambas cosas más o menos coincidieron.

F.C.– *En ese artículo dijiste que estabas a la izquierda del PCE.*

A.S.– Entonces tenía la esperanza de encontrar a la izquierda del PCE alguna organización que me produjera cierta satisfacción, pero no fue así.

F C.– *¿Ni el PCE(R)?*

A.S.– No he llegado a tener relaciones con ellos. Solamente he recibido información y propaganda y es lo que más interesante me parece. Pero no he llegado a tener ninguna relación con ellos.

F.C.– *Antes de que Eva y tú cayerais prisioneros, es decir antes de 1974, parece que ya estabas a la izquierda del PCE, ¿no es así?*

A.S.– Sí, pero había mucha gente dentro del PCE entonces que tenían posiciones de izquierda. No era sólo yo. Eramos muchos los que teníamos esas posiciones, aunque latentes, inexpresadas, o expresadas en tareas que no eran antipartido de ninguna manera, pero que ya eran extramuros del Partido. Como el Comité de Solidaridad.

F.C.– *¿Conocía el partido vuestras actividades en el Comité de Solidaridad y que publicabais el boletín* Información*?*

A.S.– Sí, lo sabían, lo sabían.

F.C.– *Objetivamente, pues, se puede decir que el comportamiento del Partido contigo, con vosotros, no tenía justificación.*
por parte de los dirigentes.

A.S.– Era muy coherente con la línea de ellos, reformista, y de presentar un rostro plácido ante la derecha. Entonces la policía trató de montar una operación que era, claro, muy mala para el PCE, y era que había una relación entre el PCE y ETA. Esto era falso, pero lo montaron. Porque como nos consideraban a nosotros simpatizantes del movimiento vasco y como algunos éramos o habíamos sido militantes del Partido, montaron esa operación de que había una relación de colaboración entre el PCE y ETA. Esto era muy malo para Carrillo. Porque considerar que el Partido Comunista estaba suscribiendo acciones violentas era una forma de atacar al Partido. Pero eso no era verdad en absoluto; eso era completamente mentira. Ellos no hacían eso. Era una forma de atacarles diciendo que eran terroristas.

F.C.– *Volviendo al homenaje que te hicieron en Madrid al volver de Francia...*

A.S.– Fue un homenaje unitario de partidos recién legalizados. Cuando volví, o me volvieron, de Burdeos, me visitaron unos chicos del Partido del Trabajo diciéndome que querían hacerme un homenaje de regreso y entonces yo les planteé que estaría de acuerdo en ese homenaje en la medida en que se transformara en un acto político unitario revolucionario. Que el homenaje fuera un pretexto para que hubiera un acto en el que se reunieran gentes de los distintos partidos de la izquierda.

F.C.– *Tú mencionaste en las palabras que leíste en el acto de homenaje que la base quería esa unidad.*

A.S.– Creía que lo quería la base y tal vez lo quiere todavía, aunque yo no sé ahora cómo están las cosas. Entonces sí había ese deseo unitario. Intervinieron en la preparación del homenaje gentes del PTE, gentes de la ORT, gentes de la Liga Comunista Revolucionaria e incluso intervino alguna gente del Partido Comunista, como Bilbatúa que estuvo presente en el acto. Gente del FRAP, aunque no intervino en la organización del homenaje, participó en los discursos y espontáneamente una persona del PSOE... Fue un acto realmente unitario. Eva estaba todavía en la cárcel.

F.C.– *Entonces hiciste público tu manifiesto* Por un Teatro Unitario de la Revolución Socialista[19].

A.S.– Eso fue una cosa de ese momento en que pensé que se podía retomar el tema de hacer un teatro político revolucionario, lo que había fallado cuando intentamos hacer el *Teatro de Agitación Social.* Pues bien, ahora creía que podría, al amparo de la democracia burguesa, recogerse ese proyecto bajo la forma de un *Teatro Unitario de la Revolución Socialista*, un teatro en cuya regencia participaran todas las fuerzas socialistas, desde el PSOE hasta la extrema izquierda. Yo hablé con distintas fuerzas y no encontré un ambiente favorable.

F.C.– *Publicaste el manifiesto en* Pipirijaina.

A.S.– Salió en *Pipirijaina* y hubo algunos artículos apoyándolo por parte de grupos de teatros de barrio de Madrid. Pero fue tan poco el reflejo, sobre todo a nivel de los partidos, que yo vi que era inútil. Mientras tanto ya se había producido nuestro traslado al País Vasco y entre la lejanía de Madrid y las pocas ganas de volver al ver que todos los partidos políticos hablaban de la necesidad de la unidad de la clase obrera, pero *ninguno* de ellos hacía pasos para que esa unidad fuera conseguida... En fin, que todo eso me produjo una desilusión seria y profunda. Yo no tengo desilusión sobre el régimen porque nunca esperaba nada de él, pero sí tuve un momento en que pensé que en la izquierda –incluso sin el Partido Comunista, si persistía en las posiciones tan de derecha–, podía producirse una unidad de acción. Pero tampoco era así, tampoco era así. Porque en aquel mismo momento había dos partidos maoístas, que eran el Partido del Trabajo y la ORT, y se llevaban malísimamente entre ellos. Luego llegaron a una unión que tampoco ha funcionado. Eso era una pena, eso no puede ser. No existe un talante unitario y si no lo hay no podemos crear un teatro unitario tampoco. Yo quería hacer un teatro de los socialistas y de los comunistas, así, sin discriminación, y vi que realmente era utópico, en el mal sentido de la palabra; vi que era irreal.

F.C.– *En cuanto a tu teatro político, en 1978 escribiste* Análisis espectral de un Comando al servicio de la Revolución Proletaria. *Esta obra tiene, claro está, varios niveles de lectura. Hablemos de uno de esos niveles, del nivel, digamos diacrónico, el que hace que esta obra enlace con otras tuyas anteriores, como* Escuadra hacia la muerte, *aunque ahora ya te das cuenta de que la "salvación" no puede llegar sino a través de la revolución.*

A.S.– Pero enlazaría también porque en ambas obras hay unos grupitos pequeños.

F.C.– *También pensaba yo que cabe relacionarla con* Prólogo patético.

A.S.– En cuanto al tema del terrorismo.

F.C.– *Aunque ahora cuentas con las experiencias de Eva.*

A.S.– Y con las mías propias.

F.C.– *También hay unos momentos en esta obra que la relacionan con* La sangre de Dios *y con* El cuervo.

A.S.– Porque hay un cierto juego con la posibilidad de un tiempo recurrente. Sí, en cuanto a los aspectos formales.

F.C.– *Y en lo misterioso, ¿no dirías?*

A.S.– También eso. En cierto modo, sin que yo lo pretendiera, llegó a ser como una especie de antología.

F.C.– *Luego, si nos fijamos en el problema del tiempo, en el elemento futurológico de la obra, te encuentras que mientras estás escribiendo la obra, tu* Análisis espectral, *ocurre lo de la Operación Galaxia, ¿verdad?*

A.S.– Sí, eso ocurrió durante la escritura de la obra.

F.C.– *Cosa bien curiosa.*

A.S.– Hay un elemento de anticipación.

F.C.– *En un momento dado, mientras estabas escribiendo esta obra, dices tener la impresión de estar "tocando el techo y las paredes de tu edificio teatral".*

A.S.– Porque yo reconocía los elementos que se me iban ocurriendo como ya tratados por mí en mi teatro, anteriormente. Era, pues, me decía, que mi teatro consiste en esto y que no pasa de aquí. Por otro lado, yo tampoco tenía grandes proyectos de seguir escribiendo para el teatro y pensé que sería la última obra que escribiría. Seguramente será así. Después solamente he escrito una pequeña pieza.

F.C.– *En* Análisis espectral *vuelves sobre el tema del problema de conciencia, ya tratado en* Prólogo patético, *que la muerte de unos inocentes en un acto terrorista puede plantear.*

A.S.– La lucha armada tiene esos problemas que no se pueden evitar. Sin embargo, yo me fijé más en este tipo de problemas en *Prólogo patético*. Aquí, en *Análisis espectral,* es un elemento más de la acción. Puesto que hay acciones que comportan la posibilidad de determinadas situaciones. Mientras en *Prólogo patético*, como en *Los justos* de Albert Camus, todo el problema se reducía a si era o no legítimo el realizar un hecho en que podían ser perjudicadas las vidas de determinados inocentes, y ahí se acaba toda la temática y todo era un análisis de eso, en *Análisis espectral* es un ingrediente muy importante pero no el único. Es decir que el proceso de la transformación del mundo tiene unos ingredientes más complicados.

F.C.– *El cambio temporal que aparece en el cuadro final de* Análisis espectral, *¿cómo lo explicas?*

A.S.– No es tampoco nada nuevo en mi teatro. Es la exploración de las distintas posibilidades que se abren ante un acto determinado. Entonces es una obra con dos desenlaces, idéntica, en este aspecto no añade nada, a *La sangre de Dios.* Mata o no mata al hijo. Si mata al hijo se produce toda una línea posterior; si no lo mata se produce toda otra línea. O sea que se producen dos desenlaces; es una obra con dos desenlaces. Hay la posibilidad de que la acción sea un éxito y muera el tirano y se produce un proceso; o que el tirano salga indemne y mueran unos inocentes y se produzca otro proceso. Es una llamada de atención sobre la tremenda responsabilidad de un acto de ese tipo. Yo no quisiera que esta obra fuera inmovilizadora pero, a lo mejor, como muchas veces me ha pasado, podría producir un efecto contrario.

F.C.– *De nuevo esta obra supone un ataque más al posibilismo.*

A.S.– Es la defensa de lo utópico frente a los posibilismos.

Sobre Anatomía del realismo *y* Crítica de la imaginación.

F.C.– *Pasemos de nuevo a tu obra teórica y hablemos de* Crítica de la imaginación, *de sus antecedentes y de su contenido. Este libro tuyo, sobre el que has trabajado mucho y durante mucho tiempo, lo anunciabas ya en* Anatomía del realismo.

A.S.– En *Anatomía del realismo* lo anunciaba ya. Tenía ya hechas entonces muchas notas. Ha sido una elaboración larga, de muchos años.

F.C.– *Hay un apartado en* Anatomía del realismo, *que se titula "Estética, literatura, sociedad", en donde se encuentran una serie de elementos que luego te han servido para elaborar, de forma más detallada y amplificada,* Crítica de la imaginación.

A.S.– Porque ahí, me parece recordar, adelanto el concepto de imaginación dialéctica. Es casi como un avance de esquema de trabajo que luego iba a desarrollar en *Crítica de la imaginación.*

F.C.– *En ese capítulo de* Anatomía del realismo *hablas, por vez primera, de poestética, término que también desarrollarás en* Crítica de la imaginación.

A.S.– Sí.

F.C.– *Hablas allí ya de que hay dos momentos en la elaboración o actuación literaria, uno el creador y otro el de la recepción.*

A.S.– Porque a mí me ha parecido siempre que se hace generalmente un empleo unilateral del concepto de estética. Porque la estética se refiere a la recepción de la obra de arte y no a su producción. Entonces, claro, había que proceder a realizar un concepto que fuera omnicomprensivo de los dos momentos, del trabajo poético y de la recepción de ese trabajo por parte del espectador, de la interacción que se produce entre uno y otro momento. El término de poestética no es bueno, pero es que no se me ocurrió ningún otro que fuera mejor para indicar la totalidad del fenómeno de la producción y de la recepción del hecho poético. Empleé ese término de poestética que, ya digo, no me parece muy bueno, pero que sí, de todos modos, seguramente sea bastante preciso. Porque la primera parte del término hace referencia al carácter productor del poeta y la segunda parte hace referencia a la recepción por parte del espectador o del lector de este objeto.

F.C.– *En este capítulo de* Anatomía del realismo, *"Estética, literatura, sociedad", mantienes un diálogo con la crítica marxista y específicamente hablas de cómo en la batalla de la estética marxista que se inicia con Plejanov hay una actitud de atacar al arte por el arte y al mismo tiempo se ha querido buscar siempre un modelo, siendo el modelo el realismo de Balzac. Todo esto, vienes a decir en ese capítulo de* Anatomía del realismo, *ha creado graves problemas para la estética marxista...*

A.S.– Pues verás. Por un lado, la crítica del concepto del arte por el arte creo que hay que realizarla situando esa teoría históricamente. En el momento en que esa teoría se produce era una teoría progresista. Porque era un ataque al moralismo del arte burgués. De modo que esta teoría del arte por el arte es en un momento dado una teoría progresista. La absolutización de esta teoría y su trasplante a otros momentos posteriores es lo que hacen de ella una teoría altamente criticable y rechazable. Pero de ninguna manera sería criticable ni rechazable desde el punto de vista del realismo decimonónico ni de sus consecuencias realistas-socialistas. Y yo creo que tampoco lo era en los momentos en que yo escribí esos trabajos. Como ves hay ahí un intento de replantearnos todos esos temas y no aceptar las versiones de los manuales sobre ellos.

F.C.– *Efectivamente, tú llegas a decir que hay que recordar que el arte por el arte representó en sus orígenes una repulsa de la burguesía y que, tomando esto en consideración, el arte por el arte, es decir el vanguardismo, se puede recuperar para el humanismo revolucionario de una forma existencializada, aunque haya el riesgo del nihilismo, y también de una forma politizada, aunque haya el riesgo del burocratismo.*

A.S.– Eso es lo que pensaba yo entonces.

F.C.– *En* Crítica de la imaginación *hablas otra vez de la poestética, pero parece que cargas las tintas en el elemento primero, el de la creación, momento en que la imaginación fabuladora tiene un mayor protagonismo. ¿Hay aquí alguna motivación personal, alguna necesidad personal de recalar en ese campo íntimo porque el otro campo, el de la recepción de la obra por el público quedaba lejano y ajeno en tu caso? ¿O es que necesitabas de la imaginación para seguir viviendo, para inventarte que la lucha, la vida, tenía que, a pesar de todo, continuar?*

A.S.– Seguramente es así. Pero es una necesidad que no la siento tan tardíamente, sino que la he sentido ya unos años antes. Cuando escribí *Las noches lúgubres* ya estaba claro para mí que era necesario recuperar la imaginación, que los instrumentos de la imaginación no había que cederlos a la burguesía, so capa de que ese tipo de instancia podía servir a los efectos de la evasión de la realidad. En un libro, *Teatro latinoamericano de agitación*, para el que escribí el prólogo, hablaba yo de cuánto error había en una posición según la cual, a la manera que Unamuno dijo: "¡Qué inventen ellos!", dijéramos nosotros: "¡Qué imaginen ellos!" Eso de ceder la imaginación al enemigo, a la reacción, decía yo, no se debía consentir de ninguna manera. Y, más aún, el material nuestro del reflejo literario tiene que entrar como ingrediente de la imaginación y no empobreciendo nuestro trabajo[20].

F.C.– *Probablemente el hallazgo más importante de* Crítica de la imaginación *sea la conclusión de que la imaginación es una estructura del ser humano...*

A.S.– Es una estructura dialéctica. No sé si digo del ser humano, pero lo que sí creo yo, a tal conclusión llego, es que es una estructura dialéctica. Defiendo que la imaginación no puede entenderse nunca como una instancia evasiva, sino como una estructura de relación con el plano de lo real. Es una relación entre lo real y lo imaginario. La imaginación consiste en esa relación y no en un escape de la realidad. Quiere profundizar la realidad, conocerla y, por otro lado, capacitarla para transformarla.

F.C.– *Marx en* La Sagrada Familia *dice que no importa tanto lo que una clase* *piense sino lo que puede pensar. Este pensamiento está latente, ¿no?, en tu discurso sobre la imaginación dialéctica.*

A.S.– Bueno, esa tesis yo la entendería más bien en el sentido de lo que se ha dicho muchas veces sobre la potencial conciencia del proletariado. No es tan importante, se ha venido a decir, lo que piense, como su capacidad potencial de tener una conciencia. No es tan importante lo que los obreros piensen ahora o lo que pensaron durante el nazismo, ya que de alguna manera apoyaron el nazismo, sino que lo importante es la conciencia potencial. No se trata, repito una vez más, de la conciencia actual sino de la conciencia potencial del proletariado. En ese sentido creo que habló también Lucien Goldmann y yo estoy de acuerdo con él.

F.C.– *Ya que mencionas a Lucien Goldmann, en* Para una sociología de la novela, *habla él del fetichismo de la mercancía y de cómo el fetichismo afecta la escritura en determinadas épocas de modos diferentes. Yo soy de la opinión de que en España deberíamos servirnos de la teoría genética de Goldmann, pero añadiendo una variante importante; pues la dictadura creó junto al fetichismo de la mercancía el fetichismo del franquismo. La dictadura originó unas estructuras capitalistas muy* sui generis, *muy especiales, muy particulares, que no son las del capitalismo francés o alemán de la posguerra...*

A.S.– Y que esas estructuras franquistas eran muy penetrantes. El fenómeno franquista duró mucho tiempo y acabó por penetrar y socavar realmente la conciencia social incluso en capas más o menos iluminadas, más o menos progresistas. Eso es lo que me explica a mí, por ejemplo, el hecho de que en capas que se autoproclaman marxistas se haya podido citar la filosofía de Ortega como un apoyo a determinadas tesis.

F.C.– *Al hablar del fetichismo del franquismo hemos hecho una velada mención a este tipo de degradación. Pues bien, ¿es tu obra de intelectual una busca de alternativas a ésa y otras muchas más degradaciones intelectuales?*

A.S.– Es la expectación angustiada de esos tipos de degradaciones y, por tanto, la búsqueda de una alternativa.

F.C.– *En* Crítica de la imaginación *intentas definir el arte y, para ese difícil empeño, te sirves de una serie de símiles. En tu discurso comparas al arte con una lámpara, haces referencia a un hilo conductor, a una iluminación artística... ¿Te animas a reelaborar y sintetizar todos estos pensamientos y símiles?*

A.S.– A ver si puedo reconstruir un poco todo esto. Fue la tentativa de sustituir una metáfora que era muy pobre por otra que quizás no sea muy rica tampoco. Al intentar establecer la relación entre el arte y la realidad yo había pronunciado una metáfora antigua, probablemente en *Anatomía del realismo*, según la cual el arte sería un hilo conductor para la profundización en la realidad. Entonces, a la pobreza y al mecanicismo de esa metáfora trataría yo mismo con otra imagen que, como te decía, tal vez tampoco sea muy feliz, pero que sería la de que no tendríamos que hacer una representación de la realidad que fuera un hilo conductor hacia esa realidad. Es decir, la representación de la realidad como un hilo conductor sería una tesis pobre y que podría acoger en su seno formas degradadas del arte como el naturalismo o incluso el realismo socialista en sus formas más degradadas, sino que habría que hacer del arte un aparato, un aparato relativamente independiente de la realidad, que de ningún modo intentaría ser una imagen de la realidad, pero que a través del mecanismo de la imaginación dialéctica produjera una luz especial con la cual pudiéramos vislumbrar aspectos de la realidad invisible. Es el intento de superar la consideración mecanicista de la teoría del reflejo y de intentar hacer esto por un mecanismo más complejo que el usado por otros compañeros como, por ejemplo, Adolfo Sánchez Vázquez. Se trató entonces de hablar de un reflejo activo. Se dijo eso para evitar la hipótesis del arte como un reflejo pasivo de lo real. Pero ya vine a decir que no se trataba ni de un reflejo activo ni de un reflejo pasivo, sino de "otra cosa". De "otra cosa" que sea un producto realizado a través de las instancias de la imaginación dialéctica, relativamente autónoma, porque no puedo ni soñar en su absoluta autonomía, y que produzca unos resplandores iluminantes de las cosas. No sé, no es muy preciso todo esto, pero, como pienso continuar ese libro sobre la imaginación, creo que conseguiré tal vez profundizar un poco más en estos términos. Pero por ahí iba el problema y la revisión de postulados que todavía resultaban algo atrasados al matizar la teoría del reflejo.

F.C.– *En tus reflexiones poestéticas, ¿qué papel ha desempeñado un hombre como Lukács?*

A.S.– Fue una figura muy importante para mí, justamente en una fase en que luchábamos por el deshielo de las tesis más rígidamente mecanicistas o sociológico-vulgares. Lukács, cuya vida intelectual es verdaderamente trágica, se debatió entre las instancias de la fidelidad al proceso revolucionario real, tal como se producía en los términos stalinianos, y la reivindicación de una libertad de pensamiento frente a esos postulados rígidos. Toda su vida está en ese hilo bien delicado. Pero, en fin, para muchos de nosotros, no sólo para mí, era interesante ver que dentro del pensamiento marxista se había producido, ya desde hacía años, un intento de deshielo del pensamiento sobre la estética. Concretamente en el caso del tema del realismo fue muy importante para mí, aunque yo después lo he superado, la lectura, bastante seria y detallada, de un libro de Lukács que se titula *Significación actual del realismo crítico,* aunque también se le conoce por *Sobre un realismo mal entendido*, que se acerca más al título original del libro, *Wider den missverstandenen Realismus.* Estaba bien este libro para mí porque me aclaraba determinadas concomitancias que yo veía entre la vanguardia y el naturalismo. Por ejemplo, estudiando a Strindberg que es uno de los autores a quien más yo he admirado y sobre quien he trabajado un poco, me daba cuenta de que en su vida literaria y teatral se daban obras típicamente naturalistas, que podían absolutamente obedecer a una estética a lo Zola, en novela, o a lo Antoine, en teatro, y al mismo tiempo hay una serie de obras, todas las obras de Strindberg de carácter onírico, que muy fácilmente podían entenderse desde los postulados de la vanguardia. Era el mismo autor el que había escrito estos dos tipos de obras. Unas naturalistas, por decirlo así; otras vanguardistas, por decirlo así. Jaspers al estudiar a Strindberg habla de que hay un corte en su obra, de que se produce un proceso esquizofrénico. Según Jaspers, antes del corte estaría la visión naturalista y después del corte estaría la visión onírica... Esto a mí no me convencía del todo e incluso, al final, no me convencía mucho. Yo pensaba que seguramente podía haber un parentesco más profundo entre el naturalismo y la vanguardia que no tuviera que ser explicado porque un autor tuviera de pronto un corte esquizofrénico que le dividiera en dos partes su obra, yendo una por un lado y otra por otro. No, para mí tenía que haber alguna parentela entre las dos formas de expresar la realidad. Y, bueno, en eso Lukács me iluminó mucho. O sea que desde el punto de vista de la concepción del mundo subyacente a la obra, que es el concepto que él emplea, evidentemente había una identidad. Había una identidad entre la concepción del mundo subyacente en el naturalismo, un módulo recurrente, no histórico, en el que no se producen progresos, sino que es un mundo cerrado en sí mismo, y la concepción del mundo que aparecía en la vanguardia, un mundo recurrente, cerrado en sí mismo y sin esperanza de ninguna perspectiva histórica. De modo que, claro, pues sí, desde el punto de vista de una consideración del mundo subyacente o de la concepción del mundo subyacente en el naturalismo y en la vanguardia el parentesco era evidente. Había aproximadamente la misma concepción del mundo en uno y otro caso. Eso a mí me aclaraba por qué yo encontraba que entre una obra naturalista y una obra de vanguardia había un parentesco, que no sabía cómo explicar y que para mí no era suficiente la explicación de que en algún caso eso se debía a una personalidad que había sido diagnosticada como sicótica. Ahora bien, eso resolvía un problema pero planteaba otro. Planteaba una mala vía para la crítica literaria y teatral, una vía *contenidista*. Es decir, entender las obras simplemente desde el punto de vista del contenido y apartar como una cosa molesta o desdeñable los aspectos formales de la obra. Así es que tuve que avanzar bastante después para reconsiderar todo esto y entender que la crítica del arte tenía que tener en cuenta de un modo muy decidido los problemas formales, el tipo de lenguaje que se emplea, las estructuras, etc. Luego, leyendo a otros pensadores de la estética marxista como, por ejemplo, a Galvano della Volpe que es otro de los maestros de la época...

F.C.– *Estamos en los años sesenta, ¿verdad?*

A.S.– Espera, a ver. Sí, sí, es en los años sesenta cuando leo a Lukács y a Della Volpe...

F.C.– *De él hablabas cuando te interrumpí.*

A.S.– Bueno, pues, decía que Della Volpe me llamó mucho la atención sobre los aspectos formales del arte, aunque él tiene también un punto de vista contenidista. Pero criticó a Lukács porque le parecía que no se daba cuenta de que la literatura se hace con palabras. O sea que Lukács parece que aparta el problema linguístico formal como si no fuera importante, y trata de los contenidos de las obras. Lo cual le hace presentar esos parentescos que te mencionaba antes. Es cierto que eliminando los aspectos formales tú puedes emparentar perfectamente a Emilio Zola con Samuel Beckett, pero esto supone una abstracción bastante gorda. El objeto de la crítica de la literatura y del arte en gran parte tiene que ser los aspectos formales. Descubrir a Della Volpe supuso una llamada de atención de que había que considerar los aspectos formales. Esto también para el problema del realismo era importante porque yo tardé mucho en darme cuenta de algo. Verás. Yo había aceptado y adoptado este concepto contenidista y consideraba una obra realista cualquier obra que diera cuenta de la realidad. En ese sentido es cierto pues todo arte es realista. Es más o menos el punto de vista que adoptó Garaudy en su libro *De un realismo sin riberas*. Toda obra es realista para él, tanto la de Saint John Perse como la de cualquier otro autor. Todo arte da cuenta de la realidad, luego todo arte es realista. Desde el punto contenidista y de la concepción del mundo subyacente *una* visión de la realidad siempre la hay. Entonces se puede postular que todo arte es realista con lo cual el concepto de realismo es inválido. Porque si se fuera a aplicar a todo el arte ya no es un concepto determinante de una línea o de una tendencia. Se convertiría en un concepto completamente indeterminado. En Garaudy se podía explicar esto porque él procedía del dogmatismo staliniano y había rechazado, por ejemplo, a Kafka anteriormente como "un autor decadente". Después, para lavarse Garaudy de pensamiento dogmático, dirá que para él todo arte es válido porque... *¡todo arte es realista!* Para mí esto es una forma de seguir rechazando el verdadero pensamiento. Porque si antes dejaban de pensar en virtud del sectarismo dogmático stalinista, después han dejado de pensar en el sentido de admitir todo: "Todo es realismo, todo es válido, todo es estupendo, todo es magnífico y todo es indiferenciado..." Esto es otra forma de no pensar. No habían pensado antes bajo las categorías stalinistas y dejaban de pensar ahora para lavarse de las categorías stalinistas. Y para lavarse de estas categorías se lavaban de todas las categorías. Pero si no hay algunas categorías no hay pensamiento; hay solamente una vaga impresión de que todo está bien o de que todo está mal pero, insisto, no hay pensamiento. El concepto de realismo sufría mucho de esa apreciación contenidista, de pensar que toda obra de arte es realista porque de algún modo toda obra de arte da cuenta de la realidad. Yo me fui dando cuenta de estos errores y ya en la segunda edición de *Anatomía del realismo*, en el prólogo y en el epílogo que escribí para esa nueva edición, digo mucho más de lo que se dice en todo el libro. Porque ese prólogo y ese epílogo están escritos muchos años después, en 1974. La primera edición de *Anatomía del realismo* salió en 1965. Al escribir esos nuevos textos, yo ya me había dado cuenta de que el concepto de realismo no implica más que un método de trabajo que tiene unos caracteres formales determinados y que ese método no solamente se puede emplear para la literatura que profundice en la realidad como también para la literatura fantástica. Y no solamente eso sino que es una condición *sine qua non* de la literatura fantástica el empleo del método realista. Después leyendo a Tzvetan Todorov, su libro *Teoría de la literatura fantástica*, estaba también claro cómo los autores fantásticos emplean el método realista. Porque si no, no se produce ninguna dialéctica en la literatura fantástica. De modo que una de las cosas de las que nos convence es de la realidad de la vida cotidiana para producir en ella el salto a lo fantástico. El efecto fantástico solamente se produce si se emplea un método realista. Es decir, si la gente está convencida de que está viviendo la realidad, de ahí salta el elemento fantástico. Entonces se produce una cierta dialéctica. Por lo tanto el realismo es un método de trabajo esencial... ¡para la literatura fantástica! Se puede hacer literatura no fantástica sin el realismo, es decir dar una visión de la realidad muy profunda a través, por ejemplo, de un teatro alegórico, como hicieron los compañeros que empezaron a escribir después de nosotros, que no hacían un teatro realista pero daban una imagen de la realidad...

F.C.– *Te refieres a...*

A.S.– A Ruibal y a toda esa gente... Hacían, creo yo, un teatro metafórico con el cual intentaban profundizar en la realidad. Por tanto, se puede profundizar en la realidad por métodos no realistas. Eso yo lo acepto perfectamente. Porque un teatro ceremonial y tal puede dar una imagen de la realidad muy profunda, sin que la realidad sensualmente perceptible en el espectáculo sea reconocible como parte de la realidad cotidiana. Eso es evidente que así puede ser. Y también es verdad que la literatura fantástica no se puede realizar propiamente sin emplear un método realista. O sea que un método realista, paradójicamente si se quiere, resulta completamente necesario para la literatura fantástica y *no* necesario para la literatura que trata de dar una visión profunda de la realidad. Yo con eso destacaba ese método como un método de trabajo a emplear o a no emplear. A mí eso me permite no rechazar el que otras gentes no hagan literatura o teatro realista y también me permite defender el punto de vista realista como *uno* de los puntos defendibles y postulables para una literatura de nuestro tiempo. Fundamentalmente quisiera hacer hincapié que eso que suena paradójico, pues no lo es, no es en absoluto paradójico. Si para algo es necesario el método realista, una vez que se acepta que es un método y no otra cosa, que es un concepto determinado y no la indeterminación de que *todo* es realismo como dice Garaudy, si para algo es completamente necesario ese método es para la literatura fantástica. Entonces tú coges cualquier autor fantástico, y yo he sido muy lector de autores fantásticos, y ves que todos esos autores te reproducen una realidad perceptible, una atmósfera perceptible como la que nosotros dos estamos viviendo aquí o si salimos ahora a darnos un paseo. Emplean el método realista sin el cual no hay literatura fantástica. Toda literatura fantástica que empieza por que todo sea irreconocible como real es otro género, es el género de lo maravilloso, pero no es literatura fantástica. Todorov apuntó también en su *Teoría de la literatura fantástica* lo que vengo diciéndote.

F.C.– *Tras indagar sobre todos estos aspectos del proceso creador en* Anatomía del realismo *y en* Crítica de la imaginación *afirmas que "a pesar de todo hacer teatro no es bastante". Pues bien, después de haber hablado ahora con tanto detenimiento de temas estéticos, quisiera recordarte esa frase, casi lapidaria diría yo, que has repetido en tus dos libros de crítica. ¿Es que quieres recordarte, o recordarnos, de que, aun cuando te preocupas de temas estéticos, no pierdes por ello nunca de vista que la creación artística y la reflexión poestética tienen una naturaleza con grandes limitaciones y que incluso es o puede ser impotente?*

A.S.– Esto es un momento del proceso mío que va desde una ignorancia absoluta de la posible efectividad social del teatro hasta una consideración exagerada de la posibilidad de que el teatro tenga una eficacia social. O sea que paso de la ignorancia de la posible efectividad del teatro, cuando *Arte Nuevo*, hasta una consideración muy exagerada de la capacidad de intervención social del teatro, que es cuando yo puedo llegar a decir que el teatro es un arma de combate, o cosas así. Pero después, en la vida práctica, me he dado cuenta de que el teatro si es un arma de combate es un arma poco efectiva y que opera no sobre el cuerpo social sino, en todo caso, sobre las conciencias individuales de los espectadores y que mediatamente, a la larga, en plazos largos, tal vez llega a producir cierto efecto social. Por tanto, de esa ignorancia primera pasé a un optimismo del teatro como una cosa importante desde el punto de vista social y después a una cierta depresión en la que pienso y digo que no vale para nada el teatro. Finalmente paso a una consideración, que ya casi podría ser una síntesis o una forma de resignarme con la inefectividad del teatro, que consistiría en decir que, en efecto, el teatro es inútil a corto plazo pero su utilidad es verificable en los largos plazos, a través de la mediación de las conciencias individuales. Es decir, que el teatro *puede* contribuir a la creación de una conciencia subversiva o transformadora. Sí, *puede* contribuir a eso. Recupero un poco el teatro como arma pero ya no con la gran virulencia que yo en algún momento pensaba. Y esto es un efecto de la práctica. Haciendo espectáculos muy subversivos como fue el *Marat/Sade*, nos dimos cuenta que ese espectáculo no modificaba en nada la realidad. Y era lo más subversivo que se podía soñar en ese momento. Si hubiéramos superado ese nivel de lo subversivo y hubiéramos hecho un espectáculo más virulento, ese espectáculo no se hubiera estrenado y entonces hubiera sido inefectivo también. De modo que lo que se estrenó estaba previamente absorbido por los mecanismos de autodefensa del sistema capitalista. Lo que no era absorbible por el sistema era impedido que se produjera por los mecanismos de vigilancia. Esto volvía lo que hacíamos inútil, al menos a corto plazo. Pero resignarme a que no valía para nada era duro y entonces aparece esa respuesta de que quizás en largos plazos, a través de las conciencias individuales, puede contribuir el teatro a la transformación de la sociedad, como uno de los elementos de la transformación social.

F.C.– *Lo que me acabas de decir enlaza, pienso yo, con algo que quería plantearte también. Y es si en definitiva el ser humano tiene una necesidad –¿consubstancial o innata?– de imaginar y va a hacer uso de la imaginación bajo cualquier situación, o al menos tendrá una tendencia a servirse de la imaginación en todo momento, para, sea como sea, producir, inventar, pensar, crear... Servirse de la imaginación sería una necesidad. Fisher ha titulado uno de sus libros más populares entre nosotros,* La necesidad del arte. *Admitir esa necesidad, a un lado su insuficiencia, es a mi modo de ver esencial...*

A.S.– Creo yo que existe esa necesidad, pero lo que el ser humano necesita es producir una dilatación de la realidad, una dilatación, si se quiere, imaginaria. El arte es una dilatación imaginaria de la realidad. El arte es una forma de vivir el tiempo. El tiempo se puede vivir de varias formas. Se puede vivir sensualmente. Por ejemplo, este momento, aquí, esta tormenta. Estamos ahora extasiados ante esta tormenta, vivimos este momento y nos olvidamos de que mañana tú tienes que marcharte a Vinaroz y que viniste anteayer; yo me olvido que ayer tuve tal problema y que mañana voy a tener tal otro. Vivimos en un éxtasis el momento actual. Esa es una forma de vivir el tiempo. Más o menos es la forma que, bueno, en mi *Crítica de la imaginación*, llamo, al no encontrar ningún otro término mejor, *epicúrea.* Es decir, la vivencia del momento. Pero hay otra forma, a la que el arte contribuye, que es la vivencia del tiempo, o sea, el momento como desgarrado en los tres éxtasis temporales que decían Kierkegaard y los existencialistas de primera hora. No es un éxtasis sino que por lo menos hay tres éxtasis: el pasado, el presente y el futuro. Pues bien, cada momento lo vivimos desgarrado. Eso produce la apertura de las posibilidades del futuro. Porque uno puede producir toda una dilatación utópica hacia cómo puede ser la realidad en el futuro y una dilatación también catastrofista, en la que uno ve el horror que se puede producir en cada momento. O sea que esa instancia de la imaginación es muy ambigua. Por un lado puede funcionar como apertura al futuro, y en ello está el socialismo utópico y toda la literatura que trata de abrir el mundo a través de las posibilidades entendidas no en un modo posibilista sino en un modo mucho más alto... El naturalismo, o sea el realismo más estrecho, trabaja sobre posibilidades inmediatas y concretas. Por ejemplo, trata de lo que pasa en una fábrica, de las posibilidades cotidianas de una fábrica..., en donde no pasa nada que sea extraordinario. Pero gran parte de la literatura se plantea aperturas del futuro mucho más fuertes que ésas. Un ejemplo sería preguntarse: "¿Qué pasaría en una fábrica si un día a un obrero se le cortara una mano y otro dijera que 'es que tenemos unas condiciones de trabajo muy malas', y entonces muy bien podría ser que algún otro compañero dijera 'pues tiene razón éste'?" Así se produce un hecho extraordinario que no ha ocurrido en la realidad, aunque cabe que suceda en cualquier momento próximo o futuro. Pero entonces, en este caso último, la literatura abre ese mundo de las posibilidades del ser humano. De lo contrario, la literatura simplemente refleja un momento pasivo, recoge y fotografía la pasividad de una situación... Por eso yo en *Guillermo Tell tiene los ojos tristes* hice que en medio de la pasividad del proletario irrumpiera Guillermo Tell y en un momento dado transgrediera una orden absurda del Gobernador. Entonces se produce una rotura del momento actual. Esa es una perspectiva abierta hacia la utopía y muy positiva, yo creo, porque es un motor. ¿Por qué tiene que ser así la sociedad y no de otra manera? La imaginación dialéctica produce una dilatación de la realidad.

F.C.– *Dentro del marxismo ésta debería ser una vía importantísima.*

A.S.– Pero durante mucho tiempo ha estado oscurecida. Porque se ha dicho socialismo científico y *no* socialismo utópico.

F.C.– *Por cierto, lo que acabas de decir me recuerda un librito de Adolfo Sánchez Vázquez que ataca la tesis anterior y precisamente se titula* Del socialismo científico al socialismo utópico.

A.S.– No conozco ese libro pero por el título parece que debe ser interesante. Porque en general el trayecto que se ha estudiado es el de socialismo utópico al socialismo científico. Porque la prehistoria del socialismo científico sería el utópico. Luego vinieron los científicos y establecieron las bases reales del socialismo... Pero es muy interesante dar la vuelta e ir hacia un socialismo utópico que ya tendría la carga del socialismo científico. Ya no sería el socialismo utópico del siglo XIX, sino un nivel dialéctico superior de la utopía.

F.C.– *O sea que si tú reclamas dentro del realismo un lugar para la imaginación dialéctica, dentro del socialismo reclamas un lugar para la utopía. Tu propuesta estaría, entonces, de ser cierto lo anterior, en estos dos frentes y, a la vez, ello enlazaría con tu constante oposición al burocratismo intelectual, al naturalismo, y al burocratismo político, que se manifiesta en diversas formas, como ya hemos ido viendo a lo largo de nuestras conversaciones de estos días.*

A.S.– Por ahí van los tiros.

F.C.– *Bueno. Lo que me parece trágico-cómico es que, en esta sociedad capitalista-posibilista plagada de bufones seudointelectuales, nadie, prácticamente nadie, haya leído un libro como tu* Crítica de la imaginación. *Esto sí es un* reflejo *de esta sociedad nuestra.*

A.S.– Lo has leído tú y ya es algo.

F.C.– *Realmente es vergonzoso que no haya habido ninguna reseña, que la crítica no se haya enfrentado seriamente con el libro.*

A.S.– Bueno, lo has leído tú, Eva, mi mujer, Pablo, mi hijo, y creo que también lo ha leído Juan, mi otro hijo... Lo ha leído también Andrés Sorel y quizás mi editor antes de publicarlo. En fin, que ha habido más de media docena de lectores.

F.C.– *No. Realmente es triste porque representa un esfuerzo tan enorme escribir un libro como ése. ¡Vaya, que hay que tener imaginación para ponerse a escribir un libro como* Crítica de la imaginación! *¡Y que luego pase desapercibido entre la "intelectualidad" de este país!*

A.S.– También ha habido unos pocos amigos que lo han leído y me han dado unas opiniones elogiosas. Les ha parecido que me hago unas preguntas muy interesantes porque, de pronto, hago un salto atrás y me planteo el tema de la imaginación. Es plantearse la pregunta del instrumento con el que estamos trabajando y ver en qué consiste. Es, por tanto, un salto reflexivo. Es como hacen los lingüistas que se preguntan en qué consiste el lenguaje o lo que hizo Kant en *Crítica de la razón pura* con el pensar... A nivel de la poética es preguntarse en qué consiste la imaginación, que es el instrumento con el que trabajamos. Con la imaginación no he visto el planteamiento que yo me hago, y eso que lo he buscado mucho justamente para no tener que escribir yo este libro. En fin, que si antes alguien se hubiera hecho esta pregunta sobre la imaginación yo no hubiera tenido que escribir el libro.

F.C.– *Por cierto, en* Crítica de la imaginación *haces muchas referencias a Kant, sobre todo, en lo tocante al tema del arte puro.*

A.S.– Eso ha sido una cosa que vi en seguida y que luego no he tenido que rectificar. Considero que la solidez teórica que puede tener la cuestión del arte o del arte puro reside en el pensamiento kantiano. Es decir, la consideración del hombre como instancia tripartita en la cual hay una razón que funciona sin apoyos con los demás sectores del ser humano y esa razón produce la metafísica; una voluntad autónoma, o sea no heterónoma, que no vive de la substancia racional y que tiene su autonomía, su vida propia, la moral, la moral autónoma kantiana, cuya fuente es la voluntad humana; y una sensibilidad que produce sus frutos también autónomamente, independientemente del pensamiento y de la ética. Eso, claro, es una base teórica fuerte para mantener la teoría del arte por el arte, de un arte que no tiene nada que ver con la moral (no es que sea inmoral) y que no tiene que ver con la razón, sino que tiene que ver con su substancia propia que es la sensibilidad, entendiendo la sensibilidad como una instancia cortada del resto del ser humano.

F.C.– *En tu discurso partes, por tanto, de una negación kantiana.*

A.S.– En el debate frente a la teoría del arte por el arte, cuya justeza como fórmula progresista admito en su momento histórico pero que yo rechazo en el momento en que nosotros vivimos, encuentro que esa teoría tiene una solidez particular, que reside en la filosofía kantiana. Esa filosofía nos presenta una voluntad independiente de la razón y de la sensibilidad. Son tres instancias autónomas. Frente a esa tesis yo propongo la tesis de una nueva integración del ser humano en la cual no haya instancias separadas. La instancia de la sensibilidad sería precisamente la imaginación y la imaginación y al tratar yo de la imaginación dialéctica justamente hablo de una imaginación que no funcione en el vacío de sus propios datos sensoriales, utilizando solamente los datos sensoriales, sino de una imaginación que recogiendo esos datos sensoriales haga incidir sobre ellos los dictados de la moral y de la razón. Entonces se produce un producto complejo que sería el producto de la imaginación dialéctica.

De La Celestina. Lumpen, marginación y jerigonça *y otros escritos últimos.*

F.C.– *Después de escribir* Análisis espectral... *hiciste una versión de* La Celestina *que estrenaste en Roma en 1979.*

A.S.– Sí.

F.C.– *La hiciste por encargo de un director italiano.*

A.S.– Del director del Teatro de Roma y de mi amiga María Luisa d'Amico.

F.C.– *Se trata esta versión tuya de* La Celestina *de una tragedia compleja, ¿no es así?*

A.S.– Sí.

F.C.– *¿En qué sentido es una tragedia compleja esta versión de* La Celestina?

A.S.– En el sentido que es una historia de amor que se desarrolla entre dos personas que no revisten los caracteres propios de una historia de amor. No son Romeo y Julieta ni los amantes de Teruel ni los jóvenes bellos que tienen una pasión fuerte, sino que son dos amantes irrisorios e imposibles. Pero con ellos no quiero hacer una historia grotesca sino una verdadera tragedia de amor entre dos personajes irrisorios. O sea que el héroe irrisorio que en *Crónicas romanas* era aquel pueblo de pobres gentes frente al imperio romano y que era el pobre pastor Viriato frente al mismo imperio romano, o que en *La sangre y la ceniza* era aquel Miguel Servet, un medicucho exiliado en Europa, que se enfrenta con todas las Iglesias, las reformadas y la católica, que se enfrenta contra toda la reforma..., esa irrisoriedad se traduce aquí en una historia de amor. Es la irrisoriedad de dos amantes imposibles. Porque aunque en Italia al representar la obra se redujeron los términos y se hizo en unos términos bastante convencionales, yo pienso que se podría hacer la historia con unos personajes que fueran un tanto grotescos y con esos elementos grotescos yo haría la historia de amor. Haría, pues, una verdadera historia de amor con unos amantes más propios de un melodrama o de una comedia grotesca.

F.C.– *Al final resucitan.*

A.S.– Hay una fantasía final.

F.C.– *¿Cuál es su significado?*

A.S.– Es como una proyección de todo lo irrealizado en la vida, realizado en un plano imaginario.

F.C.– *Porque verdaderamente hay una pureza amorosa, ¿no?*

A.S.– Hay una extraordinaria pureza que no se puede expresar a través de los cuerpos de estos dos personajes. Luego, hay la consideración de elementos importantes que imposibilitan el amor. No solamente hay los hechos psicológicos sino también la estructura social, política e ideológica del momento. Calisto y Melibea son un exclaustrado y hereje, discípulo de Servet, y una abadesa de un convento, que ha sido puta. En fin, una mujer que viene de toda la experiencia carnal y que está asqueada de su vida y un viejo virgen que prácticamente no ha tenido ninguna experiencia y se enamora como un animal de aquella monja. Por tanto, aquella relación es imposible. Es una transposición muy *sui generis* de lo que es la enemistad entre los Capuletos y los Montescos o de los elementos que generalmente se oponen en las historias tradicionales de amor.

F.C.– *Y el final, ¿es una reflexión sobre un nivel de imposibilismo?*

A.S.– Hay como un juego final, melancólico, un pensamiento sobre lo que hubiera podido ser y no fue. Tal vez haya una meditación sobre la imposibilidad de la comunicación humana.

F.C.– *Calisto dice que "la imaginación es nuestra irrisoria grandeza". ¿Piensas tú eso también? ¿Estás ahora queriendo convetir la imaginación en algo irrisorio?*

A.S.– Sí, porque, por un lado, es la grandeza de poder imaginar mundos futuros y de luchar por ellos a través de esa iluminación de lo imposible, de lo utópico, y, por otro lado, es irrisorio porque no tenemos elementos para hacer esa transformación del mundo. Es una grandeza irrisoria, una grandeza inerme, una grandeza sin poder.

F.C.– *Calisto sigue diciendo que "la imaginación es también nuestra mayor enfermedad. Animales enfermos de imaginación convertimos con ella un mundo simple y natural en un paisaje de fantasmas... ¡Oh, la tristeza de no ser ciego!..."*

A.S.– Porque es también ese aspecto triste y negativo de la imaginación que hace que tengamos unos sufrimientos que no tienen los animales, los cuales tienen una vida "epicúrea" y no están nunca atormentados por los recuerdos ni angustiados por las posibilidades del futuro. Y nosotros somos como animales enfermos de imaginación; recordamos los fantasmas del pasado y estamos obsesionados por la imaginación del futuro. Seríamos más felices si fuéramos unos animales no imaginantes. La imaginación es la grandeza y la tristeza del ser humano.

F.C.– *Llama la atención que en Italia te pidan una versión de* La Celestina *y que en España nadie se acuerde de ti. Pero, en fin, ¿has estrenado mucho en el extranjero, no?*

A.S.– Pues mi obra se ha estrenado y se ha editado en muchos países. Donde más se han hecho cosas mías ha sido: en Italia, bastante; en las dos Alemanias y en Suecia, algo; en Francia, menos... También algo se ha hecho en Grecia, en la Unión Soviética, en Japón, en Cuba...

F.C.– *¿Y en Hispanoamérica?*

A.S.– También pero yo no he tenido muchas veces noticias más que por gente que en alguna ocasión me han dicho que habían estrenado algo mío en Venezuela, en Uruguay, en la Argentina...

F.C.– *¿Con esta versión tuya de* La Celestina *hemos hablado ya de todo el teatro hecho por ti, verdad?*

A.S.– No. Todavía hay una piececita de teatro que está inédita. La hice para aquí, para los vascos.

F.C.– *Pues no sabía nada de esta obrita. Ah, ahora veo, debe ser la obrita a que te referías al hablar de* Análisis espectral *y decías que pensabas que no ibas a volver a escribir teatro.*

A.S.– Sí, eso. Esta obrita... Se trata de una versión de *Los fusiles de la madre Carrar*, de Bertolt Brecht. Yo llamo a esta versión mía *Las guitarras de la vieja Ikaskun.* Guitarras es la forma que en el argot de la lucha de aquí se llama a las metralletas. Es una versión libre y recortada. Queda una obra más pequeña que lo que es la obra de Brecht. Dura, más o menos, cuarenta y cinco minutos. Fue lo último de teatro que he escrito. Lo sitúo en la guerra civil española, en el País Vasco, donde los "nacionales" ya han ocupado Bilbao y hay alguna gente que se está entregando a los franquistas y algunos grupos que pretenden organizar la guerrilla. La vieja Ikaskun es una vieja campesina, que podría ser de aquí, de Fuenterrabía, pues es una campesina que vive frente al mar. Brecht también sitúa su obra frente al mar, aunque en un pueblecito del sur, de Granada. Yo la sitúo en este paisaje, en un medio vasco. Y, bueno, es una vieja cuyo marido ha muerto en la lucha, en la guerra, y que ya ha enterrado las armas de su marido, las metralletas. Entonces viene un hermano de su marido a buscar esas guitarras, esas metralletas, para establecer la resistencia en las montañas. Aunque creo que aquí el frente se derribó y todo el mundo se entregó. No creo que hubiera tentativas de resistencias como en otras partes en donde siguió la resistencia en las montañas. Pero, en fin, es como la madre Carrar de Brecht que dice que ya está bien de guerra y se niega a entregar las armas a su cuñado. Pero, entonces, el hijo mayor, que es marinero, ha vuelto al trabajo, a la pesca y los franquistas lo matan en la barca. Traen el cadáver del hijo y ella, la vieja Ikaskun, se da cuenta que la paz no la puede elegir uno. Entonces desentierra las armas. Hay versión en euskera, hecha por mi hijo Pablo.

F.C.– *Esta obra, como* Análisis espectral, *en el clima que se ha ido viviendo en toda Europa en estos últimos años bien podían ser candidatas a una feroz persecución. Te planteo esta cuestión sin ningún apriorismo.*

A.S.– Aquí hay una cierta confusión. Un libro como mi *Teatro político*, sobre todo por la obra *Análisis espectral*, yo creo que en Alemania no se hubiera podido publicar. Además aquí, de todos modos, estoy amparado porque es un poco el sentimiento popular la lucha armada. Aquí no son pequeños grupos. Es una lucha que tiene unas características populares. Yo tengo ese punto de vista de que la sociedad no cambiará si no es por medio de la violencia. ¡Desgraciadamente, porque yo soy incapacidad de la menor violencia!

F.C.– *Sí, en Alemania Heinrich Böll, por ejemplo, fue perseguido...*

A.S.– Por el mero hecho de no condenar a los grupos armados.

F.C.– *Ya que estamos hablando de obras inéditas, ¿tienes otras además de ésta?*

A.S.– Que yo recuerde ahora mismo, pues... no sé. Ah, espera, hace poco mandé un artículo a *Pipirijaina*, "Sobre la situación del escritor teatral en España"[21], y les daba una relación de las obras mías inéditas. Además, creo que todavía no hemos hablado de mi versión de *Woyzeck* ni de una versión de una obra de Lope de Vega, *Asalto a la ciudad.*

F.C.– *¿Podrías hablarme un poco de tu versión de la obra de Büchner? ¿Introduces alguna ocurrencia original, algo nuevo?*

A.S.– El texto lo tradujo mi amigo y colaborador Pablo Sorozábal Serrano; yo lo reescribí para el teatro. De las ocurrencias que yo introduje la más interesante es la que hay al final de la obra. Woyzeck simplemente no conoce la sociedad en que vive, se encuentra muy mal, no sabe el lugar dónde situarse ni de qué manera vivir. Esta es su rebeldía. La sociedad en que él vive se venga duramente, matándolo de muy diversas maneras. Por eso hago yo –o haría, pues no se ha estrenado– que el cadáver de Woyzeck esté omnipresente en el teatro. Al final es ejecutado de muy diversas maneras: es colgado; es fusilado; se le da garrote vil... Todos los tipos de ejecución se producen sobre el cuerpo de Woyzeck. Además, cuando salen los espectadores se encuentran el cuerpo de Woyzeck colgado de todos los dinteles de salida del teatro. Los espectadores tienen que apartar el cuerpo colgado de Woyzeck para salir del teatro. Esto me parece que, cuando algún día se haga, tendrá un efecto muy fuerte sobre esta obra que es, desde luego, a un lado mi hallazgo, extraordinaria.

F.C.– Asalto a la ciudad *veo que se trata de una versión de la obra de Lope* El asalto de Mastrique por el Príncipe de Parma. *Yo personalmente no conocía esta obra de Lope.*

A.S.– Cuando era estudiante leí en un manual de literatura una referencia a esta obra de Lope de Vega. Me interesé por ella porque se decía en la referencia que Lope hacía una crítica del estamento militar, de los Tercios de Flandes. Cuando me decidí a hacer esta versión todavía los Tercios de Flandes constituían un recuerdo mítico de la grandeza imperial y militar de España... A mí me pareció que tal vez podía encontrar en la obra de Lope algunos elementos desmitificadores de los tercios mitificados en el teatro hasta cerca de nuestros días. Por ejemplo, de Marquina se había repuesto por entonces *En Flandes se ha puesto el* *sol.* Pues bien, busqué la obra, creo que en los Clásicos Rivadeneyra, y me encontré, sí, con una obra muy interesante, con una de las obras de Lope de Vega que a mí más me ha gustado. Hice una versión reescribiéndola con bastante trabajo con relación al texto original. Lo que hice fue reescribir muchos versos y recomponer la trama. Mi versión es más corta y ordenada que la de Lope. Es también un alegato contra las guerras imperialistas. Mastrique es una ciudad cercada, ocupada y saqueada, no por ningún objetivo patriótico o estratégico, sino simplemente porque los Tercios están hambrientos y hay que saquear una ciudad.

F.C.– *Pasemos ahora a tu último libro,* Lumpen, marginación y jerigonça, *que según creo empezaste en Barcelona, en 1978, y lo has terminado hace ya casi un año, pues salió en enero de 1980. Ante un libro como éste no puedo menos que preguntarme cómo eres capaz de escribir una obra así.*

A.S.– Ya tenía bastantes materiales acumulados, ya desde hacía tiempo. Es uno de esos libros que pugnan por salir a pesar de todo.

F.C.– *Tu libro trata del trapo, es decir del lumpen, de sus alrededores lingüísticos, o sea la jerigonça, y de la marginación social...*

A.S.– Son temas, los del argot o los de la condición marginal de determinados sectores, que siempre me han interesado. He tenido siempre facturas que presento de lo que pagaban por el cristal, por el trapo, por el papel, y salen en ellas los tipos de papel que hay, los tipos de trapo que hay, los distintos montones, etc., todo está tomado de mis muchas conversaciones con la gente de la busca.

F.C.– *De eso trata el libro, en gran parte. Pero también quisiera, antes de entrar propiamente en el libro, que me dijeras si en tu opinión cabe clasificarlo como una novela o como un ensayo con ribetes autobiográficos.*

A.S.– Es un juego de rotura de los géneros. Yo realmente lo empecé sin ninguna intención de introducir elementos imaginarios, de hacer un personaje de novela de autor del libro. No. Yo pensé hacer un ensayo sobre el lumpen, la margiación y la jerigonça. Lo que pasa es que en el momento de empezar a escribirlo se me ocurrió darle una forma literaria particular. O sea que imaginé una situación para animarme a escribir el libro y evitar la frialdad meramente científica. Y quizás también porque desde el punto de vista meramente científico tampoco hubiera sido capaz de escribirlo. Son materias que a mí me desbordan. Yo tengo unos conocimientos de la vida práctica, con la gente del lumpen, pero no soy un estudioso de la sociología del hampa. Sin embargo, sí, tengo bastantes datos que merecían la pena de ser recogidos. Ahora, la forma de recogerlos era un poco eludir el carácter propiamente científico del libro, tal vez por no estar preparado para enfrentarme con ese carácter, y hacer un invento de que se me encargaba un libro científico y al ser inventada la situación eso me daba pie a hacer una broma, fingir que era una memoria científica. Esa ficción, al estar clara, pues se ve que esa institución que me pide el libro no existe, se ve todo desde el primer momento que es broma, me permitía una mayor libertad y un menor encorsetamiento científico. Por otro lado, yo no podía haber llegado a hacerlo desde un punto de vista sociológico estricto, y entonces se fue convirtiendo, ya casi desde el principio, en un libro literario. Además, yo estaba muy deprimido mientras lo escribía, porque veía la inutilidad de todo lo que iba escribiendo y...

F.C.– *Lo de las lágrimas tuyas que mencionas en algunas ocasiones no será cierto, ¿eh?*

A.S.– No, es inventado, pero poco me faltaba para llorar. Estaba deprimido, muy deprimido. Algunos días estaba hecho polvo y me liberaba escribiendo. Terapéuticamente me sirvió de mucho escribir el libro. Entonces, esa situación hizo irme inventando al autor como personaje novelístico, aunque hasta cierto punto porque yo estaba muy fastidiado. Eso fue dándole al libro un carácter novelesco y luego pensé que sería divertido reflejar dificultades que yo iba encontrando al escribirlo o a veces inventar dificultades para hacer una ficción y hacer interrupciones. También intercalaba notas en algunos casos, diciendo que esto o lo otro tendría que tacharlo, como si fuera un manuscrito crudo en vez de un libro elaborado... Pero ese manuscrito crudo está hecho cuidadosamente, está muy pensado. No está *crudo...*

F.C.– *Muchos de los materiales son de la vida pero los hay tomados de lecturas.*

A.S.– Hay muchos materiales. Yo tenía muchos materiales.

F.C.– *Desde prácticamente el comienzo de tu vida de escritor muestras una curiosidad e interés por este tema.*

A.S.– Ya ves, desde *El cubo de la basura,* desde muy pronto. Y eso hizo que mi libro que en un principio iba a dar unas cien páginas, se fue haciendo ya un libro mayor. Los materiales daban para mucho. También tengo que decir que me divertí mucho escribiendo. Viví el libro entre la diversión y la pena de la inutilidad del trabajo.

F.C.– *¿Por qué te matas al final y te entierras en un cubo de basura?*

A.S.– Me pareció divertido.

F.C.– *También hay una especie de rebeldía frente a la sociedad, ¿no?*

A.S.– También hay una protesta continúa de que mis libros no hay quien los lea. Pero es una protesta en broma porque no se puede hacer en serio. Hay algo del carácter de la marginación del escritor sin darle demasiado fuerte.

F.C.– *Efectivamente, en los primeros capítulos tratas de tu marginación y de la de otros escritores, con lo que te colocas a ti, y por extensión a esos escritores, al nivel de los quinquilleros y otros marginados sociales.*

A.S.– Al nivel del subproletariado. Juan Goytisolo sacó en *El País* un artículo en que hablaba de los escritores como delincuentes. En ese artículo salió una foto mía. Ese artículo de Juan me sirvió a mí también para hablar en mi libro de la literatura como acto delictivo. Así fue saliendo, en fin, un libro que yo me iba dando cuenta poco a poco que podía ser muy agradable y divertido de leer. Hasta llegué a pensar, al final, en la diversión que podía causar y me recreé un poco en los efectos cómicos que pudiera tener el libro. Al mismo tiempo, los materiales que tenía acumulados, de una manera u otra, los fui introduciendo todos. O sea que, burla burlando, hay bastante información lingüística y, además, en muchos casos, de primera mano. Cuando no hago referencias librescas, a Salinas o a cualquier otro autor, es que son palabras escuchadas por mí.

F.C.– *En la página 32 de* Lumpen, marginación y jerigonça, *con mucha ironía, hablas de acabar tu* Memoria *con el fin de que te pague la* Real Academia de Etnología, Folklore y Lingüística "Eleuterio Sánchez" *del Foro de Madrid unos "dinerillos convenidos"...*

A.S.– Es una broma, esto del dinero es una cosa muy irónica, claro está.

F.C.– *Pero en esa página, en la que hablas del "carácter harapiento y marginado" de tu teatro, de tu soledad de escritor, etc., explicas las razones por las que, a pesar de todo, sigues escribiendo. Voy a leerte lo que en esa página dices: "No sólo, sin embargo, es el dinero el móvil de mi pobre escritura. También continúo escribiendo por razón de mi tozudez, de mi orgullo y otras malas pasiones –aparte un no sé qué de misteriosa vocación– que me impiden morir y cargan una y otra vez mi venenosa pluma de muy positivo y creador resentimiento y de un funesto odio al mundo de cretinos que viene siendo, desde que yo tengo uso de razón, la cultura española". A un lado la irónica referencia al dinero, el resto de lo que dices ahí va muy en serio, ¿no?*

A.S.– Menos la primera frase, irónica, todo es totalmente verdad.

F.C.– *¿Crees que ha valido la pena hacer lo que has hecho por la cultura española?*

A.S.– Yo me siento bastante ajeno a la cultura española. Eso es un proceso que, por cierto, he intentado explicar en un ensayo que recojo en un libro, *¿Dónde estoy?*, que es una colección de ensayos, algunos inéditos y otros publicados ya. Ahí, en ese ensayo, planteo el tema del proceso de la desnacionalización que se ha ido produciendo en mí. Yo me considero muy poco español, en la medida en que siento que he ido siendo expulsado de la cultura española. Aparte de que nunca he llegado a ingresar en ella bien, pues siempre he estado en una situación muy problemática. Precisamente en Los Angeles, el año anterior, cuando me hicieron aquel homenaje, me di cuenta de eso cuando todo el mundo decía: "Alfonso Sastre, el autor español..." Entonces me extrañó lo de "autor español". ¿Yo "autor español"? Los autores españoles son otras personas que yo conozco, que están en el teatro español, que representan sus obras, que pertenecen al mundo cultural español. Yo no pertenezco a ese mundo ni represento aquí mis obras. Yo soy autor español cuando estoy fuera de España, pero cuando estoy dentro de España no existo. Eso se lo conté a los italianos cuando el estreno en Roma, el año pasado, de *La Celestina* mía. Decían en Roma: "Estreno del autor español". Yo les comentaba: "Sí, para vosotros soy un autor español pero, en realidad, yo no pertenezco al mundo del teatro español". Lo cual no quiere decir que se haya producido en mí un proceso de renacionalización vasca o algo por el estilo. No, yo no soy vasco para nada. Ni soy vasco ni soy español. Ya he dicho en ese ensayo que se ha ido reduciendo mi patria al lenguaje castellano. O sea que mi patria es la lengua castellana, por la que tengo un verdadero amor. Así que no soy un apátrida porque tengo a la lengua castellana que es mi patria. ¡A la lengua castellana la considero como mi verdadera patria! A eso se reduce mi *nacionalidad.*

F.C.– *De todas maneras, cuando eres capaz de decir lo que acabo de leerte antes es que aún te preocupa la cultura española. Si no, no hubieras escrito eso en* Lumpen, marginación y jerigonça.

A.S.– Me ha preocupado mucho, sí, sí... Pero yo no me vería ahora diciendo: "Hagamos un teatro español, propiamente español, relativamente autónomo". Yo no me vería ahora diciendo eso. Ya no tengo ese sentimiento.

F.C.– *Pero, Alfonso, seguirás haciendo teatro.*

A.S.– Pero no será *teatro español.* No siento la empresa de hacer un teatro español independiente con relación a las dependencias de las metrópolis culturales. Todo eso que era un caballo de batalla, de no ser meros reflejos de las tendencias en boga en los centros culturales dominantes... Era todo la defensa de hacer un teatro autónomo en España... Eso yo no me vería escribiéndolo ahora, no me reconocería, no. Entiendo que estaba bien hacerlo en un momento pero ahora ya no me importa. Las cosas en España ya las hacen ellos. *¡España son ellos!*

F.C.– *Sin embargo, la cultura, la meditación sobre lo que ha de entenderse por cultura, ha sido algo sobre lo que has pensado y escrito mucho. En tu obra se podrían rastrear cantidad de referencias sobre este tema. Has hablado mucho de una cultura nacional, que esté o pueda estar impregnada de elementos externos, pero que no pierda nunca su autenticidad. Parece que has estado defendiendo, como en los años 30 hacía un Malraux, un Gide, un Barbusse, que la cultura que tiene trascendencia es la que sabe enriquecerse de otras culturas sin abandonar o traicionar su original personalidad.*

A.S.– En mi caso todo esto tendría que ver más con los postulados de Gramsci sobre una cultura nacional popular y con ese tipo de preocupaciones.

F.C.– *¿Tus opiniones sobre estas cuestiones enlazan directamente con Gramsci?*

A.S.– Pues sí. A veces, cuando he pensado que me podía ayudar en este tipo de cuestiones, he acudido a él. Pero ahora todo eso ya no lo reconocería como una tarea actual. Pienso que España son ellos y ya que siempre han dicho que la antiEspaña somos nosotros, pues, bueno, será verdad, *España son ustedes.*

F.C.– *¿Te sientes derrotado?*

A.S.– Sí, seguramente, derrotado, en cuanto ya no estoy dispuesto de ningún modo a hacer un trabajo por la cultura española y por que el teatro español se ponga al nivel de los tiempos y por hacer un teatro propiamente español frente a las modas emanadas de los centros culturales dominantes y... Todo ese proyecto para mí ya no significa nada. Está ya intentado. Sí, en ese sentido soy un vencido. Me han podido. Me han echado. Pero no me importa. No tengo ninguna nostalgia.

F.C.– *Pasemos a otro tema, ¿no? Tal vez podrías explicarme cómo fue el veniros al País Vasco.*

A.S.– Cuando Eva salió de la cárcel nos vinimos aquí para retirarnos del ambiente de Madrid que era, por un lado, estupendo pero, al mismo tiempo, algo agobiante. Porque había muchas solicitaciones para ver a Eva. Entonces, como era el verano, nos vinimos aquí prácticamente para pasar el verano y ver qué hacíamos. Además, no podíamos entrar en nuestro piso de Madrid, que es por cierto alquilado, porque estaba ocupado por el Juzgado Militar y, teóricamente, sigue estándolo, aunque ya hemos penetrado en él, pero ilegalmente, para sacar nuestros libros. Nos vinimos porque una monja que había escrito a Eva cuando estaba en la cárcel, se había ido de vacaciones y nos ofreció su casa, en San Sebastián. Estuvimos viviendo en San Sebastián un par de meses. Mientras tanto recorrimos un poco por aquí para ver si encontrábamos algo para vivir un tiempo hasta tanto nos organizábamos. Encontramos un sitio bastante simpático en la parte de abajo de Fuenterrabía y seguimos buscando. Al cabo de un mes dimos con esta casa y nos dijimos que valía la pena quedarnos a vivir aquí. Así fue la cosa. Además, cada vez teníamos menos ganas de volver a Madrid. Yo no tengo ninguna nostalgia de Madrid y eso que he sido madrileño de toda la vida. Sin embargo, cuando voy a Madrid, pues me reconozco muy bien en la ciudad.

F.C.– *No has venido aquí en absoluto por razones políticas, según lo que me dices.*

A.S.– En definitiva sí, verás en qué sentido. Al llegar, la gente saludaba con verdadera emoción a Eva. Fue un verdadero homenaje lo que tuvo aquí. Durante los primeros meses era algo tremendo. Aparecer Eva en un sitio y producirse un fenómeno maravilloso de simpatía... En una asamblea popular le concedieron la nacionalidad vasca. A mí me hicieron vasco en la catedral de Bayona, cuando lo de la huelga de hambre...

F.C.– *Tus actividades políticas actuales.*

A.S.– Soy independiente. No he vuelto a tener ninguna militancia política. Ni siquiera tengo la actividad de votar porque no he votado en las elecciones. Tengo simpatías profundas por Herri Batasuna. Pero no tenemos ni Eva ni yo ninguna militancia. Yo trabajo en cosas concretas, si hay alguna denuncia que hacer contra la represión; a veces participamos en manifestaciones, en fin, en las luchas populares.

F.C.– *Hace casi dos años la policía os sacó, a ti y a Eva, de vuestra casa y fuisteis interrogados en la comisaría de San Sebastián. Luego escribiste en* Egin,

"Carta abierta a la policía española en Euskadi"[22]. *Debió ser una experiencia traumática, pues ya son muchas detenciones las que habéis sufrido en vuestra vida.*

A.S.— Era después de unos tiempos de tranquilidad durante los cuales nuestra vida, la de Eva como la mía, ha sido muy sencilla y toda nuestra actividad política, por decirlo así, se ha manifestado públicamente dentro de la legalidad más absoluta a través de nuestros trabajos intelectuales, de nuestras publicaciones y nada más. Pues bien, un día se produce esa irrupción policíaca que fue verdaderamente una sorpresa. Se produjo una mañana. Dieron, a las siete, unos golpes a la puerta. "¡Abran. Es la policía!" Nuestra inquietud de que pudiera ser un grupo ultra, nos hizo no abrir antes de llamar a nuestro abogado para que se enterara de si realmente había una orden de registro a nuestra casa o no. Mientras estábamos haciendo esa llamada, la puerta fue echada abajo a patadas e irrumpió aquí un grupo policíaco con las armas en la mano, buscando todavía no sabemos qué. Nos encontró, eso sí, a nosotros y muy asustados por esa irrupción. Nos detuvieron y a las cuatro de la tarde fuimos puestos en libertad. Fue un episodio naturalmente muy molesto aunque corto. Pero si nos pusieron pronto en libertad, sin ningún problema, no nos dieron ninguna explicación. Y desde luego tampoco nos pidieron disculpas por la arbitrariedad de la detención.

F.C.— *También en* Egin, *donde sueles colaborar a menudo, escribiste en 1980 un artículo que quisiera pedirte me lo comentaras. Me refiero a "Por la libertad de expresión, contra seis mentiras oficiales".*

A.S.— Con ese artículo intenté hacer una crítica de seis mentiras, circulantes como si fueran verdad, de la reforma "democrática". Es decir, la reforma "democrática" sería un hecho positivo y estarían circulando, como verdades, seis mentiras. Yo tenía un punto de vista muy opuesto a la reforma, a la reforma de Suárez, tal como se estaba desarrollando. Consideraba que no se podrían producir cambios radicales, como aquellos por los que siempre hemos soñado y luchado, si no eran en términos de una ruptura democrática. En la medida en que esa ruptura no se estaba produciendo, el proceso llamado de reforma no contenía la verdad de un profundo cambio, y, además, estaba arropado ese proceso de reforma por una serie de mentiras que circulaban como verdades. Algunas de estas mentiras de la reforma, seis en concreto, las sometía a crítica. Venía a decir que con esas seis mentiras, y otras más que no mencioné, se nos hacía pasar como un cambio profundo de la estructura del Estado español y de las distintas sociedades nacionales lo que realmente no era más que un proceso de consolidación con formas democráticas del poder en las mismas manos que lo habían detentado prácticamente durante el franquismo.

F.C.— *En la serie de tres artículos "Ni humanismo ni terror", que publicaste en* El País, *en 1980*[23], *recordabas una vez más que es tarea de los intelectuales el "ir a las cosas mismas" y "pensar".*

A.S.– Estos artículos vienen a estar en la misma línea del artículo "Por la libertad de expresión, contra seis mentiras oficiales". Hay una circulación de mentiras en esta sociedad y, tengo un pleito secreto pero continuo desde hace muchos años con la generalidad de intelectuales españoles; me parece que guardar silencio, como suelen éstos hacer, es una forma de mentir. Yo quise escribir sobre el tema de la violencia, tema que por su importancia, merece pensarse seriamente, sin aceptar las mediaciones de los intereses del poder político. Hay que hacer como si no nos sintiéramos amenazados por el poder político; sabemos que lo estamos, pero hagamos como si no lo estuviéramos y pensemos con una libertad a la que, aunque condicionada, no podemos renunciar. En el tema de la violencia, sobre todo de la violencia revolucionaria, yo he observado que los intelectuales españoles no hacen más que reflejar la ideología del poder en lugar de confrontar esa ideología con sus propios puntos de vista personales y con la audacia necesaria para el trabajo intelectual. Lo que yo pretendí en aquellos tres artículos de *El País* fue tocar un tema tan vidrioso, tan duro, tan difícil, al margen de los presupuestos y de los clichés circulantes en la generalidad de los periódicos durante estos años. Después de estos artículos cayó un chaparrón de artículos contra ellos. Yo intenté hacer una réplica a ese chaparrón con otros dos artículos míos de una extensión semejante a la de los primeros, pero ya *El País* no los publicó. Cuando varios meses después me los devolvió *El País* yo los publiqué en el diario *Egin*, pero no los leyó más que el núcleo de lectores de aquí.

F.C.– *Insistes, es una constante en ti, en criticar y desvelar la tendencia a la sumisión de la generalidad de la intelectualidad española. En el artículo "Graves medidas necesarias para la salvación del teatro dramático español", publicado en* El Viejo Topo, *en diciembre de 1980, atacabas a los intelectuales españoles con una cita de Theodor W. Adorno, diciendo que practicaban lo que éste llama: "Obedecer (al sistema) con las formas de la rebeldía". Así te expresabas en* Drama y sociedad, *en* La revolución y la crítica de la cultura...

A.S.– Lo que quiero decir con esta cita en el artículo de *El Viejo Topo* es como un apéndice, como una variante importante, a *La revolución y la crítica de la cultura.* La generalidad de la crítica de la izquierda trabajaba, durante el franquismo, con formas de oposición y rebelión al sistema establecido, pero solamente se trataba de unas formas que ocultaban un contenido de adhesión al sistema. A fin de cuentas se trataba de una adhesión profunda al sistema expresada con formas externas de rebelión. De eso hablé en *La revolución y la crítica de la cultura.* Pero ahora incluso esas *formas* de oposición y rebelión han desaparecido. Hoy en día los intelectuales españoles ni siquiera trabajan con formas de rebelión, o sea que hay un conformismo verdaderamente indecente y completamente declarado.

F.C.– *Domingo Pérez Minik, en un ensayo que escribió hace años sobre ti, di-*

ce que tal vez tú nunca hayas querido encontrar "las máscaras apropiadas para establecer una comunicación con el público".

A.S.– Pérez Minik tenía razón. Se refería, creo recordar, a que yo más que otra cosa tenía una posición muy opuesta a cualquier posibilismo. Hablaba del "empleo de máscaras" en el sentido de un lenguaje posibilista. Quedaría en mí una cierta forma desnuda de presentar los temas que me convertiría en una persona desenmascarada, desnuda, frente a las instancias del poder y también poco hábil a los efectos de la captación de los públicos. De tal manera que yo me encontraría, por un lado, con graves problemas con el poder político y, por otro lado, con dificultades también de conexión con los públicos. En los casos en que lograba atravesar la barrera de la opresión política y la obra mía se representaba, hay que reconocer que, en la generalidad de los casos, la obra no tenía éxito. Realmente yo me encontraba en una situación muy marginal, incluso, como digo en los casos en que mi teatro conseguía atravesar la frontera censora. Pero yo, también es verdad, no me presentaba siempre de esa manera tan desnuda; muchas veces he recurrido a las astucias a mi alcance para que mis obras pudieran ser representadas y para que pudieran ser comprendidas. Pero con poca fortuna, esa es la verdad. Es un déficit de mi relación social que se ha producido desde mis primeros años de trabajo.

F.C.– *¿Es que siempre has querido hacer un teatro experimental, de vanguardia? ¿No habría que matizar más lo que acabas de decirme?*

A.S.– Durante mi primera fase de escritura para el teatro tenía unas concepciones un tanto descarnadas de la realidad. Descarnadas en el sentido de falta de cuerpo reconocible e identificable por la sociedad en la que yo quería trabajar. Así pues, creo que resultaba mi teatro, cuando se podía estrenar, un producto un tanto lejano, desprovisto de identificación con el público. Se produce a lo largo de los años un enfrentamiento muy duro con el poder político y, en un momento en que yo creo tomar conciencia de este déficit de mi trabajo y quiero hacer otro más encarnado, más comprensible, más identificable con el público, ya entonces sobre mí pesa una especie de prohibición generalizada, y ese teatro que tal vez hubiera podido tener éxito ya no se puede representar. Ha sido, pues, una historia en la que siempre he estado dando vueltas en torno a unos objetivos que no he podido alcanzar. Eso ha producido una tensión fuerte que, por otro lado, ha sido fuente también de trabajos posteriores. Una situación incómoda, hiriente, que ha tenido también un costado productivo y fecundo...

F.C.– *Tus últimos trabajos...*

A.S.– Acaba de salir una nueva edición de *Flores rojas para Miguel Servet*, en Argos Vergara. En esa misma editorial está a punto de salir *El lugar del crimen.* Tengo un libro de ensayos, *¿Dónde estoy?*, que mandé a Seix Barral y me lo han devuelto. Tampoco parece que vaya a encontrar editor para el libro de poemas *Vida del hombre invisible contada por él mismo.* Si me animo algún día seguiré el libro *Crítica de la imaginación*. Ya has visto que tengo varias carpetas de materiales reunidos...

F.C.– *Me gustaría poder animarte. Ya sabes que* Crítica de la imaginación *me parece un gran libro, insólito casi en nuestros pagos.*

A.S.– La crítica no le ha prestado la menor atención. El libro ha pasado inadvertido. Tengo pensado escribir una especie de autobiografía, que haría como una novela en tercera persona. La voy a titular seguramente *Vida de un descomulgado*. Pero no sé, no me animo...

F.C.– *¿Algo de teatro?*

A.S.– Sí, ya he empezado a escribir una obra que se titulará *La roja gitana del Jáikabel*. Y, bueno, en estas cosas estoy trabajando o pienso ir trabajando, ya veremos qué pasa...

Nota de Alfonso Sastre
(26 de septiembre de 1983)

La entrevista se hizo en el otoño del 80 y se revisó algo, creo recordar, en mayo del 82. Entonces apareció mi novela, o lo que sea, *El lugar del crimen*; también una doble casette con poemas dichos por mí y el libro de artículos *Escrito en Euskadi*. Escribí entonces una piececilla teatral que se titula *Aventura en Euskadi* y publiqué mis primeras impresiones sobre el gobierno socialista en un artículo, que publicó "El País": "Con muchísimo respeto". En este año de 1983, he trabajado en lo que serán los sucesivos tomos de mi *Crítica de la imaginación: La función V, Ciencia, marxismo y fantasía* y *La imaginación dialéctica*. También he escrito una opereta sobre una obra de Oscar Wilde y dos dramas muy ambiciosos: *Los hombres y sus sombras* y *Jenofa Juncal, la roja gitana del Jaizkibel*. He continuado colaborando en "El País" con algunas críticas al PSOE; así, en "Protegerse los ojos" y "La derecha por fin vencida".

Por lo demás, sigo bastante "ninguneado", como se dice por ahí...

NOTAS

NOTA 1

CALLE DE LA INFANCIA (Ríos Rosas, 16)

Aquella vieja calle, tranquila,
dulcemente acostada a la sombra,
con sus sencillas tiendas (los ultramarinos
de Yonte,
el carbón de Parrondo,
el bar de Frutos...)
y con sus acacias cada año tan nuevamente jóvenes
fue el lugar de mis primeros miedos en la vida, por la vida, a
o para la vida. Estaba un poco enfermo. Dormitaba
en mi hamaca rayada frente a la puerta bajo una acacia que yo recuerdo grande
(y Paca la portera, y doña Carolina).
Enfrente la larga tapia roja del convento
(y Tino)
y en un viejo entresuelo mis cosas más queridas, mis juguetes.
(Y la guerra. Cuánta angustia recuerdo
de bombardeos cuando papá no estaba y sonaban estruendos, lejanas explosiones.
Ya no bajaban los tranvías por Santa Engracia paralizados por el horror del bombardeo.
¿Y papá? ¿Dónde estarás, papá? Así cuánto temor, temblor hasta el alivio
de los pequeños tranvías bajando otra vez ruidosamente.
Pero ¿qué habrá ocurrido? Pero ¿por dónde iría? ¿Dónde
han caído las bombas que nos volvieron pálidos? Alguien dice, comenta
que trasladaban heridos en el metro, que había mucha sangre y que uno
llevaba toda la cara rota. Pero ¿y papá? ¿Qué hace que no viene?
El oído finísimo reconocía
con vuelcos del corazón, enormes sobresaltos, los pasos de mi padre en la escalera.

NOTA 2

ALFONSO SASTRE, "CATORCE AÑOS", *PRIMER ACTO* (diciembre, 1959)

Ahora, en enero de 1960, se cumplen catorce años de la primera vez que una obra mía, cierto que insignificante y en colaboración, fue representada en Madrid: fue en el teatro Beatriz como lanzamiento del Teatro de Vanguardia "Arte Nuevo", y en aquella fecha se iniciaron también como "autores públicos" Alfonso Paso y otros amigos, de los que la mayoría no ha persistido en la vocación teatral, al menos como autores. Viene este recuerdo al comienzo de un año y se nos plantea casi sin quererlo, la tentación de la mirada retrospectiva bajo la especie de una doble pregunta: ¿Cómo eran las cosas en el teatro de 1946 y qué ha pasado desde entonces?

Recuerdo con alguna precisión, pero sin documentos a mano, cómo era el teatro a nuestra llegada. Eramos muy jóvenes, pero ya veníamos observándolo desde algunos años antes; de aquella observación surgió precisamente el deseo de una cierta acción teatral de protesta: una protesta todavía confusa: la protesta, impetuosa y generosísima, de unos muchachos alrededor de los veinte años.

El teatro de entonces era así:

Se representaba con mucho éxito un teatro de burda mecánica y grosero lenguaje, que venía a significar, creo, el último y poderoso coletazo del "astracán".

Se representaba, con indecible éxito, un teatro –lejano de la auténtica tragicomedia– a través del cual se hacía llorar y reír a la gente, casi siempre con acento gallego. Estábamos ante una de las peores formas del melodrama sentimental.

Gran parte de los teatros estaban ocupados por compañías llamadas "folklóricas": una terrible plaga que infestaba muchos escenarios que en otros tiempos se habían dedicado a más nobles formas teatrales.

Los Teatros Nacionales, apoyados por la crítica, trabajaban –con alguna venturosa excepción, que poco a poco se fue haciendo regla– en el vacío público.

Benavente estrenaba sus más mediocres obras. Arniches ya había dado a conocer los últimos productos de su viejo ingenio.

Los Quintero –el superviviente– estrenaban lo que un crítico denominó, con brillantez, "imitaciones quinterianas".

Jardiel Poncela era, en este triste panorama, un poderoso islote de talento y de ingenio, en continua y heroica pugna con la mediocridad: una desigual, descomunal lucha, que acabó con su derrota y destrucción.

Se hacía en papel, una escenografía ramplona y detallista.

No había en los teatros –salvo los Nacionales– ni un solo proyector, ni las compañías consideraban necesaria su utilización luminotécnica.

Toda la luminotecnia consistía en encender la luz –la batería y las diablas– y que *se viera* lo que pasaba en el escenario.

Se rechazaba, en el caso infrecuente de que llegara a plantearse el problema, la necesidad, que propugnábamos, del director de escena como piloto coordinador del espectáculo teatral. Se daba un ejemplo en los Teatros Nacionales, pero el ambiente profesional continuaba impenetrable.

No existía, aparte del T.E.U. Nacional, ni un solo teatro de cámara o ensayo. El vacío de las provincias era absoluto.

Había muy pocos actores jóvenes, y los que había eran procedentes del aprendizaje más rutinario durante horribles giras por las provincias, en las peores condiciones de trabajo. Se declamaba, en general, con una enorme afectación.

No era posible encontrar, naturalmente, ni un solo espectador joven en los teatros. Sólo se congregaban, y no muchos, en los estrenos de Jardiel Poncela.

No se protestaba en el teatro; sólo en los estrenos de Jardiel. Tampoco se aplaudía con demasiado fervor.

No se publicaba nada sobre teatro, aparte de las secciones críticas de los periódicos. No había lecturas, ni coloquios públicos sobre esta materia. No había ninguna revista de teatro y parecía imposible que llegara a haberla.

Este era, si mal no recuerdo, el teatro español tal como lo encontramos los que, hace ahora catorce años, nos decidimos a este acto de fe, y de esperanza, que consistió en inaugurar un teatro de vanguardia en aquel medio inhóspito.

¿Y qué ha pasado desde entonces? Está claro, creo, que ha sucedido algo y no malo del todo.

NOTA 3

MANIFIESTO DEL T.A.S.
(Teatro de Agitación Social)

La temporada anterior, *La Hora* dio cauce a una campaña en torno a la urgencia de un "Teatro de Agitación" en España. Lo que a algunos pudo parecer una pura elaboración teórica, cuaja ahora en la creación del T.A.S. (Teatro de Agitación Social), según las siguientes declaraciones:

1

Concebimos el teatro como un "arte social", en dos sentidos.

a) Porque el Teatro no se puede reducir a la contemplación estética de una minoría refinada. El Teatro lleva en su sangre la existencia de una gran proyección social.

b) Porque esta proyección social del Teatro no puede ser ya meramente artística.

2

En el primer sentido, nos declaramos al margen de los Teatros de Ensayo o de Cámara rechazando como erróneo su enfoque del problema teatral. Un Teatro de Ensayo no sirve más que para el aprendizaje del oficio. El T.A.S. no es un teatro de "Amateurs".

3

En el segundo sentido rechazamos la vieja concepción de "Teatro del Pueblo" como "arte para el pueblo", "belleza al alcance de todos". El T.A.S. es un "Teatro del Pueblo" en un sentido rigurosamente distinto.

4

Nosotros no somos políticos, sino hombres de teatro; pero como hombres –es decir, como lo que somos primariamente–, creemos en la urgencia de una agitación de la vida española.

5

Por eso, en nuestro dominio propio (el Teatro), realizaremos ese movimiento, y desde el Teatro aprovechando sus posibilidades de proyección social, trataremos de llevar la agitación a todas las esferas de la vida española.

6

Pero conste que la preocupación técnica por la renovación del instrumental artístico del Teatro, está orientada a servir a la función social que preconizamos para el Teatro en esos momentos, y no obedece, de ningún modo, al ímpetu de un cuidado puramente artístico.

7

Lo social, en nuestro tiempo, es una categoría superior a lo artístico.

8

Nuestra actitud, por otra parte, es plenamente teatral. El camino que estamos trazando es el único por el que las grandes masas volverán al Teatro, al drama.

9

Porque hemos asistido al lamentable espectáculo del desplazamiento de las grandes masas de espectadores, al impresionante éxodo del público desde el Teatro al "cine", desde el drama al espectáculo frívolo, desde la angustia al enmascaramiento, desde la realidad a la evasión, al olvido culpable y al paraíso artificial. El Teatro, en torpes manos, ha sido insuficiente para contener este éxodo. Ha dejado que se le escape su mayor grandeza: la emoción de un gran público. El drama ha sido como un cáliz de amargura que el público ha desviado de su boca para entregarse al "divertissement", al embrutecimiento inhumano de los estupefacientes. El Teatro ha asistido impasible –algunos han llegado a creer impotente– a esta deserción. El T.A.S. pretende impulsar un fuerte movimiento de retorno al Teatro.

10

Hasta nuestros días todos los intentos de teatro social se han producido de una manera esporádica y aislada. Todos los esfuerzos –unas veces por su marcada tendencia de propaganda de una determinada ideología política (Teatro-Piscator, de Berlín), y otras por obedecer a un impulso individual y solitario o por falta de vigor– han resultado casi estériles. El T.A.S. aparece como la mayor concentración de teatro político y social que ha habido hasta la fecha y trata de contrastar las más opuestas tendencias sociales y políticas. El T.A.S. –queda bien claro– no es un "teatro de partido".

11

Así, el material sobre el que va a trabajar el T.A.S. procede de los más diversos ángulos ideológicos. Una breve reseña de los títulos ilustrará sobradamente este punto. El T.A.S. trabajará sobre el siguiente material dramático:

–"La fuerza de un gigante", de Upton Sinclair, drama en torno a la bomba atómica.

–"Mutilado", tragedia de un mutilado de guerra.

–"Pastor Hall", sobre la Alemania de Hitler.

–"La luna se ha puesto", de John Steinbeck, drama sobre la ocupación de un pueblo por las tropas alemanas.

–"Muerte de un viajante", de Arthur Miller, sobre la vida gris y angustiosa de un hombre de la clase media norteamericana.

–"El metro", de Elmer Rice, donde el autor muestra su sentimiento trágico de la gran ciudad.

–"Barrabás", de William Douglas Home, obra sobre las cárceles inglesas, considerada por algunos como una nueva "Balada de la Cárcel de Reading".

–"Las manos sucias", de Jean Paul Sartre, pieza muestra del teatro político.

–"Cautivos de la libertad", de Michael Carroll, que denuncia en esta obra el poder tiránico de los judíos en la vida norteamericana.

–"El Signo de la Cruz", de Gabriel Marcel, drama sobre el problema judío en Francia.

–"Basura", de A.S., drama sobre el suburbio.

–"Fuenteovejuna", revisión de la obra de Lope, que le incorpora un moderno sentido político.

–"La noche es de los dioses", de Manuel Pilares, sobre un accidente de trabajo en una mina asturiana.

–"Mutter Courage" de Bertolt Brecht, drama alemán de posguerra.

–"Dios en todas partes", de Medardo Fraile que trata el tema del proletariado ante el problema religioso.

–"Pozo negro", de Albert Maltz, drama de los mineros.

–"Profundas son las raíces", de Arnaud D'Usseau y James Gow, la única obra norteamericana que se representa profusamente en la U.R.S.S.

–"Las noches de la cólera", de Armand Salacrou, sobre la resistencia francesa.

–"Silicosis", de J.Ma. de Quinto, la tragedia de esta terrible e irremediable enfermedad profesional.

–"Huelga", de John Galsworthy, sobre la eterna contienda patrono-obrero.

–"Blaue Division", de Miguel Angel Castiella, drama político.

–"La vida está profunda", tragedia de la tierra y el hombre en la sed, del mismo autor.

–"Aceite amargo", de Paulino G. Posada sobre el problema social de Andalucía.

–"Los presos", de Max Kommerells, que trata el tremendo tema del campo de concentración.

–"El mono velludo", de Eugenio O'Neill, el drama de un hombre primitivo y elemental en pugna con la sociedad burguesa, etc. etc.

12

Creemos firmemente en la eficacia teatral del drama. El T.A.S. va a realizar la empresa de traer el drama a los escenarios españoles de los que está ausente desde hace tanto tiempo. Venimos además con la intención de desmentir que el drama –y más concretamente el drama de preocupación social y política– esté "fuera de la ley" en España, como han pretendido algunos comentaristas extranjeros al informar sobre la censura española.

13

Nuestro deseo hubiera sido trabajar sólo sobre material español. Pero este material por ahora no existe. Con gran dificultad hemos conseguido reunir algunos títulos. Esperamos que el T.A.S. facilite la formación de un teatro español de gran altura. En este sentido, el T.A.S. viene a preparar el terreno y a crear la atmósfera en que puedan seguir los nuevos dramaturgos.

14

El T.A.S. no es, en ningún modo, simplemente un "teatro del proletariado". Como se ve por el conjunto de temas y problemas que se debaten en el material detallado en el punto 11, el T.A.S. tiene una visión total de la sociedad y no trabaja exclusivamente sobre los problemas de una determinada clase.

15

Si bien el T.A.S. es una profunda negación de todo el orden teatral vigente –y en este aspecto nuestros procedimientos no serán muy distintos a los utilizados por un incendiario en pleno delirio destructor–, por otra parte pretende incorporarse normalmente a la vida nacional, con la justa y lícita pretensión de llegar a constituirse en el auténtico Teatro Nacional. Porque a un Estado Social corresponde como Teatro Nacional un Teatro Social, y nunca un teatro burgués que desfallece, día a día animado pálidamente por una fofa y vaga pretensión artística.

16

Creemos que el T.A.S. es realizable. A este respecto recordamos un artículo editorial del diario "Arriba" ("Respuesta sobre el teatro". "Arriba", 19 abril 1950) donde se afirmaba rotundamente que en España se puede hacer un teatro de contenido político y social avanzadísimo. Aún diferiendo en algunos puntos con el editorialista, uno de nosotros convino con él en que el teatro de preocupación política y social es posible en España. ("Respuesta a una respuesta". *La Hora* número 54). Por la fueza de este convencimiento estamos realizando el T.A.S.

17

Para llevar a cabo esta realización, necesitamos, desde luego, el apoyo tanto de la Dirección General de Teatro (Censura) como de las Organizaciones Sindicales que encuadran a todos los productores españoles.

18

Pero entiéndase que no solicitamos este apoyo en lo económico. (El T.A.S. es un teatro independiente). Contamos con la amplitud de criterio y la buena voluntad de los censores –en vista de los fines que perseguimos–, así como también con que los Organismos Sindicales nos faciliten el acceso a las clases productoras.

19

El T.A.S. hace un llamamiento a los jóvenes, con los que contamos para la difícil tarea que se avecina. Pedimos la colaboración de todos para que el T.A.S. dé un poderoso fruto.

20

En Madrid, septiembre de mil novecientos cincuenta los abajo firmantes declaran fundado el T.A.S. (Teatro de Agitación Social).

Alfonso Sastre y Jose Ma. de Quinto
La Hora (1º Octubre 1950)

NOTA 4

Consúltese para más detalles el texto de Alfonso Sastre, "Ante Piscator", introducción a Erwin Piscator, *Teatro Político* (Madrid: Editorial Ayuso, 1976).

NOTA 5

"LOMAN ES UN HOMBRE DOLOROSAMENTE VIVO",
Correo Literario (de marzo, 1952)

1

Lo que empezó siendo una diferencia de opiniones en torno a un drama concreto –"La muerte de un viajante"– y su puesta en escena, ha derivado, lógicamente, hacia el terreno de la teoría general. El drama de

Miller sirve de referencia. Está bien. Me encuentro en un dominio que me resulta familiar. La polémica en torno a las formas "sociales" del drama y su vigencia es una constante de mi trabajo desde hace algunos años. Pero conste, desde luego, que hablo en mi nombre y por mi cuenta; que no soy portavoz de un grupo: que nadie, sino yo, queda complicado en mis opiniones. Así ha sido desde un principio.

2

Hay que empezar por algún sitio. Tanta tela hay por cortar que uno se encuentra ante la perplejidad del primer tijeretazo. Tengo que decir que me anima el propósito de escribir poco, pero claro y esencial. Torrente ha hecho la crítica de lo que él llama "estética del documento". Empecemos por ahí.

3

El "hecho" del teatro construido sobre una fuerte base documental es, durante este último medio siglo, innegable. La vigencia de unas formas que arrojan los más formidables éxitos teatrales es, asimismo, innegable. Torrente habla de "una moda literaria liquidada, según creíamos, definitivamente". Es preciso hallarse de espaldas a la realidad para considerar "liquidado" un movimiento que, llamando la atención sobre la realidad incuestionable del "documento", ha prefigurado el más importante material literario de nuestra época. Se trata de un movimiento "superado", pero de ningún modo "liquidado". El documento es, desde el naturalismo, no sólo fuente de información, sino incluso material a "formalizar" artísticamente. El mejor teatro de nuestro tiempo tiene una importante cara documental. (Algo he escrito sobre esto en mi artículo "Fábula y testimonio", publicado en "Cuadernos Hispanoamericanos"). Para no recordar sino ejemplos relativamente recientes, ahí está "Nuestra Ciudad", cuya pretensión –expresada por el autor a través de un personaje– era constituir una documentación sobre la vida en una pequeña ciudad norteamericana. ¿Habrá que recordar, por ejemplo, en el programa del teatro en EE.UU., los viejos éxitos de Elmer Rice? ("La calle" y "El Metro", piezas casi documentales sobre la vida de una gran ciudad). Y los dramas de Upton Sinclair. Y los más recientes de Saroyan ("El tiempo de tu vida") y Steinbeck ("La luna se ha puesto"). Y muchos más. Y, desde luego, "La muerte de un viajante".

El teatro europeo ha acogido también, con profusión y éxito, el drama construido sobre fuerte base documental. Desde Ernst Toller (que nunca pudo adaptarse –porque era un dramaturgo– a las increíbles exigencias de Piscator, que pretendía reducir –y eso sí que no es posible– el teatro a documentación sociológica y propaganda de partido) hasta Strich, Zuckmayer, Kommerells..., de quienes nos llegan referencias bastante precisas, el drama alemán se asienta sobre bases documentales (Nos llegó, hace poco tiempo, el eco del éxito de "Madre, valor", de Bertolt Brecht). Viendo el otro día un ejemplar de "El canto en el horno ardiente", de Carl Zuckmayer (el resonante autor de "El General del diablo"), advertí que reproducía, al frente de su obra, dos noticias de periódico, presentadas por Zuckmayer como "base documental" del drama.

El teatro francés nos da, por su parte, un formidable ejemplo en Jean Paul Sartre, "La putain respectueuse". "Morts Sans Sépulture" y "Las manos sucias" son dramas documentales, piezas-testigo de una época.

Queda probado, me parece, ese "hecho" vigoroso que es el teatro asentado sobre el "documento". Queda por probar su "derecho".

4

Torrente piensa que de un "documento" no puede salir nada bueno, artísticamente hablando. "La literatura trágica –escribe, reforzando algo que ya ha esbozado anteriormente– no se nutre de documentos..." En su segundo artículo explica su postura. Un "documento" le parece un "instrumento probatorio", que quita dignidad y grandeza al hombre, convirtiéndolo en la pieza de una prueba. Esta es, según creo, la base de su argumentación. Yo pienso de un modo muy distinto. Porque creo que un "documento" no es más que la fotografía de un suceso, es decir, de un fragmento existencial. El documento, en sí, no tiene carácter de prueba. Depende del uso de que se haga de él. Un polemista lo hará "instrumento probatorio". Un sociólogo convertirá el documento en ciencia. Un dramaturgo extraerá del documento los materiales del drama. El documento nos da una imagen fiel, superficial y significativa. Sobre el documento, el dramaturgo realiza una serie de hallazgos, sorprende más íntimos planos, profundiza. Pero el documento le ha dado el preciso supuesto existencial. El hombre documental es, precisamente, el hombre tal y como se ha dado en la existencia, el hombre vivo y doliente, conforme a su comportamiento verdadero y registrado en la información y la noticia. Como no veo el cáracter necesariamente "probatorio" del documento, no acierto a ver el peligro de la conversión del hombre en instrumento. Ese peligro aparece en el teatro de propaganda. Pero yo me hallo tan lejos de este tipo de teatro como Torrente Ballester.

5

Pienso que hay dos formas de concebir –desde el punto de vista de autor– el drama. Parte una del documento existencial, es decir, del comportamiento real del hombre en lugar y momento determinados. Penetra esta forma en el hombre, a través de su existencia, según diversos grados de profundización que pueden llegar al hallazgo esencial, a la emoción universal humana, ontológica. Parte la otra forma de una esencia vaga (la esencia humana), poéticamente entrevista en el comportamiento general del hombre. Quizá sea ésta la forma apoyada por Torrente, en virtud de la cual niega la otra vía dramática. Espero de él una confirmación.

6

Desde luego, he encontrado alguna contradicción importante en los artículos de Torrente Ballester. Después de haber rechazado rotundamente el documento como base del drama, admite que la documentación sobre Willy Loman podía haber producido un buen drama. Pero entonces encuentra que no es una exposición sino un *alegato*. Y lo rechaza no porque esté basado en una realidad documental, sino porque es un alegato contra algo; su condición de alegato convierte a Willy Loman en instrumento, etc. Luego podía, "nutriéndose" en una documentación social, ser un buen drama. ¿En qué quedamos? Y ¿cómo es posible ver en "La muerte de un viajante" una obra "de tesis"? Miller no trata de demostrar nada. Muestra, denuncia, hace patente algo. Y su denuncia es emocionante precisamente porque ese Loman no es un esquema, una pieza de prueba, sino un hombre dolorosamente vivo.

7

El artículo, por este camino, amenaza desbordar todos los límites de espacio. Me gustaría examinar cuidadosamente los artículos de Torrente, pero para eso tendría que solicitar un espacio del que, con seguridad, no dispongo. He creído encontrar varios puntos muy vulnerables, que –por otra parte– supongo implícitamente vulnerados en mis presiones sobre la llamada "estética del documento". El tema es tan rico en sugerencia que no sin cierto pesar deja uno la pluma. Otra vez será.

NOTA 6

COLOQUIOS SOBRE PROBLEMAS ACTUALES DEL TEATRO EN ESPAÑA

Conclusiones de Santander

1

Consideramos urgente el planteamiento de determinados problemas prácticos del teatro español actual, sin cuya resolución nos parece problemática su continuidad. Pretendemos hacer un apunte de solución a estos problemas.

2

Desde hace mucho tiempo –antes de la aparición del cine– se ha hablado de crisis del teatro. Probablemente ocurre que el teatro vive en una perpetua crisis que va superando. Sin embargo, en nuestro tiempo, la vida del teatro se ha hecho más azarosa y difícil por el perfeccionamiento del cine como arte dramático con modalidades propias y su consiguiente captación de públicos que antes se movían en la órbita del teatro. Este conflicto mundial del teatro parece más agudo en España.

3

Encontramos dos razones fundamentales en este arrebato de públicos al teatro desde el cine: a) El cine, como producto de la técnica, ofrece *una gran comodidad imaginativa* al espectador. b) El cine está organizado adecuadamente como empresa y, consecuentemente, en disposición de ofrecer ventajas de toda índole dentro del orden económico.

4

Esta situación plantea el problema de la revisión de la empresa teatral.

5

La empresa teatral en su actual organización resulta anacrónica e insuficiente: a) Actualmente son dos o más empresas –empresa de compañía, empresa de teatro, propietario del local...– las que participan en los beneficios económicos de un solo espectáculo. b) Las empresas teatrales no han adquirido conciencia de la necesidad de una propaganda adecuada. c) Estas empresas consideran aún superfluo el puesto, consagrado ya en todo el teatro occidental, del director. d) Esta ausencia de director en las empresas –cuya dirección lleva normalmente el empresario, habitualmente no preparado para las tareas escénicas– repercute en deficiencias de programación, falta de dirección de actores descuido de los montajes, con la consiguiente deserción de los públicos.

6

Asistimos, como solución a este problema, a la creación mundial de pequeños teatros de función diaria, constituidos en empresa única y bajo la dirección de personas preparadas responsables y amantes sobre todo, del teatro.

7

Consideramos precisa la aparición en España de pequeños teatros de este tipo de fórmula provisional para una recuperación progresiva de los grandes públicos. El teatro, en las actuales circunstancias, se ve obligado a una retirada pasajera a reductos más pequeños, donde fortalecerse y purificarse hasta ponerse en condiciones de recuperar los grandes núcleos de espectadores.

8

Concebimos la ayuda del Estado al teatro no como un puro parche económico que garantiza la vida de la empresa ayudada sólo durante el tiempo que dura la subvención –con lo que esa empresa es una especie de cadáver momentáneamente galvanizado por la ayuda económica–, sino como lanzamiento de empresas a las que un día podrá serles retirada la ayuda sin poner en peligro su existencia, ya que la ayuda ha sido concebida como lanzamiento de un ser vivo. La seguridad de la subvención estatal –en la fórmula llamada "Teatros Nacionales"– hace que estas empresas nacionales no lleguen a plantearse nunca el problema del teatro en el terreno vivo del contacto real con ese público que siempre ha sustentado el teatro en los grandes momentos de su historia.

9

Proponemos la sustitución del actual sistema de concesión de Premios Nacionales –a la mejor compañía, a la mejor campaña de provincias, etc.– por una ayuda anticipada, en concepto de gastos de montaje, a cualquier empresa española que se comprometa al estreno de una obra de autor español vivo, según dictamen previo del Consejo Superior del Teatro, que acreditaría la dignidad estética de la obra, en determinadas condiciones de plaza y duración. Debería hacerse un capítulo general con todos aquellos premios con que el Estado español trata de estimular las actividades escénicas –excluidos los de orden individual que se refieren a actores, directores, etc.– y asimilarlos a este tipo de ayuda.

10

En el momento en que celebramos estos coloquios recibimos la noticia de que una vez más se ha distribuido estérilmente la dotación del premio Calderón de la Barca. La historia de este premio arroja unos resultados deplorables si consideramos la cuantía del dinero distribuido y el hecho de que sólo una obra ha sido estrenada. Proponemos que en lo sucesivo, si se repitiera el caso de no hallar una obra merecedora de premio y estreno, se declarará el premio desierto y su cuantía se asimilará a la ayuda antes propuesta.

11

Consideramos que la actual censura previa para el teatro es totalmente inaceptable por: a) Su falta de criterios objetivos y declarados. b) La falta absoluta de autoridad pública del organismo censor, cuyos dictámenes son frecuentemente rectificados por la presión de instituciones –y hasta personas ajenas a este cometido.

En cuanto a la censura previa en general –no ya en su actual forma, cuyas deficiencias acabamos de anotar–, nos parece inaceptable como hombres dedicados a la creación dramática e innecesaria desde el punto de vista de la moral pública, que puede ser guardada de modo más perfecto.

Proponemos la sustitución de la censura por la sanción legal a *posteriori* en los casos y con el rigor que la ley determinará. Habría, pues, una consideración de delito o falta para determinadas obras, que al ser así sancionadas, serían automáticamente eliminadas del cuerpo social.

Hemos asistido en los últimos años a la aparición de numerosos teatros de sesión única, nacidos del descontento del teatro actual y de la esperanza de un nuevo teatro. Estos teatros han incorporado algunos elementos de la nueva empresa que propugnamos, especialmente el director, con todas sus felices consecuencias (programación, montajes, dirección de actores, etc.), pero también con una serie de deficiencias económicas y de limitaciones de proyección pública, además de problemas de conjuntamiento y ensayos por la especial índole de la contratación de actores y salas. Esperamos que la ayuda del Estado, que por fin parece que va a ser aplicada a estos grupos, sea orientada hacia los teatros verdaderamente experimentales y desviada de los teatros de cámara, cuya tarea se limita a la representación de obras de éxito internacional a cargo de actores profesionales conocidos. En este sentido, sería precisa ante todo una revisión radical del Teatro Nacional de Cámara y Ensayo.

13

La enseñanza del teatro en España prácticamente no existe. Los pequeños centros existentes padecen de los viejos defectos de las secciones de Declamación de los Conservatorios. La Escuela Superior de Arte Dramático, hasta el momento, no está en condiciones de resolver este problema. Proponemos que la enseñanza del teatro en España pase de la Dirección General de Bellas Artes a la Dirección General de Cinematografía y Teatro y que ésta se ocupe de dotarla de un plan de estudios a la altura de los tiempos, elementos modernos y profesorado adecuado.

Consideramos urgente la siguiente medida: que el diploma de la Escuela Superior de Arte Dramático sea válido para la consecución inmediata del carnet de actor. Es inaceptable que el estudiante que ha seguido estos cursos tenga que pasar por el mismo pintoresco período, llamado "meritoriaje", que los que se incorporan inmediatamente y sin preparación alguna al teatro.

14

En la tarea de captación de nuevos públicos para el teatro caben una serie de medidas que habrá que tomar desde los organismos oficiales, aparte del puro trabajo teatral –que a nosotros nos corresponde– de captación: a) Actualmente está impedido el acceso al teatro de los niños hasta los dieciséis años. El niño, de este modo, se hace espectador de cine. Debe permitirse el acceso de los niños menores de dieciséis años al teatro, según una discriminación que podría ser semejante a la que ahora se hace para el cine. b) Debería imponerse a las empresas la reducción de precios para los estudiantes en determinadas fechas semanales. c) Desde las cátedras de Literatura, de Institutos y Universidades, debería estimularse la asistencia a teatros como complemento práctico de las explicaciones.

15

Hacemos un llamamiento a los críticos de teatro para que consideren profundamente la importancia artística y social de su función. Queremos destacar con especial energía la gran responsabilidad que asumen al emitir su juicio, responsabilidad que no les es exigida por un código determinado, sino por la conciencia moral que por tanto, debe ser el principio de su actividad. Justifica la formulación de este punto el hecho, por desgracia frecuente, de la corrupción de la crítica por la publicidad, la amistad o la política, así como el hecho de la indiferencia culpable con que parte de la crítica desarrolla su trabajo, produciendo confusionismo público, daño en las pocas empresas merecedoras de una atención especial y resistencia para la renovación del teatro español.

16

El teatro español es actualmente un teatro provisional, incomunicado con el mundo. Se hace precisa la comunicación con ese mundo, la apertura de plataformas exteriores para nuestro teatro. Nos encontramos con la falta de atención del extranjero hacia el teatro español y con la falta de propaganda del teatro español hacia el extranjero. Los organismos oficiales –únicos que disponen de plataformas adecuadas (Institutos españoles en el extranjero, secciones culturales de las Embajadas, etc)– y la Sociedad General de Autores de España deben ocuparse de esta propaganda. Sugerimos como medida de urgencia la edición de un boletín informativo que se distribuyera entre los productores, traductores y directores del extranjero.

17

Los puntos anteriores son el resumen incompleto y parcial de una serie de problemas que el teatro español tiene planteados con tal agudeza que amenazan su continuidad. Todos los puntos son susceptibles de estudio más profundo, de comentario detenido y de ampliación. Esperamos de los organismos oficiales y de las gentes del teatro español la máxima atención para el contenido de estas conclusiones. Los problemas están planteados. Hemos hecho un ligero apunte de unas soluciones, que son las nuestras. Pedimos que los demás digan también su palabra. –Palacio de la Magdalena, 29 de agosto de 1955.– Alfonso Sastre, José María de Quinto, Luis Delgado Benavente, Ricardo Rodríguez Bude, José María Rincón, José Martín Recuerda, Francisco Alemán Sáinz, Dámaso Santos, Jerónimo Toledano.

NOTA 7

ARTE COMO CONSTRUCCION
Manifiesto de Alfonso Sastre

I

Once notas sobre el arte y su función

Estoy absolutamente convencido de que nos encontramos ante la urgencia de establecer unas líneas generales de trabajo desde y para la juventud que se dedica al arte y a la literatura con una intención de ruptura frente a las formas anacrónicas y, en consecuencia, de contacto con las formas vivas que puedan resultar fecundas para nuestro futuro. No se trata, desde luego, de proponer un programa; pero sí de declarar el deseo de que nuestros esfuerzos, hasta ahora dispersos, sean reunidos de algún modo en un esfuerzo común y, por ello, poderoso. Se trataría, por supuesto, de establecer libremente unas líneas dentro de las cuales pudieran desarrollarse los diferentes talentos artísticos con una perfecta holgura. Se trataría, pues, tan sólo de cerrar el paso a una anarquía de la que sólo pueden salir beneficiados los artistas –casi siempre económicamente poderosos– solidarios de las formas artísticas muertas y, en consecuencia, regresivas.

El texto que yo propondría a la consideración de los hombres de la poesía, de la novela, del teatro, del cinema, de las artes plásticas, dice así:

1

El arte es una representación reveladora de la realidad. Reclamamos nuestro derecho a realizar esa representación.

2

Entendemos la realidad como una revelación que el hombre va realizando a lo largo de su Historia. Hay distintas provincias ontológicas y diferentes técnicas de captura y representación. Todas las provincias del ser son interesantes, y ninguna técnica, forma o estilo es rechazable.

3

Entre las distintas provincias de la realidad hay una cuya representación o denuncia consideramos urgente: el problema social en sus distintas formas.

4

La revelación que el arte hace de la realidad es un elemento socialmente progresivo. En esto consiste nuestro compromiso con la sociedad. Todo compromiso mutilador de esa capacidad reveladora es inadmisible.

5

Rechazamos toda coacción exterior, ajena, por tanto, a nuestra conciencia moral y a nuestro sentido estético. Nos sentimos responsables de nuestros actos morales y artísticos –un acto artístico es siempre un acto moral– y rechazamos toda tutela extraña.

6

El arte, por el simple hecho de revelar la estructura de la realidad, cumple en un sentido muy amplio, metajurídico, de la palabra justicia– una función justiciera. Esto nos hace sentirnos útiles a la comunidad en que vivimos, aunque ésta, en ocasiones nos rechace.

7

Pertenecer a un movimiento político no tiene por qué significar la pérdida de la autonomía que reclamamos para el artista. Este compromiso será lícito y fecundo en los casos en que el artista se sienta expresado totalmente por ese movimiento. Su compromiso será entonces, prácticamente, la expresión de su libertad.

8

No pertenecer a un movimiento político no tiene por qué significar inhibición en el artista, su culpable evasión, su traición a la responsabilidad social que postulamos para su trabajo. Desde fuera de los movimientos progresivos se puede luchar, y de hecho se lucha, por el progreso social. Es lícito rechazar la alineación en un movimiento, siempre que el artista no se sienta expresado totalmente por ese movimiento, ya sea en el plano teórico, ya en el orden táctico.

9

Lo social es una categoría superior a lo artístico. Preferiríamos vivir en un mundo justamente organizado y en el que no hubiera obras de arte, a vivir en otro injusto y florecido de excelentes obras artísticas.

10

Precisamente, la principal misión del arte, en el mundo injusto en que vivimos, consiste en transformarlo. El estímulo de esta transformación, en el orden social, corresponde a un arte que desde ahora podríamos llamar "de urgencia". Queda dicho que todo arte vivo, en un sentido amplio, es justiciero; este arte que llamamos "de urgencia" es una reclamación acuciante de justicia, con pretensión de resonancia en el orden jurídico.

11

Sólo un arte de gran calidad estética es capaz de transformar el mundo. Llamamos la atención sobre la radical inutilidad de la obra artística mal hecha. Esa obra se nos presenta muchas veces en la forma de un arte que podríamos llamar "panfletario". Este arte es rechazable desde el punto de vista artístico (por su degeneración estética) y desde el punto de vista social (por su inutilidad).

Propongo estos once puntos a la consideración de los artistas con el deseo de que sean once puntos de partida para un acuerdo posterior, que podría resultar de una discusión –desde distintas artes y posturas– sobre los temas propuestos y otros que completarían las líneas de acción aquí esbozadas.

II

El "social-realismo": un arte de urgencia

En las anteriores "Once notas sobre el arte y su función" postulo la creación de un "arte de urgencia". Vengo a decir ahora que este "arte de urgencia" no es un simple anhelo; es ya un hecho fecundo. A este hecho yo le he llamado en otra ocasión "social-realismo". Recojo ahora antiguas formulaciones (2) que adquieren todo su sentido enmarcadas en el cuadro de las

"Once notas", en las que, por otra parte, también he recogido la sustancia –y en algunas incluso la letra– de mis ya casi antiguas (dentro de lo antiguo que uno puede ser) reflexiones sobre el tema.

Al presente texto sigue otro, el tercero y último en el que trataré de apuntar a una filosofía de la historia del arte contemporáneo.

1

El "social-realismo" no es una fórmula para el arte y la literatura de nuestro tiempo, ni un imperativo que solicite de los escritores y artistas un determinado estilo o línea de trabajo. Puede ser esto, pero, además, es el nombre de lo que está pasando. Este último significa el diagnóstico del mas importante material literario y artístico con que cuenta nuestra época. La historia del arte y de la literatura contemporáneos estudiará, bajo el epígrafe "social-realismo", un abundante material novelístico, dramático, poético, plástico y cinematográfico. El "social-realismo" agrupa fenómenos como el "realismo-social" de la pintura y el cine mejicanos, el "realismo socialista" que impera en el arte y literatura de la U.R.S.S., las tendencias "sociales" del arte y la literatura cristianos de la Europa occidental, el "neorrealismo" y las tendencias afines y, en fin, gran parte de la literatura que se llamó "existencialista" y que surgió de las grandes convulsiones sociales de la última guerra. La formulación "social-realismo" significa la toma de conciencia del principal signo literario de nuestro tiempo, que está produciendo –sin demora y por encima de todas las coacciones y censuras– ese arte de urgencia que preconizo en las anteriores "Once notas". Junto a este arte se está produciendo sin duda otro que va cumpliendo dignamente distintas funciones espirituales, sin apelaciones urgentes a la sociedad en que se produce.

2

El "social-realismo", en sus formas fecundas, funciona sobre el supuesto de la independencia –o libertad– del escritor o el artista, capaces de elegir, en último caso, su adhesión a determinada forma social-política o religiosa (marxismo, cristianismo...), e incluso su disciplinado enrolamiento en los organismos que tratan de realizar esas formas en la sociedad (partido comunista, Iglesia católica...).

3

Pero otro supuesto del "social-realismo" es la superación de la concepción liberal del arte, según la cual el arte es una categoría suprema. El artista considera, en esta concepción, como primeros y últimos problemas los que plantea el arte en cuanto tal; es decir, los problemas formales del arte. El artista, en esa concepción, se considera libre e irresponsable. Se considera, en cierto modo, segregado del cuerpo social y habitante de un plano espiritual superior, en el que queda instalado para el cultivo de unos valores que considera intemporales: valores literarios, poéticos, dramáticos, plásticos y musicales. Esta concepción llevó a la "poesía pura", al teatro del arte, a la pintura abstracta y a la estética musical de Strawinsky. El liberalismo artístico ha desembocado en la anarquía que hay en la raíz de los "ismos" que florecieron en el tiempo de entreguerras. El arte se convirtió en asocial, desintegrándose, impopular. Pero frente al arte de los "ismos" se alzaba ya la bandera de un arte social: integrador.

4

Al decir "social-realismo" quedan enunciados: 1) la categoría del tema; 2) la índole de la intención del artista, y 3) el modo de tratamiento artístico.

5

La categoría del tema es una piedra fundamental del arte y la literatura de todos los tiempos. El "social-realismo" apunta a los grandes temas de un tiempo en que lo social se ha erigido en categoría suprema de la preocupación humana. Al interés por los casos que podríamos llamar "clínicos", por la perturbación o la exaltación de la persona humana en cuanto individuo –artísticamente semi-extraído del gran cuerpo social–, sucede una consideración más profunda de la persona humana como relación, como formando parte del orden o del caos social, con toda la problemética que esta consideración arrastra en esta época, señalada por los pensadores políticos como una época de subversión. Quedan así replanteados, de un modo original y purificador, los grandes temas de la libertad, la responsabilidad, la culpabilidad, el arrepentimiento y la salvación. La operación artística, que ha consistido tantas veces en segregar un caso, aislarlo o, por lo menos, debilitar sus relaciones sociales, para llamarnos la atención sobre él, consiste ahora, especialmente, en una consideración de esas relaciones.

6

La índole de la intención del artista caracteriza también el arte y la literatura "social-realista". El escritor y el artista consideran que su obra repercute en el cuerpo social y es capaz, por tanto, de contribuir a su degeneración o a su revolución purificadora. La intención del artista, entonces, es trascendente al efecto puramente "artístico" de su obra. Se siente justificado no por la perfección de la obra artística en sí, sino por la purificación social a la que la obra sirve. El cultivo de unos valores artísticos con independencia de las experiencias sociales le parece punible y trasnochado.

7

El modo del tratamiento artístico quiere estar indicado en el término "realismo", que señala, además, para el escritor o el artista la condición de testigo de la realidad. Como "modo de tratamiento artístico", el término "realismo" es amplio, casi hasta la vaguedad: son muchas y muy diferentes las formas del "realismo". La forma en que suele presentarse el arte y la literatura "social-realista" es una especie de "naturalismo profundo". Esta parece, en efecto, la forma artística más adecuada para promover en el seno de la sociedad un ánimo propicio a la realización de reformas urgentes y justicieras.

8

La "emoción estética" provocada por el arte y la literatura "social-realista" posee un tremendo núcleo ético que, rompiendo, permanece en el espíritu del espectador cuando lo puramente estético se desvanece. Este núcleo se proyecta, purificador, socialmente. El escritor y el artista lo saben y trabajan con plena conciencia de este supuesto .

III

Para una "metahistoria" del arte contemporáneo

Una historia del arte y de la literatura de los últimos tiempos tendrá que señalar el progreso de desintegración que culminó –¿con Oscar Wilde?– en las tesis del "arte por el arte", en el liberalismo artístico y en la definitiva anarquía de los "ismos" del tiempo de entreguerras: arte puro, abstractismo, deshumanización. Esa historia tendrá que señalar también el proceso contrario, de integración, en el que estamos. No sé si una investigación de estudioso llegaría a las conclusiones a que yo he llegado sobre la base de estudios parciales y de un trabajo no organizado científicamente. Adelanto estas conclusiones con ánimo de consulta a los especialistas. Son éstas:

1

Se puede señalar en Kant el origen de este proceso de desintegración. La obra de Kant nos deja un hombre desgarrado en tres jirones humanos autónomos: un hombre que lleva en sí el germen de la desintegración. Su razón (pura), independiente del resto humano, elabora una metafísica sin raíces prácticas. Su voluntad rige en el orden moral sin ningún apoyo metafísico. Su sentimiento realiza, en la soledad, sus propios juicios (estéticos) sin comunicarse para nada con el orden moral. El espíritu de ese hombre se objetiva así en una Metafísica, una Etica y una Estética autónomas.

2

Considero que este "hombre kantiano" tuvo una gran repercusión en el dominio del arte y la literatura. Todo está preparado para que el arte rompa sus amarras, ya muy debilitadas, con el resto humano. El arte ya no tendrá nada que ver con la moral ni con la metafísica. El arte tendrá su propia moral y su propia metafísica. Su moral consistirá en olvidarse de ella. Su metafísica consistirá en declarar la inutilidad del arte. Se declara que una obra de arte es una cosa amoral y perfectamente inútil; éstas son las dos notas negativas por las que se conoce una obra de arte. La nota positiva es la belleza formal. "Una obra de arte no es moral o inmoral. Es bella o no lo es. A eso se reduce todo".

3

Los supuestos de esta pretendida autonomía del arte eran falsos. Esto quedó perfectamente demostrado en el hecho de que el arte y los artistas se derrumbaron por ese camino en la degeneración. Por ahí se llegó al poeta maldito, a la homosexualidad, a los estupefacientes y al crimen como una de las bellas artes.

4

La última consecuencia importante, en lo artístico, de estas posturas estéticas es la anárquica floración de los "ismos". Los "ismos" son un desaforado alarido estético, pero también un canto de cisne. Se llega al borde del vacío. Los mejores artistas abandonan el carro de la catástrofe antes que se despeñe y se incorporan a un trabajo integrador y constructivo.

5

El movimiento integrador en el que estamos se había puesto en marcha a finales del siglo pasado. Se comienza la reconstrucción orgánica del hombre, su proceso de integración. Se establece una benéfica corriente comunicativa entre el arte y la moral. Se propugna la responsabilidad social del artista. Se preconiza una determinada utilidad del arte. Se empieza a creer en un porvenir que tendrá que ser construido entre todos. Se pide al artista –y el artista acepta con entusiasmo– que sea algo más que un decorador del mundo; que trabaje, desde su dominio, por el futuro de todos.

6

A este movimiento se unen pronto artistas y escritores de las más diversas tendencias políticas y religiosas, como queda dicho en las ocho notas sobre "El social-realismo: un arte de urgencia".

7

Es importante destacar lo que *une* a los escritores y artistas de distintas tendencias, que trabajan por un mundo mejor. Lo que les une es, precisamente, esa integración de la moral en el dominio del arte. Pero hay también lo que los *separa*. Esto que los separa está en la sustancia misma de esa integración y aparece en el momento en que se integra en el quehacer artístico, la metafísica que da un último sentido a ese quehacer; y entendemos también por metafísica cualquier concepción del mundo. Todos queremos la justicia; pero unos desde el cristianismo, por instaurar el reino de Cristo en la tierra, y otros desde una concepción materialista de la Historia, por construir el socialismo. Etcétera.

8

A esa zona común de trabajo, por encima de todas las diferencias, es a la que estamos convocados todos. Ojalá no lleguen a desgarrarnos las diferencias. Convivamos, trabajemos, luchemos todos por un mundo mejor.

NOTA 8

DECLARACION DEL G.T.R. (GRUPO DE TEATRO REALISTA)

Consideramos que la situación del teatro español es en estos momentos saludablemente crítica, en el sentido de que estamos asistiendo a una deserción de los públicos, antes adictos a los espectáculos de viejo estilo, con una momentánea desorientación sobre el camino a seguir –los nuevos polos de atracción, todavía indecisos, no han conseguido por ahora una suficiente polarización de esos públicos desertores–, nos parece posible contribuir de algún modo a la resolución favorable de esta esperanzadora fase. Por ello se procede a la formación del G. T. R. (Grupo de Teatro Realista), con el que sus fundadores tratarán de intervenir en la marcha del teatro español de modo más enérgico y totalizador que lo han hecho hasta ahora a través de su colaboración como autor, director o en el orden crítico teórico, en espectáculos ajenos.

Las líneas generales de nuestro trabajo serán: una investigación práctico-teórica en el realismo y sus formas, sobre la base del repertorio mundial en esta línea, y una tenaz búsqueda de nuevos autores españoles capaces de garantizar la continuidad del teatro español: necesidad escasamente atendida por la mecánica actual de nuestro teatro. En este aspecto, el G.T.R. es, más que un grupo, una convocatoria a los autores españoles para la formación de un auténtico grupo que pueda constituirse en célula renovadora de nuestra vida escénica.

Precisamos el sentido de tal convocatoria indicando que no han de sentirse excluidos de ella los autores ligeramente considerados por algunos como "no realistas", pues nuestro entendimiento del realismo es, en principio, muy amplio, y de ningún modo el G.T.R. es una llamada al naturalismo, aunque no desdeñemos hacer experiencias de esta forma artística.

En la misma línea de inquietud, y correspondiendo a ella, el G.T.R. atenderá a la formación y lanzamiento de nuevos actores y al estudio común con ellos –pues no nos consideramos en condiciones de ejercer un magisterio– de las técnicas de montaje y de interpretación, lo que se hará no sólo en los ensayos, sino por la puesta en marcha de un seminario de estudio, de modo que el G.T.R. pueda llegar a constituir, una vez conquistadas las condiciones necesarias para esta diversidad de funciones, un *estudio de actores* o centro de formación experimental, con cierta autonomía con relación al Grupo propiamente dicho.

Desde la publicación de estas líneas queda abierta una "oficina de lectura" de obras en el domicilio provisional del Grupo, como permanente invitación a los autores españoles, así como también, en dicho domicilio, se tomará nota de los jóvenes actores que deseen someterse a una audición para la que serán llamados en el momento oportuno.

El primer conjunto tendrá una base profesional de actores seleccionados. La primera forma de acción será la de una Compañía que trabajará en los locales del espectáculo que consiga.

De esta declaración se da nota, con los mejores deseos, a los organismos oficiales competentes y al Instituto Internacional del Teatro (UNESCO), así como a los colegas y publicaciones de Europa y América con los que ya hemos establecido relación.

En Madrid, septiembre de 1960.– *Alfonso Sastre y José María de Quinto.*

DOCUMENTO SOBRE EL TEATRO ESPAÑOL REDACTADO POR EL G.T.R. (GRUPO DE TEATRO REALISTA) DE MADRID

PREFACIO.– El presente documento es la expresión abreviada y parcial de una toma de conciencia en torno a la cultura española, en el concreto dominio del teatro. Va destinado a la atención de las personas dirigentes y organismos oficiales que podrían realizar el saludable cambio revolucionario y a algunos centros dramáticos internacionales, interesados en los problemas del teatro como hecho social y de cultura.

Como antecedentes de este escrito pueden citarse los siguientes, redactados durante los últimos años por escritores españoles:

- Conclusiones del encuentro sobre teatro, en la Universidad de Santander. Verano de 1955.
- Escrito sobre la censura teatral cursado al Ministerio de Información y Turismo por la Sociedad General de Autores de España. 1956.
- Documento sobre la censura, suscrito por doscientos veintisiete escritores españoles. 1960.

El primero es un antecedente en cuanto se trató entonces de dar una visión de conjunto de los problemas que afectaban al teatro español. El segundo, en cuanto fue un desarrollo –muy moderado por la administración, en la medida en que comprometía la opinión de *todos* los autores dramáticos de España– de uno de estos problemas: el de la censura. El tercero, en cuanto expresión muy rigurosa de una toma de conciencia sobre la gravedad de la situación en que se desenvuelve, entre nosotros, el trabajo intelectual.

El primero fue dirigido a la Dirección General de Cinematografía y Teatro, a título informativo. El segundo tuvo la forma de una carta, firmada en nombre de la Sociedad General de Autores Españoles por su presidente, al ministro de Información, carta que no obtuvo ninguna respuesta. El tercero fue otra carta, ésta a los ministros de Información y Educación Nacional, que tampoco recibió contestación alguna.

No se insiste, a la vista de esta conducta, ofensiva para el honor de los intelectuales, en el envío de cartas. Pero tampoco renunciamos a la manifestación, ante estas autoridades, de nuestra opinión, así como a dar noticia de ella. De este modo creemos cumplir honestamente con nuestra vocación intelectual y nuestro oficio.

0

Ante todo, dirigimos un saludo cordial a nuestros colegas españoles, autores, directores, actores y empresarios, entre los cuales hay muchos que hubieran apoyado, y con seguridad lo hacen en su fuero interno, todas o la mayor parte de nuestras tesis, aunque también supongamos la existencia de legítimas discrepancias con alguna o algunas de ellas. Dado que, por la delicadeza de la materia, no hemos querido poner a nadie en el trance de una toma de partido que hubiera consistido en suscribir o negarse a suscribir este documento, sí rogamos que quienes adquieran noticia de él nos comuniquen su postura, ya en el sentido del rechazo, de la crítica o de la adhesión.

1

La existencia de la censura de teatro, y especialmente en la forma en que se viene ejerciendo entre nosotros (se trata de una actividad conceptualmente arbitraria, administrativamente irregular, éticamente irresponsable y legalmente amorfa, sin que ni siquiera tenga autoridad para mantener sus propios dictámenes), es una vergüenza pública y privada. Públicamente (objetivamente) lo es porque tiene el carácter de una calamidad cultural. Privadamente (subjetivamente) porque es el signo de nuestro conformismo –el de los autores, directores, actores, empresarios...– y de nuestra propia corrupción. Es urgente la absoluta liquidación, que puede irse desarrollando en etapas, de este mecanismo. No se trata de que desaparezca toda vigilancia social –debe haberla, desde luego, para la pornografía–, sino de que ésta toma un carácter regular y legítimo, a través del aparato judicial ordinario. Por referirnos a lo concreto, decimos que –por ejemplo– es urgente, para la nivelación del panorama teatral español a la medida de los países cultos, que puedan ser representados en España autores como Brecht y Sartre, cuya ausencia da a nuestro panorama un carácter aldeano y precario.

2

Consideramos urgente una reorganización a fondo de los teatros nacionales. Es, por ejemplo, intolerable la actual multiplicidad de dedicaciones de los directores de estos teatros, los cuales deben ser regidos por hombres volcados íntegramente a esa labor, para lo cual han de ser, por supuesto, debidamente remunerados. En cualquier caso, seguirán siendo puestos de sacrificio y de servicio al pueblo, y de ningún modo tareas secundarias dentro de una actividad profesional más o menos estimable o discutible. En análogo sentido, es importante que se realice una información sobre la administración de estos teatros.

3

El Centro Español del I.I.T. no puede seguir identificado con el organismo estatal que ejerce la censura del teatro. Estamos ante una flagrante contradicción de principios. Es preciso conseguir la autonomía de este Centro (cuya inactividad actual es notoria) con relación al Estado, que ahora lo absorbe. Al efectuarse una revisión se encontraría que algunos miembros asociados por el Estado al Centro no deben pertenecer a él, por dedicarse a actividades publicitarias. Sin embargo, algunas personalidades no afiliadas y muchos jóvenes activos de los teatros experimentales y universitarios tendrían que incorporarse al Centro Español del I.I.T., cuya presidencia en ningún caso podrá recaer en la persona del director general de Cinematografía y

Teatro, ni en ningún funcionario, ni político ni administrativo, de esa Dirección General.

4

Pedimos la supresión radical de los llamados Festivales de España, así como de los Premios Nacionales. Al cabo de los años, ha quedado demostrado en la práctica que tales Festivales y Premios no han servicio para mejorar ni el nivel artístico de nuestros espectáculos– la baja calidad de los Festivales ha sido una nota general, en parte como consecuencia de la improvisación y de las miras predominantemente económicas de las empresas favorecidas con carácter de oligopolio– ni la situación de extremo desamparo en que se hallan las provincias españolas, esporádicamente visitadas por alguna Compañía. Por todo ello, y sin contar con otros aspectos, tales como el de la defraudación de derechos de autor por parte de estos Festivales, deseamos su supresión y que los fondos dedicados a esta empresa y las cantidades distribuidas en los Premios, así como gran parte de los nuevos fondos recientemente votados para la protección del teatro, se apliquen a la creación, en etapas, de Centros provinciales estables, de tal modo que se iniciara un proceso real de descentralización, justo no sólo artística y políticamente, sino en el orden administrativo, en la medida en que los contribuyentes habitan toda el área nacional. Una vez redactado este punto, nos enteramos con satisfacción de que, al fin, se va a crear un Teatro Nacional en Barcelona.

5

Se pide la democratización del Consejo Superior de Teatro, hoy entregado a una facción oportunista dominante. Se trataría de dar entrada, voz y voto en el Consejo –cuyas funciones y atribuciones tendrán que definirse con precisión en el marco de una ley reguladora de que se trata en el punto 10– a representantes del teatro juvenil (universitario, cámara, grupos) y a los hombres decididos y progresivos, al mismo tiempo que se prescinde de los elementos inactivos, institucionalizados por la costumbre.

6

Asimismo, se considera importante la liberalización (temporal) de los requisitos sindicales para la formación de compañías profesionales de teatro, y esto como forma de urgencia para renovar los cuadros de actores. Tal renovación ha sido hasta ahora insuficiente, y a la hora de buscar las causas no es posible olvidar el hecho de que muchas veces es preciso "elegir" entre dos actores al menos valioso, por estar provisto de carnet sindical. Se trataría, pues, de una temporal "amnistía" de requisitos sindicales para la contratación, lo que estimularía la formación de compañías jóvenes: compañías profesionales sobre la base de actores que adquirirían el derecho a la sindicación por el hecho de haber sido contratados.

7

Con análogo objeto, se solicita la revisión de las ordenanzas y de los trámites legales para la apertura y funcionamiento de nuevos locales de teatro. Es urgente una simplificación de requisitos estructurales y administrativos.

8

Consideramos urgente la liquidación administrativa de los actuales Centros Oficiales de Enseñanza del Teatro (Escuelas de Arte Dramático y Secciones de Declamación de los Conservatorios), por el reaccionarismo, en general, de su profesorado y de sus métodos, así como por la inexistencia de puentes reales entre estos Centros y el teatro propiamente dicho. Esta liquidación, que respetaría a los profesores notables, se llevaría a cabo al compás de la creación de Teatros Escuela con capacidad para la formación artística (Escuela) y el "lanzamiento" real de nuevas figuras (Teatro), con todos los requisitos administrativos (carnet sindical).

9

Es necesaria y urgente la implantación de la función única en los teatros españoles. El actual sistema de las dos representaciones diarias repercute en la baja calidad de nuestro arte dramático. Por ello, lo que debería ser una activa reivindicación de los actores a través del Sindicato –lo cual es imposible por la especial estructura de éste, en el que los empresarios, opuestos a tal medida, ocupan puestos determinantes–, nosotros lo presentamos en el aspecto artístico, que es el que, a los efectos de este documento, nos interesa.

10

Las medidas propuestas afectan, como se ve, al sector público, oficial, de la actividad del teatro, y comportan una crítica honesta y rigurosa del estado actual de la cuestión. En cuanto a los demás aspectos –los que podríamos considerar "privados", en el caso de que algún aspecto del teatro pueda considerarse como tal– del problema, es de esperar que la toma de conciencia vaya siendo cada vez más amplia y radical entre aquellos de los autores, directores, actores, críticos, empresarios que han sido hasta ahora cómplices del estancamiento, del conformismo y de la mixtificación. En cualquier caso estamos convencidos de que las líneas generales de este documento han de servir de base a una futura ordenación (revolucionaria) de esta materia.

En la *Memoria para el arreglo de la policía de los espectáculos*, de Jovellanos –Memoria que, en algún aspecto, es un antecedente de este documento, con la diferencia formal, aparte el contenido y la tesis, de que el nuestro no está redactado desde una posición dirigente, sino crítica– se mantenía el concepto reaccionario de un teatro impopular; de un teatro que se presentaba como una de las formas (educativa, didáctica) del ocio culto de las clases altas. Nuestra Memoria comporta una rotunda negación de esta tesis de Jovellanos y la consecuente reclamación de un teatro popular.

Como se ha visto, pensamos que, en la maduración de las condiciones para el cambio revolucionario de nuestra escena, pueden y deben tener un papel destacado las jóvenes generaciones, cuyo acceso al trabajo del teatro es una fundamental reclamación que está en la base de nuestro escrito.

El cual es, desde luego, el que hubiéramos redactado si la Dirección General de Cinematografía y Teatro nos hubiera consultado –en calidad de grupo destacado, cuya labor se sigue ya con enorme interés en los medios teatrales extranjeros– sobre una eventual puesta en marcha de medidas progresivas que tendieran a establecer el honor social, popular e internacional del teatro español, tarea en la que nosotros estamos empleando nuestra existencia.

En cualquier caso, y sea cual sea la reacción, que deseamos serena y positiva, de los organismos oficiales y de las personas responsables de la actual situación, proponemos una amplia discusión de estos problemas en el marco de un Congreso Nacional del Teatro Español, cuya celebración se hace, desde hace tiempo, deseable. En este Congreso se trataría principalmente de las bases sobre las que construir una ley reguladora del teatro español que fuera la expresión legal de las necesidades y problemas que nos afectan.

En la elaboración de esta ley se tendrían en cuenta todos los puntos de este documento. Por lo que se refiere a la actual legislación, insuficiente y dispersa, sería objeto de revisión en el ámbito de dicho Congreso antes de ser incorporada a la ley reguladora que se solicita.

11

Cursamos el presente documento a las siguientes personas y entidades:

- Ministerio de Información y Turismo.
- Ministerio de Educación Nacional.
- Director general de Cinematografía y Teatro.
- Jefe del Sindicato Nacional del Espectáculo.
- Consejo Superior del Teatro.
- Sociedad General de Autores de España.
- Director del Teatro Español.
- Director del Teatro Nacional María Guerrero.
- Jefe Nacional del SEU.
- Instituto Internacional del Teatro.
- Théâtre des Nations.
- Comunidad Europea de Escritores.

Madrid y noviembre de 1961.– El G.T.R. (Firman: *Alfonso Sastre* y *José María de Quinto*).

NOTA 9

Reproduzco a continuación los textos de Alfonso Paso, Alfonso Sastre y Antonio Buero Vallejo, tal como aparecieron en la revista *Primer Acto.*

ALFONSO PASO, "LOS OBSTACULOS PARA EL PACTO", *PRIMER ACTO* (Febrero, 1960)

I Límites del pacto

No hace mucho tiempo y en las páginas de esta revista, publiqué un artículo "Traición", que pareció interesar vivamente, y levantó, incluso, discretas polémicas. En él venía a decir que el autor joven ha de pactar con una serie de normas vigentes en el teatro español al uso, si quiere algún día poseer la necesaria eficacia para derribarlas. Y que más traicionaba a la juventud el extremista teatral, por perderse en la nada sus posturas, que el hombre "al filo de la navaja", pactando constantemente y ganando un punto para su credo teatral en cada pacto.

Todo ello es evidente. El tiempo vino a darme la razón. Si ahora les hablo de mí, lo hago para responsabilizarme de algún modo. Este es el caso. Me propuse hacer un teatro "contra-corriente". Es decir, contra los tópicos, falsedades y convencionalismos de mi época. La empresa era arriesgada. Intenté equilibrar los componentes. "Pactemos –me dije– en lo accesorio". Y así, "Cena de matrimonios" cuenta –entre otras– la historia de una burguesa a quien su marido no hace caso –pacto puro–, si bien la sirena de los bomberos avisa al espectador que, en medio de tanto problema banal, se inunda un bloque de casas modestas y cientos de familias quedan desamparadas, sin tiempo, claro, para hablar de amor, optimismo, alegría de vivir, etc., etc. Esto representaba "salvar el pacto". No sé si fue mi burguesa – ¡ojalá no!– o fue la sirena – ¡Dios lo quiera!– lo que produjo para "Cena de matrimonios" mi mayor éxito de público hasta la fecha. Doscientas veintidós representaciones, y una media aproximada de treinta mil pesetas diarias. Esto quiere decir que un sin fin de gente se ha tragado la sirena en cuestión –lo que ella simboliza– y que he sido eficaz. No deja de divertirme que mi teatro más "difícil", más "contracorriente", mis piezas de "acusación" hayan pasado de las 200 representaciones entre auténticos alborotos de público. Me refiero a "Juicio contra un sinvergüenza" y a "Cena de matrimonios".

Ahora bien. La postura tiene un punto oscuro y difícil. ¿Hasta qué límite puede llegar el pacto? ¿Qué frontera nos detiene? ¿Cuándo dejamos de ser nosotros mismos –con nuestras ideas y nuestros propósitos– por querer llegar al ánimo de todos?

II Epoca de compromiso

Vivimos una época de compromiso. Por tanto, vivimos un teatro de compromiso. UNA OBRA BIEN HECHA NO BASTA. ¡Atención! Esto no quiere decir que pueden pasar las malas comedias. Yo me esfuerzo –en lo que me es posible– en "hacer bien" mis piezas. Pero es cuestión secundaria. Aún siendo asignatura llave. Si no se "hacen bien" las comedias, no se es autor. Y una buena comedia se ve con agrado, es lícita y debe ser aplaudida. Lo que afirmo es que "eso no basta". Hay que lograr algo más. Como se pueda. Dando dos buenas comedias, con posibilidades comerciales, por una obra "con algo más" de porvenir económico incierto. O alternando en una pieza partes "duras y blandas". "Algo más". ¿Qué puede ser ese "algo más"? A mi entender, los "problemas que nos afectan en cuanto a comunidad, las encrucijadas de nuestro momento, una conciencia de la época en que vivimos". Es decir, siempre que un autor haya tocado –en mayor o menor medida– tales cuestiones dentro de una pieza o de su repertorio, tendremos que admitir que –al margen de sus posturas estéticas, ésas siempre discutibles– no ha traicionado a la juventud ni a su momento. Y con ello no se ha traicionado a sí mismo. Y a la postre, tampoco al futuro, porque se es clásico –"antologiable"– en la medida que se es contemporáneo.

III Los equilibrados

El pacto, sin embargo, se hace a veces muy difícil. ¿Quién lo pone tan duro? ¿El público? En parte. Ya lo apunté. Pero uno se resigna a perder alguna pieza muy entrañable, con un discreto número de representaciones, a cambio de estrenarla. ¿Quién más en concreto? Pues por doloroso que resulte, quien menos debía hacerlo. Los que pudiéramos llamar "los equilibrados". Para mí el equilibrio es una virtud esencial. Estoy tan lejos del extremismo, me produce tal risa oír a un caballero, que es de este bando o del otro, en una época que debía haber arrinconado ya tales cosas, que vivo, a veces, mi soledad latido a latido con gusto y hasta con cierta dignidad. Persigo en todo el equilibrio, la postura serena. Mi actitud teatral es hija –creo yo– de una búsqueda paciente. ¿Con quienes he chocado? ¿Con los extremistas de uno u otro bando? ¡No! Con los "equilibrados". O mejor, con los "pseudoequilibrados". En todo equilibrado feroz, en todo pseudoequilibrado suele haber algo de loco peligroso. Ya saben ustedes que el delirio paranoico suele caracterizarse por un aparente equilibrio mental, llevado a sus más delirantes extremos. Pues bien, cierto sector representativo de la vida social y artística del país, al que uno tiende su mano buscando comprensión, es –con el equilibrio por estandarte– la más estupenda colección de desequilibrados que podamos imaginar. Valga un ejemplo. Joaquín Calvo Sotelo, autor de buena ley, mente inquieta y espíritu joven, estrena una pieza que es, en su género, muestra de ingenio, perfección y teatralidad. Joaquín se sabe compatible con todo y con todos. Pero – ¡ay, Dios!– empiezan a surgir, por aquí y por allá comentarios escritos. "Eso es teatro y NO las obras tristes, angustiadas, oscuras". "¡Viva la alegría de vivir y NO las tonterías que sumergen en la sombra UN MUNDO DE LUZ!" Y así, mucho. Y así, siempre. ¿Es un señorito bien, divertido, ajeno a los problemas de su tiempo quien así habla? No, no. Son enjuiciadores, comentaristas, el pálpito intelectual del país. ¡Pero qué tremendo y desolador desequilibrio el de los equilibrados oficiales! ¿Por qué no admirar la pieza de Joaquín Calvo Sotelo –a quien admiramos–, pero tenemos derecho también a interesarnos por eso de la sombra, de la angustia, etc. ¿Por qué se llama negativa – ¡condenado desequilibrio!– a una obra que aborda con entereza los problemas del momento? ¿Por qué "La cornada"– al margen de sus valores teatrales, que no discuto– es una "pieza peligrosa"? ¿Por qué "La boda de la chica" es una obra negativa, donde se plantea la lucha de clases y no un intento de superar la lucha y acercar a los seres humanos por el amor? ¿Por qué –salvo las mentes más claras del momento– nos juzga tanto equilibrado sin equilibrio? ¿Por qué no admiten que tenemos nuestros errores, que nos incorporamos a la vida nacional con la mejor intención, que somos hijos de nuestra época y que no podemos traicionarla? ¿Por qué hemos de ser siempre las víctimas propiciatorias de los "extremistas" y de los "equilibrados"?

El pacto con el público, con las normas aún vigentes en nuestro teatro, con sus supuestos, no es difícil. Y si alguien lo hace difícil, son sólo aquellos que quieren que escribamos no el teatro que al público gusta o conviene, o –en último término– el que conviene al país, sino el que a ellos place.

Quien esto escribe –antiextremista, bien intencionado, laborioso, cordial– ha tenido que escuchar más de una vez:

–¿Por qué se empeña Paso en escribir este teatro obrerista? Paso vive bien, gana dinero. ¡Es absurdo!

No ceso de preguntarme: ¿Cuándo he hecho yo teatro obrerista? ¿Qué mensaje de mi teatro ha tenido un carácter negativo? ¿No he peleado siempre por lo bueno, lo noble y lo honrado?

¡Y hasta qué límites graciosos puede creer alguien que el éxito o el fracaso le conmueven a uno lo más mínimo en sus convicciones personales!

IV Vieja historia

No me queda, pues, hoy, sino insistir –al buen entender del autor joven– que público y empresas no son obstáculo para un teatro sincero si se sabe satisfacer con cierta habilidad nuestra inquebrantable sinceridad. Son obstáculo el sector "equilibrado" y los extremistas de siempre. Pero esto, por lo que me dicen los mayores, es vieja historia en el teatro de nuestra patria. Benavente, Galdós, etc., se quejaban de lo mismo. Habrá que ir pensando –Dios no lo quiera– en estrenar sólo comedias bien hechas.–

ALFONSO SASTRE, "TEATRO IMPOSIBLE Y PACTO SOCIAL", *PRIMER ACTO* (junio, 1960)

Quiero tratar aquí de dos actitudes ante el Teatro español y su progreso. Las vengo observando desde hace tiempo. Son mantenidas, con notable brillantez, por estimados compañeros que desean el progreso del Teatro español y de la Sociedad española. Tales actitudes son presentadas como tácticas ocasionales. De acuerdo sobre los objetivos de nuestra acción –parecen decir estos compañeros–, el desacuerdo reside en la táctica que conviene emplear para lograrlos.

Una de las actitudes, mantenida (que yo sepa) por Antonio Buero Vallejo, cristaliza, especialmente, en una crítica del "imposibilismo" en el Teatro. La otra, cuyo mantenedor en estas mismas páginas es Alfonso Paso, apunta a la recomendación de firmar el pacto social que posibilita el trabajo y la presencia de los nuevos autores en el campo profesional.

La primera viene a estar montada –y si no es así, aceptaré gustosamente la rectificación– sobre los siguientes supuestos:

1º En España se está escribiendo, deliberadamente, un teatro cuyo estreno es imposible, ya sea por razones privadas (empresas) o de tipo oficial.

2º Los autores del teatro imposible pretenden con ello atraer sobre su trabajo la atención de determinados círculos; pues no es de suponer que se trate, sencillamente, de autores-suicidas.

3º El último objetivo de estas posturas puede ser el lanzamiento de ese teatro en el extranjero.

4º Estas posturas "imposibilistas" son dolorosamente estériles.

5º Es preciso hacer un teatro posible en España, aunque para ello sea preciso realizar ciertos sacrificios que se derivan de la necesidad de acomodarse de algún modo a la estructura de las dificultades que se oponen a nuestro trabajo.

La segunda actitud está montada sobre las siguientes tesis:

1º La vida del teatro español se rige por un pacto de intereses establecidos.

2º Sólo suscribiendo este pacto es posible la acción profesional, en la que reside toda eficacia.

3º El rechazo del pacto conduce irremediablemente a la inoperancia social, a la esterilidad.

4º Una vez suscrito tal pacto es posible la traición a sus cláusulas y, en suma, la acción progresiva.

Deseo que mi breve exposición de esta doctrina haya sido correcta. Para la exposición de la primera actitud, me baso en el contenido de un coloquio al que asistieron numerosos directores de teatros universitarios de toda España; coloquio en el que Buero Vallejo expresó su teoría del "imposibilismo". Para la actitud partidaria de la suscripción del pacto, he utilizado, las publicaciones sobre este tema de Alfonso Paso.

Como se verá, no se trata, ni mucho menos, de dos actitudes idénticas. La primera actitud puede, lógicamente, desembocar en la segunda; pero no creo que sea así en el caso de Buero Vallejo. La segunda, sin embargo, sí está montada sobre la primera, y es de suponer que Paso suscribe, en su totalidad, la crítica del "imposibilismo".

No sé si en la intención de estos compañeros de letras nos encontramos, yo y mis intentos dramáticos, cerca del objeto –ya que no alojados en él– de estas críticas y de estas reclamaciones de *eficacia.*

Por lo cual, sin proponer (¿con qué razones hacerlo?) que mi trabajo dramático haya tenido alguna eficacia, ni discutir la de los trabajos ajenos, lo que estaría fuera de lugar, quiero establecer las bases de una crítica objetiva de estas actitudes en las que veo determinados vicios de forma, ya que no lo que en el lenguaje sartriano se señalaría como una forma de "mauvaise foi", o, en otras palabras, la coartada de un larvado conformismo.

Como se trata de decir pocas cosas, pero con alguna precisión, escribiré mis proposiciones y dejaré suspendido el "juicio final": suspendido pero al alcance, a la mano del lector. Sea la lectura, una vez más, una actividad creadora en algún aspecto.

Estas son mis propuestas.

A la primera posición:

El concepto de "imposibilismo" –y en consecuencia su opuesto– no es válido. No hay un teatro "imposible", en la medida en que no existen criterios de certeza de su imposibilidad: el aparato de control es contradictorio y su acción es imprevisible; además las empresas están evolucionando y hoy es normal que estrenen lo que hace unos años rechazaban. Hay, eso sí, un teatro momentáneamente "imposibilitado". Todo teatro debe ser considerado posible hasta que sea imposibilitado; y toda "imposibilitación" debe ser acogida por nosotros como una sorpresa. De ningún modo podemos contar para nuestro trabajo con ese interlocutor, y de un modo especial por dos razones: porque contar con él significa aceptarlo, normalizar su existencia, y porque ese interlocutor es fantasmagórico, invertebrado. Aún aceptando que el proceso teatral está condicionado por muchas circunstancias, sobre todo de índole económica, y que es preciso considerar estos supuestos y contar con ellos digo que no podemos –aparte de que debamos o no– contar con *ese* factor por la sencilla razón de que es un factor sin estructura (lo que puede conducir a sacrificios inútiles: contábamos con que ahí había una barrera y *no había nada*, etc).

Si la tuviera, sí deberíamos contar con él, aunque no para acomodarnos a sus intersticios en nuestro intento de penetración social. Es posible recordar que el progreso no se consigue por acomodación, sino dialécticamente, por contradicción, por oposición de los contrarios.

Independientemente de esto, ¿será preciso decir que el escritor obedece a unos fuertes imperativos, que son los agentes cristalizadores de su obra? Estos imperativos son más fuertes, en los escritores auténticos, que todas las consideraciones tácticas. Gracias a ello, el arte no es una realidad estancada: tiene historia. Y esto es así gracias a los creadores de un arte difícil o, si se quiere, "imposible". O'Neill hizo un teatro "imposible"; el teatro posible eran las comedias musicales de Broadway. *El Greco* o Van Gogh hicieron una pintura "imposible"; como Picasso. Kafka hizo una literatura "imposible", y ahí está su legado fecundador, su presencia entre nosotros. ¿Volvemos al teatro? ¿Qué es Pirandello? Sus "Seis personajes", ¿no era una obra "imposible" en aquel momento de la escena italiana? El teatro épico de Brecht, ¿no era "imposible" en un ambiente en que el teatro dramático era la única posibilidad abierta? Hasta que Brecht lo "posibilitó", lo hizo posible con su lucha. Como Miller y Sartre han "posibilitado" su teatro frente a todo lo "posible": el drama domesticado, la comedia ligera, el teatro de bulevar. ¿Hablaremos de Samuel Beckett? ¿Para qué más? ¿Y no son éstos mejores maestros para nosotros que los predicadores de tácticas y acomodaciones, aparte la señalada dificultad de adoptar una táctica frente a un interlocutor cuya consistencia es, digamos, "gaseosa"? A la segunda posición, trataré de responder tesis por tesis:

1º Suscribo la propuesta en primer lugar.

2º Es posible actuar profesionalmente sin suscribir el pacto. Lo que no es posible sin esa aceptación de sus cláusulas, es alojarse cómodamente en la profesionalidad: estrenar todos los años una o varias veces, etc. Aparte de esto, la eficacia no reside tan sólo en la llamada acción profesional. Se puede trabajar también desde fuera –teatros universitarios y de cámara– lo cual es (eso sí) incómodo y poco productivo en el orden económico: hay que trabajar mucho más para conseguir lo mismo y se gana mucho menos.

3º No. A la lucha. A la preparación de un mundo mejor; al progreso de la sociedad y del teatro.

4º Lo dudo.

Esta es, expresada con la mayor limpieza, mi postura; la misma que, hace diez años, me hizo saludar con alegría –véase "La Hora" de aquel tiempo; véase "Il dramma", revista de la que era corresponsal en Madrid– el estreno de "Historia de una escalera": una obra "imposible".

ANTONIO BUERO VALLEJO, "OBLIGADA PRECISION ACERCA DEL IMPOSIBILISMO", *PRIMER ACTO* (agosto, 1960)

Bajo el título de "Teatro imposible y pacto social", mi compañero Alfonso Sastre critica en el número anterior de esta revista dos actitudes que considera emparentadas, mantenidas ante el teatro en España y sus posibilidades por Alfonso Paso y por mí. La respuesta a las objeciones que formula a Paso compete a éste, si desea hacerlo; yo me limitaré a responder a las que me atañen directamente y en la medida justa en que me atañen a mí solo, aunque en parte se destinen también a Paso.

Antes de continuar, me importa dejar establecidos ante el lector un hecho y una diferencia. El hecho es el siguiente: durante mis once años de vida teatral, *nunca* me he ocupado expresamente de mi compañero Sastre para someterle en la prensa a crítica alguna. La diferencia es la siguiente: con cita expresa de mi nombre, Sastre publica una crítica –cuya gravedad intentaré demostrar–, y no es la primera vez, según veremos, que me critica desde la prensa abiertamente.

El y yo habremos comentado en privado, naturalmente, los que se nos antojasen posibles defectos del otro, y también hemos publicado –él con la feliz frecuencia a que su pluma nos tiene acostumbrados; yo de tarde en tarde– generalidades teatrales que, por el simple hecho de diferir, podrían entenderse a veces como objeciones indirectas del uno al otro. También los dos nos hemos dedicado, en ocasiones, algún elogio impreso. En el mismo artículo que comento se elogia –y se lo agradezco vivamente– *uno* de mis dramas: el primero que estrené y cuya exclusiva cita en ese artículo es seguro que más de un lector habrá entendido como piadoso silencio del resto de mi labor, deplorablemente imposible de citar a favor de las tesis que él levanta frente a las mías. Todo esto habremos hecho los dos de parecida forma: hablar en privado, generalizar y elogiar en público. Pero yo, hasta ahora, nunca una censura expresa. Y él, sí.

El lector enjuiciará esta diferencia según le parezca. Personalmente considero que censuras públicas –y graves– entre compañeros de objetivos similares o básicamente iguales, son un gran error que fomenta la desunión y la debilidad en la tarea común y causan de paso malsanos rencores y regocijos. Se me podrá decir que se trata de la libre lucha de las ideas y que en otros países suele hacerse. A ello respondería que en ningún país me parece actitud personal demasiado limpia y que, en todo caso, las condiciones en que se desenvuelve el pensamiento no son las mismas en todos los países.

Mi primera intención fue, por todo ello, la de no contestar al artículo de Sastre. Pero mi silencio no dejaría de entenderse como tácita aceptación de su crítica, y hay ocasiones en las que no se puede dejar de contestar. La respuesta era obligada y aquí está. Pero con ella va mi constancia de que yo no he iniciado esto –ni lo voy a continuar–; y la expresa declaración de que se trata de una respuesta obligada y hecha a disgusto.

Para advertir el verdadero alcance del artículo de Sastre, creo conveniente reproducir tres de sus párrafos. Las bastardillas, así como las de otras citas que incluiré después, son mías.

1º "Quiero tratar aquí de dos actitudes ante el Teatro español y su progreso. *Las vengo observando desde hace tiempo*".

2º "...quiero establecer las bases de una crítica objetiva de esas actitudes en las que veo determinados vicios de forma, *ya que no lo que en el lenguaje sartriano se señalaría como una forma de "mauvaise foi", o, en otras palabras, la coartada de un larvado conformismo*".

3º "¿Y no son estos (diversos creadores citados) mejores maestros para nosotros que los *predicadores de tácticas y acomodaciones...?*"

Transcribo la primera cita por la razón siguiente: su segunda frase podría sugerir a más de un lector la idea de que, si bien el primero en censurar expresamente al otro ha sido Sastre y no yo, ello podría deberse a la resolución de hablar claro que se ve forzado a adoptar un escritor pasivamente importunado por la continuidad de una campaña insidiosa disfrazada de actitud teórica. En previsión de ello me importa aclarar que, a mi vez, "vengo observando desde hace tiempo" en Sastre y en devotos amigos suyos una actitud –no sólo privada, sino reflejada en diversas publicaciones– tendente a considerar en diversas publicaciones– tendente a considerar mi labor teatral, en general o en su mayor parte, como insuficientemente positiva y contaminada por el contrario de conformismo y acomodación, aunque admitiendo siempre que no se debe dejar de tener en cuenta. Y lo vengo observando desde hace bastante más tiempo: como que ni siquiera había estrenado Alfonso por entonces su "Escuadra hacia la muerte". El lector puede consultar el número de "Correo Literario" correspondiente al 15 de agosto de 1951, donde advertí por primera vez con sorpresa –ignoro si se me escaparon otras– que la actitud de mi compañero hacia mi teatro ya no era tan abierta como sus comentarios a mi primer estreno –no plenamente elogiosos, pero abiertos– me habían hecho suponer. Dándome por lo visto patente de autor ya maduro y formado– ¿o deformado?–, Sastre me colocaba en aquel número junto a Calvo Sotelo, López Rubio y Pemán, y nos sometía a los cuatro a una sola pregunta: si nuestro teatro tenía alguna intención social determinada. Salvo una, las respuestas fueron bastante matizadas y podían entenderse como afirmativas; la mía lo fue, si bien rechazando aquel calificativo de "determinado" que, o no significaba nada, o podía significar demasiado. Pero Alfonso nos envolvió a todos en el mismo reproche por nuestra "respuesta negativa", interpretando lo declarado como si hubiésemos dicho y, en general, no dijimos. Recordará él que días después nos encotramos y que, ante mi queja, ratificó su criterio de que mi teatro –respondo del sentido, no de las palabras– no estaba a la altura de las circunstancias. ¿Quiere saber el curioso lector las obras que en esa fecha había yo estrenado? Si descontamos el apunte en un acto titulado "Las palabras en la arena", *dos:* "Historia de una escalera" y "En la ardiente oscuridad". Ante esas dos obras, la primera de las cuales elogió en su momento y citaría en posteriores años alguna que otra vez, como también haría con la segunda, montó ya su tesis de la insuficiencia o conformismo de mi teatro; tesis que "vengo observando desde hace tiempo", según el lector acaba de ver.

Que sea desde hace más tiempo que el de su "observación"– y también con mucha mayor densidad y difusión, pues yo no he podido, o querido, rodearme de incondicionales que también escriben y Sastre, en cambio, por un comprensible fenómeno generacional de la juventud que entonces despertaba, ha sido fervorosamente seguido durante unos años en los ambientes universitarios que compartió– puede ser cuestión baladí; pero no está mal aclararlo porque así su decisión de criticarme públicamente, tomada ya en aquellas fechas y confirmada en las actuales no puede entenderse como consecuencia pública posterior a observaciones privadas mías, y se explica tal vez mejor como la continuidad de una terca minusvaloración, o valoración exacta, no lo discuto, pero terca, de mi teatro desde su comienzo, si bien matizada alguna vez con el magnánimo reconocimiento de que es el que más le interesa en España... después del suyo.

Podría decirse que yo llevo mi réplica a terrenos personales y que Sastre ha advertido en su artículo que no discutía el teatro ajeno, sino posturas teóricas ajenas. La segunda cita es justamente necesaria para demostrar lo contrario. Es evidente que si Sastre no hubiera querido insunuar que lo que él llama mi concepto de "imposibilismo" podía no ser otra cosa que "la coartada de un larvado conformismo", se habría abstenido cuidadosamente de escribir tal párrafo. Y es evidente que esa insinuación no se limita a mi postura teórica, pues una postura teórica que en la práctica profsional no se tradujese en conformismos más o menos larvados sería, por lo menos, de dudosa crítica y escasamente merecería la pena de comentarse. *La crítica de Sastre apunta a la obra y no sólo a las opiniones,* confirmando de paso la terca actitud a que antes me he referido; crítica a la obra como paralelo inevitable de tales opiniones, y a las opiniones como consecuencia –"coartada"– inevitable de tal obra. Envuelve, en suma, un grave reproche a la conducta profesional que de ningún modo debo dejar pasar ya sin comentario, y que me fuerza a mi vez, para rebatirlo, a examinar aquí algunos aspectos de su obra y no sólo de sus opiniones. No provoco, pues, cuestión personal alguna: me muevo, pero con mayor claridad, en el terreno que él mismo ha elegido.

La tercera cita se justifica ya casi sola. Inclinada la lógica del lector a establecer un nexo entre prédica y obra mediante la anterior, la tercera completará en su ánimo el sentido indebidamente "táctico" y "acomodaticio" de mi profesionalidad, y desaconsejará implícitamente de paso como falaz y peligroso cualquier posible magisterio que no sea el de algunos grandes creadores que nombra... y el suyo.

A todo ello, eso sí, se le pretende dar en el artículo que comento forma de exposición y crítica objetiva de mis conceptos de "imposibilismo" y "posibilismo" según él los entiende. Y dice que mi posición –no mal resumida, pero tampoco bien– aconseja, entre otras cosas, "hacer un teatro posible en España, aunque para ello sea preciso realizar ciertos sacrificios que se derivan de la necesidad de *acomodarse* de algún modo a la estructura de las dificultades que se oponen a nuestro trabajo". Ruego al lector que me disculpe si, para recordarle con exactitud los argumentos que Alfonso opone a la versión que da de mi postura, me permito transcribir un largo fragmento de su artículo:

"El concepto de "imposibilismo" –y en consecuencia su opuesto– no es válido. No hay teatro "imposible", en la medida en que no existen criterios de certeza de su imposibilidad: el aparato de control es contradictorio y su acción imprevisible; además, las empresas están evolucionando y hoy es normal que estrenen lo que hace unos años rechazaban. Hay, eso sí un teatro momentáneamente "imposibilitado". *Todo* teatro debe ser considerado posible hasta que sea imposibilitado; y *toda* "imposibilitación" debe ser acogida *como una sorpresa.* De ningún modo podemos contar para nuestro trabajo con ese interlocutor, y de un modo especial por dos razones: porque contar con él significa aceptarlo, normalizar su existencia, y porque ese interlocutor es fantasmagórico, invertebrado. Aún aceptando que el proceso teatral está condicionado por *muchas* circunstancias, sobre todo de índole económica, y que es preciso considerar estos supuestos y contar con ellos, digo que no podemos –aparte de que debamos o no– contar con *ese* factor por la sencilla razón de que es un factor sin estructura (lo que puede conducir a sacrificios inútiles: contábamos con que ahí había una barrera y *no había nada*, etc.)." (Las tres últimas bastardillas son de Sastre).

"Si la tuviera, sí deberíamos contar con él, aunque no para *acomodarnos* a sus intersticios en nuestro intento de penetración social. Es posible recordar que el proceso no se consigue por *acomodación*, sino dialécticamente, por contradicción, por oposición de los contrarios".

O yo no sé leer, o lo que Sastre afirma es que hay que escribir con absoluta libertad interior, pues considera en principio posible *todo teatro.* O se me ha olvidado pensar, o nos dice que, aún teniendo que contar con otras trabas –para lo cual, por lo leído, se le olvida *que son similarmente imprevisibles*– hay *una* con la que no se puede contar, aparte de que no se deba, porque es imprevisible. Finalmente, el sentido de toda esa logomaquia pretende ser dialéctico.

Procurando moverse siempre en el terreno que él mismo elige, no tengo más remedio que objetar el largo fragmento transcrito como uno de los ejemplos más rotundos que puedan encontrarse de un pensamiento antidialéctico. En primer lugar, la falta de criterios de certeza para la previsión, obra igualmente *para la imprevisión:* no nos autoriza a que no intentemos prever nada. La falta de estructura en la función fiscalizadora no se traduce en una ignorancia absoluta de sus cambiantes criterios, sino en un conocimiento relativo, sujeto a error y a variación temporal, de posibilidades e imposibilidades; conocimiento que, para ciertas imposibilidades; adquiere un grado de probabilidad equiparable con la certeza. Y ni Sastre ni nadie que quiera difundir su palabra en el *ahora* y el *aquí* ademas de querer difundirla –como todos queremos también– en un impreciso mañana o en un extranjero igualmente impreciso, deja de tenerlo presente. Hay temas, conceptos, expresiones, protestas, nombres, que, o no se rozan, o se rozan de cierto modo; pero no con la independencia de criterio y la decisión expresiva que comportaría una absoluta libertad interior. Se trata de un fenómeno de condicionamiento de la literatura por su ambiente y su tiempo que tampoco falta en los países donde la reacción de lo literario sobre el ambiente es más activa y creadora; es incluso una de las causas *normales* de los estilos literarios de cada tiempo y lugar. Cuando Alfonso, en nuestro tiempo y lugar, afirma que se debe escribir con absoluta libertad interior y nos conduce a pensar que es lo que él hace, formula un aserto no ya increíble, sino imposible. Pues que me dedica una expresión sartriana, le recordaré lo que el mismo Sartre nos ha enseñado del escritor: que está "en situación" ante su sociedad. Por imprevisibles o variables que sean los condicionamientos que ésta intenta imponerle, el escritor se forma –y debe formarse– en cada momento una imagen de ellos; una presunción que sabe sujeta a error, pero que no puede dejar de hacer, como no podría dejar de hacer sus presunciones un general que ignorase la posición y movimientos del otro ejército. Y como un general que, aquejado de esa ignorancia, decidiese avanzar siempre en línea recta, un escritor que decide escribir con absoluta libertad interior en un concepto abstracto y mecánico: no dialéctico. Por él se lleva a lo absoluto uno de los términos del problema –la imprevisibilidad– para abstraer de la realidad, llevándolo igualmente a lo absoluto, el otro: la creación. En la realidad –en *toda* realidad– el escritor vive, por el contrario, su "situación" a fondo; forcejea con su ambiente, calcula, y se equivoca o acierta; se arriesga a que su palabra pueda no ser dada o entendida, pero no *temerariamente,* porque quiere actuar sobre las circunstancias que vive, aún en el caso de que crea desdeñarlas. Un sencillo ejemplo de que mi compañero no deja de contar con tales realidades para facilitar la difusión de su palabra nos lo proporciona la misma cita donde lo niega, y donde, en lugar de llamar a las cosas por su nombre, las llama "aparato de control".

Mi posición acerca del "imposibilismo" puede ahora precisarse mejor. Es posible que Sastre no captase del todo en la reunión a que alude, pues por diversas razones –algunas de ellas bastante generosa– no pase entonces de un esbozo esquemático de la cuestión. Cuando yo critico el "imposibilismo" y recomiendo la posibilitación, no predico acomodaciones; propugno la necesidad de un teatro difícil y resuelto a expresarse con la mayor holgura, pero que no sólo debe escribirse, sino estrenarse. Un teatro, pues, "en situación"; lo más arriesgado posible, pero no temerario. Recomiendo, en suma, y a sabiendas de que muchas veces no se logrará, hacer posible un teatro "imposible". Llamo, por consiguiente, "imposibilismo" a la actitud que se coloca, mecánica y antidialécticamente, "fuera de situación"; la actitud que busca hacer aún más imposible a un teatro "imposible" con temerarias elecciones de tema o expresión, con declaraciones provocadoras, con reclamos inquietantes y abundantes, y que puede llegar tristemente aún más lejos en su divorcio de la dialéctica de lo real: a hacer imposible un teatro... posible.

Censuro sobre todo al "imposibilismo" no por lo que, frente a presuntas acomodaciones o tácticas, pudiera tener de falta de táctica; eso tendría nobleza aunque fuese una actitud abstracta y estéril ante la realidad concreta. Lo censuro sobre todo por lo que, justamente, puede tener de *táctica.* Puede ser táctico cuando en la práctica profesional *sólo es aparente y no real,* mientras se insiste en él teóricamente de una manera que nos traiga, tal vez, otras ventajas. Un escritor puede, por ejemplo, poner juntos con insistencia el hecho de que varias de sus obras no han podido darse a conocer, con el hecho de su defensa de una labor enemiga de toda contemporarización, y dejar que el lector llegue a la falsa síntesis de que es *una sola causa* la que mantiene ignoradas todas esas obras, cuando la realidad es, por ejemplo, que además de *esa* causa en algunos casos, en otros obró una temerosa previsión en el mismo sentido, provocada de antemano, y que la posterior difusión de la obra no confirma, y en otros, causas normales en cualquier época. Pero estas diferencias no se aclaran, y el número de las obras "valientes" crece en la presunción del lector ingenuo, dentro o fuera de las fronteras. Estas cosas, junto a más claras quejas que se propagan en privado, son tácticas con independencia de su intención sea táctica o, cosa posible también, procedan de una insuperable seguridad en la verdad propia a prueba de contradicciones. Las intenciones, conste, no las discuto: señalo tan sólo el carácter objetivo de los hechos.

"Bien —imagino que podría decir Alfonso, o algún decidido defensor de Alfonso—: quizá hubo exceso al afirmar que no debemos tener en cuenta en absoluto a determinado factor obstaculizante. Pero ya se ha dicho, y Buero lo reproduce, que, de contar con él, no sería para acomodarnos, sino para reaccionar dialécticamente por contradicción. Los reproches siguen en pie: todo lo que para Buero es "estar en situación" disfraza acomodaciones, y lo que llama "imposibilismo" es justamente la verdadera forma de estar en situación, pero por clara contradicción dialéctica, inconfundible con acomodación alguna".

Agradezco a Sastre la lección del párrafo a que aludo. Pero creo que también en él su pensamiento, pese a sus pretensiones dialécticas, incurre en deplorable simplificación. Porque, si bien en los grandes planos históricos y sociales, la oposición dialéctica de los contrarios es ostensible, en cuanto pasamos a otras estructuras históricas y a la compleja correlación de datos que dentro de ellas y en cada caso concreto (un autor, una obra) juegan, la dialéctica de sus contradicciones no pasa a menudo de manifestarse en forma de leves y sutiles divergencias muy difíciles de distinguir en ocasiones de una acomodación. Si vale un ejemplo político —otra estructura—, "se puede recordar" que en ese terreno las grandes contradicciones históricas llegan a jugar a veces hasta bajo la forma de compromisos entre fuerzas no afines. Y Sastre y yo sabemos bien que, hace unos años, el sólo intento de conferir a nuestra escena verdadera dimensión trágica, fuese cual fuese el tema de la obra, en una oposición dialéctica, pero confundible para algunos con la acomodación. Es más: dado el carácter "situado" de la contradicción dialéctica de un artista con su sociedad y lo oscuro que puede ser todo actuar en ciertas condiciones, es fácil equivocarse: llega a efectivas acomodaciones cuando creemos desarrollar sutiles divergencias dialécticas. De hombres es errar, y no diré yo que no me haya ocurrido a mi más de una vez. Pero si eso le ocurre a un escritor que defiende lo que yo llamo el "imposibilismo" como única forma de oposición dialéctica, inconfundible con la acomodación, cae en una contradicción injustificable e irreductible.

Sastre sabe que algunas de las obras que ha estrenado han pasado por acomodaciones, y eso que, en parte, se las había ambientado como "imposibles" en la opinión general, antes de estrenarse. No soy el primero en comentar el hecho: Haro Tecglen, en un estudio dedicado a Alfonso en esta misma revista, definía agudamente los aspectos de sus obras que habían dado ocasión a tal cosa en "La sangre de Dios". "El pan de todos", "El Cuervo" e incluso "La Mordaza" y "Escuadra". (*Primer Acto,* núm. 6). Publicada después "Ana Kleiber", esa historia de amor en cuyo final el propio Sastre —que figura en la obra— invoca para consolar al refugio nazi la resurrección de la carne, se evidencia como drama igualmente "posible". Algunos de los que guarde en su cajón serán, sin duda, "imposibles"; por otra parte, no discuto la legitimidad ni la sinceridad de los diversos órdenes de ideas que informan a las obras que se acaban de citar; admito incluso que Sastre las considere como oposiciones dialécticas —si bien sutiles—; pero la adecuación de algunos de sus principales sentidos a las formas de pensamiento vigentes en España deja oscura la cuestión de hasta qué punto son contradicciones o acomodaciones. Que él mismo reconoce lo ocurrido y admite en la práctica de su profesión *dos géneros* por lo menos de obras, puede comprobarse en sus propias declaraciones, hechas algo después del estreno en Barcelona de "La sangre de Dios":

"Sigo siendo el mismo que escribió —con José María de Quinto— el "Manifiesto del Teatro de Agitación Social". Lo digo porque me ha parecido observar que algunos simpatizantes con aquel Manifiesto se hallan algo defraudados por la dimensión social de mi teatro posterior. Hay quien esperaba más fuerza, más vigor, más ímpetu revolucionario, *más inconformismo*, en mi teatro. A éstos les pido paciencia y confianza. *Sólo una pequeñísima parte del teatro que escribo llega a los espectadores". (España,* de Tánger, 21-8-55).

Bien: sólo una pequeña parte. Pero ¿es que esa pequeña parte obedecía en menor grado a su tajante inconformismo teórico? Parece reconocerlo así; de lo contrario, en vez de referirse una vez más, como suele, a las obras no estrenadas, habría defendido como no menos vigorosas e inconformistas a las estrenadas. Que, en la práctica, admitía y buscaba "posibilitaciones" contradiciendo su tesis, lo demuestra en la misma entrevista cuando dice:

"La Mordaza tiene muchas cosas dentro. No tiene nada que ver con el crimen de Lurs, y sí mucho con determinadas situaciones sociales. *Sin embargo, no es esta especie de "cripto-drama" lo que quiero hacer".* No: ya sabemos que su posición teórica se lo veda. Pero entonces, ¿por qué lo hace?

Quede bien claro que, al referirme a diversas obras suyas, para nada entro en el problema de su calidad. Las cito tan sólo como ejemplos de la contradicción –bien poco dialéctica– que se crea entre lo que dice y lo que hace.

Esto de ir poniendo los puntos de la dialéctica sobre las íes de la abstracción le irá pareciendo ya cansado al lector, pero no puedo dejar de indicar, aunque sea de pasada, que la decisión absoluta de un arte "imposible" que Alfonso atribuye a la deslumbrante colección de creadores que cita, tampoco responde a la realidad; y que, en gran parte de estos ejemplos –muy diversos– encontramos variados grados de dificultad y de oposición a su ambiente así como coerciones sociales cualitativamene diferentes de las que aquí glosamos.

La propensión dogmatizante que yo veo en el pensamiento de Sastre le ha llevado frecuentemente, a mi juicio, a afirmaciones tan rotundas y faltas de matiz como las de su último artículo, que le obligaron a contradecirse. Pero esto no suele advertirlo el lector poco atento o poco crítico, que sólo guarda la impresión de la seguridad con que se expresa y, a través de ella, una presunción de entereza y firmeza de principios que contrasta con las supuestas vacilaciones y la insuficiencia de los demás.

En "Drama y Sociedad", en entrevistas, Alfonso ha definido el sentido de lo trágico como exponente de una situación existencial "cerrada". Había criticado ya (en *Revista Española*) a quienes, no estimándolo así, combatíamos la repulsa de la sociedad hacia lo trágico negando el carácter cerrado y pesimista que ésta suele imputarle y afirmando frente a ella un sentido final abierto e incluso "optimista" y errónea. No sé si al tiempo, o luego, se encontró con que "felicidad" y "optimismo" eran términos que O'Neill y Miller habían aplicado, respectivamente, a la tragedia, y aunque a estos autores siempre los considerá como batalladores tuvo, naturalmente, que objetarlos también al respecto ("Drama y Sociedad"), ya que incluía antes en el mismo libro aquella primera crítica "al optimismo" trágico. Podría haber recordado asimismo –para objetarla también– la "Tragedia Optimista", de Vishñevsky... Conviene advertir que, cuando precisa sus conceptos de la tragedia en el libro citado, Alfonso admite tragedias "abiertas". Pero, según la sorprendente terminología que propone, éstas sólo son las de "segundo" y "primer grado", que es como él llamaría a lo que en el lenguaje habitual decimos "drama" –que sería una tragedia de segundo grado, según él, por estar abierta a alguna esperanza– y "comedia dramática" –que sería tragedia de primer grado por alcanzar solución. Conceptos estos muy aproximativos e inseguros, según el mismo avisa; y tal vez por eso entiende por "tragedia" cuando incide en el lenguaje habitual a la de "tercer grado" sobre todo, lo que nos lleva a suponer que, dentro del mismo lenguaje, tendría que llamar "comedia dramática" a "Las Euménides" o relegarla al mediocre papel de incipiente tragedia de "primer grado"... Pero esto es lo de menos. Lo esencial es su definición "cerrada" de lo trágico –"tragedia" a secas, según el lenguaje habitual, o de "tercer grado", según el que él aventura sin mucha insistencia– frente a quien cometió la osadía de considerarlo "abierto" a la esperanza e incluso a soluciones; hasta que él mismo comprendió que la tragedia en general –pues no especifica grados– debía ser, por revolucionaria e investigadora, "abiertas" *(Primer Acto,* núm. 5). Con tal de decirlo a su modo y no al modo de quienes lo dijeran antes que él, se consideró probablemente a salvo de inconsecuencias. Alfonso ha censurado el uso de ciertos mitos antiguos en la escena actual (entradilla al programa de "La muerte de Ofelia", de Martí Zaro): no hacía mucho que, casualmente, yo había estrenado una "Penélope" en el Español. Luego él ha dramatizado el sacrificio de Abraham, pero imagino que siempre podrá esgrimir distingos que justifiquen en su caso lo que no justifica en los ajenos. Finalmente, y llegando al colmo de la contradicción, Alfonso aboga en su último artículo por un teatro unívocamente inconformista y escrito de espaldas a toda consideración táctica ante el "aparato de control", *después* de estrenar o publicar obras equívocas al respecto y de haber reconocido que escribía dramas crípticos. Pero él no se arredra por tales perplejidades: siempre encuentra alguna justificación, probablemente sincera. Véase lo que dice en el ya citado núm. 5 de *Primer Acto* tras referirse de nuevo a los dramas no estrenados y de unificar bajo un mismo signo social la mayor parte de su producción, "cripto-drama" incluido.

"Quedan fuera de estas consideraciones generales tres de mis obras..." Las nombra, las describe, y como justificación de la última, que son variantes podría valer para las otras dos, se las ingenia para darle, pese a todo, carácter inconformista:

"La tercera (es), un intento de teatro abstracto, desocupado de valores psicológicos, morales, sociales y políticos. "El Cuervo" es, en este sentido, una pieza-testigo, una forma casi alucinante de protesta, como un grito en la noche".

Así es cómo se absuelve ampliamente el severo portavoz del teatro social cuando escribe obras desocupadas, entre otros, de valores sociales. Su rigor lo reserva para los demás cuando hacen lo mismo; incluso cuando no llegan tan lejos.

En resumen: Sastre ha pretendido siempre, desde sus posiciones teóricas, pasar por el portaestandarte de la revolución teatral en España. Pero el carácter abstracto y antidialéctico de su tesis configura más bien, a mi juicio, un "extremismo". O sea: lo que parece revolucionario y no lo es, o todavía no lo es. Lo que parece fecundo y resulta estéril, o contraproducente. La contradicción que sufre entre teoría y práctica puede, sin embargo, paradójicamente, salvarle. Objetivamente, la posible condición removedora de su teatro no se discute aquí. Sólo se sugiere que, de cumplir su teatro esa función, habrá sido, o será, pese a su "extremismo" teórico: no a causa de él.

En la lucha por "el Teatro español y su progreso" nadie está a salvo de equivocaciones. En nuestras declaraciones e intentos teóricos habremos incurrido de seguro todos, y no sólo Alfonso, en contradicciones e inconsecuencias. Esa es justamente una de las razones por las que uno procura no alardear demasiado ni criticar a los compañeros desde la prensa. Pero la defensa cuando alguno de ellos nos critica tiene, por lo menos, la excusa de no haber tomado la iniciativa. Por mi parte, insisto en considerar negativa toda oposición polémica entre Sastre y yo. Podría decir muchas otras cosas, pero ya me pesan demasiado estas cuartillas, cuya extensión ruego al lector que me disculpe, procurando comprender que no responden escuetamente al artículo de Sastre, sino además, aunque sólo en parte, a la larga cadena de antecedentes que en él, por el momento, acaba, y frente a los que, durante años, sólo he contestado con el silencio. Pero con lo dicho me basta para precisar la cuestión según yo la entiendo y no deseo entrar en más pormenores. El ha empezado; yo *he terminado* incluso aunque él no considere terminadas las aclaraciones y quiera responder aún a estas líneas. Yo, en su caso, no lo haría; pero si insiste en reanudar lo que yo estimo un error grave, no le seguiré más en el error, diga lo que diga. Le concedo, pues, de antemano la ventaja de decir la última palabra. En cuanto a mí, doy el asunto por concluido; y, por supuesto, amistosamente.

ALFONSO SASTRE, "A MODO DE RESPUESTA", *PRIMER ACTO* (octubre, 1960)

Leído el generoso artículo de Antonio Buero Vallejo, voy a hacer algo parecido a guardar el silencio que él, gentilmente, me recomienda . Por lo que se refiere a la *personalización* del tema, a la que él ha procedido , bastaría recordar la falacia de los argumentos "ad hominem": yo podría ser el hombre contradictorio (y lo demás) que él presenta y mis tesis podrían ser válidas. Pero es que, además, aún aceptando que mi vida procede a través de la superación dialéctica de mis contradicciones, niego que sean tales contradicciones las que Buero presenta como tales en confusión y revoltijo; negación fundada en la certeza de que desaparecerían (las que no desaparecen en la simple lectura del texto de Buero) como contradicciones por el sólo hecho de su presentación organizada, situada, existencial . En el orden objetivo de la cuestión, único que me interesa, agradezco a la sutil crítica de Buero la oportunidad de reiterar el sentido dialéctico de mis posturas. No se trata –opino– de una posición que pudiera significarse como "idealista", desde el momento en que acepto explícitamente la puesta en situación, la asunción de las condiciones sociales y económicas ("es preciso considerar esos supuestos –digo– y contar con ellos"), con la precisión de que, sin embargo, "no podemos contar" en el doble sentido de que "no es posible" –por la razón que queda expuesta– y de que debemos, creo, "extrañarnos" perpetuamente de él, ya que no hacerlo puede significar, como decía en mi artículo, "normalizar su existencia". Se trata, claro, de una extrañeza irónica, dialéctica, a través de la cual podemos crearnos algo parecido a las condiciones deseables para el trabajo literario y ejercer la presión social necesaria para la liberalización progresiva del control. Yo hablaba de una "como sorpresa", y en ello está dicha la ironía de esa extrañeza que propugno y que es un modo de enfrentamiento con algo de cuya existencia no podemos, desgraciadamente, dudar. No se trata, pues, de escribir con "absoluta libertad interior" (palabras con las que Buero Vallejo traduce las mías, y que a mí no me van, pues considero que escribir con "absoluta libertad interior" es lo propio de los escritores-avestruces, entre los que no me encuentro, sino al contrario). Si mis palabras, lo cual admito, han podido entenderse de este modo, queda explicado que postulo una especie de "libertad irónica" al modo de la "ignorancia socrática", que no era tal ignorancia, sino un método dialéctico de investigación. No hay esa libertad, pero hagamos de algún modo como si la hubiera, con lo que podemos llegar a saber en qué medida no la hay y, de esa forma, luchar por conquistarla. Se sobreentiende que este "hacer como si hubiera libertad" está montado sobre un "estar en situación" y no puede ser de otro modo: esta conciencia de la situación opera hasta en el hombre más libertario", que, de no ser un loco o un suicida, no caerá en la aberración de decir que está escribiendo para España si estampa en sus originales literarios palabras groseras destinadas a personalidades públicas, "mueras" o ataques circunstanciados y directos a las instituciones. Si la crítica de Buero a lo que él llama "imposibilismo" iba dirigida a los anarco-libertario-blasfematorios, no tengo que hacer más que suscribirla. Reclamado así el sentido originariamente dialéctico de mi postura , reitero el peligro de que la postura llamada "posibilista" pueda ser el caldo de cultivo en que se desarrollen enmascaradas actitudes conformistas, lo que no es así en el caso de mi ilustre compañero, en el que sigo estimando, a pesar de la penosa consideración que ha hecho de mí mismo como persona moral e intelectual, a un hombre íntegro y lleno de virtudes morales e intelectuales.

NOTA 10

En el libro inédito, *Vida del hombre invisible contada por sí mismo*, dedica Alfonso Sastre un poema al grupo "Bululú".

BULULU

Hagamos un teatro salvaje nos dijimos
y qué hermoso fue ver cómo vosotros descuartizabais
así descuartizabais mi Guillermo Tell
y cómo lo hacíais revivir no sé de qué maneras
y de pronto era un gran puñetazo en plenos ojos del sistema
Fueron momentos de esperanza
esperanza que no he perdido
esperanza por la que aún me bato heroicamente cada día que pasa

NOTA 11

De los "Catorce sonetos *Einauditos* llamados así porque la editorial italiana Einaudi publicó en 1962 un Cancionero antifascista español y la que se armó en España con este motivo", recojo aquí dos muestras.

NINGUN PRESO POLITICO

¿Quién dijo "preso", pronunció
[“amnistía",
señaló "hambre" o declaró "tortura"?
¿Qué turbia maniobra? ¿Cuánta oscura
provocación de la masonería?

Una vez más la azul regiduría,
por la voz del Ministro de Cultura,
denuncia la calumnia y la impostura:
Ni un solo preso en esta patria mía.

Pero si hubiere por ventura alguno,
contad que son comunes sus delitos,
es decir, comunistas, y ninguno,

salvo esos torvos rojos inauditos,
considera sensato ni oportuno
preguntar por canallas y malditos

NUESTRA LIBERTAD

En España tenemos libertades
para decir verdades mas no errores;
no para angustias, sí para primores
(no para errores, sí para verdades).

Por ejemplo decir: " ¡Oh, Franco es
[bello!",
"en España ni presos ni censura",
"alto nivel de vida", "paz", "dulzura".
Si juntáis las palabras soga y cuello

cometéis a la vez errores varios
y os dan con grueso palo; es razonable,
pues si no los perversos dinosaurios

dirían "corrupción", "inhabitable",
"golpes en la barriga y los ovarios",
todo, en fin, lo siniestro y censurable.

Del libro *T.B.O.*

NOTA 12

¿Por qué te presentaste?
(28-29 de diciembre de 1974)

Bella pregunta
caída desde el cielo
o desde las alturas
de un catecismo
de la clandestinidad
con
verdades abstractas
pero además
veamos
la soledad del monstruo del Doctor
[Frankenstein
en un Madrid
aparentemente normal
pero
horrorizado
con
sí hablo de mí
la aparición de mi silueta en una calle
sonido de mis pasos frente a una puerta
timbre de mi voz al teléfono
Pulcramente afeitado
con corbata
un monstruo enteramente
lo comprendo
un monstruo que además trata de dar
[ánimos
estará loco?
no es nada dice
luchando por la calle
16 horas diarias
hasta ver heridos sus pies en una larga
[marcha
de película cojeo dignamente
Oh sí yo pude comprender en mí mismo
la soledad enorme
del monstruo del Doctor Frankenstein
Causa horror a su paso
Llama a una puerta y ahogan un gran grito
para a mí me susurran pasa pasa
escuchan mi voz y tiemblan al teléfono
se oye el continuo estruendo de la gran
[caída
desaparece todo militante
salgo a la calle el monstruo avanza es yo
En efecto me afeité con cuidado
yo el de las barbas patriarcales que dicen
y me puse corbata puro monstruo
me parecía a mí mismo sonriente
andando tantas horas diarias como dije
hasta los inseguros cobijos de la noche
[furtivo
Por estancos y por papelerías
cafés buzones máquinas fotocopiadoras
cabinas telefónicas
agencias de prensa
De pronto mi lugar de dormir aparece
[terrible en los periódicos
cueva de terrorismo
me acogen camaradas antiguos oscuros
[bravos
pero otra detención cierra también aquella
[puerta
tacho en mi libreta las caídas
el círculo se cierra en torno a mí
Esta ciudad es un desierto con tres
[millones de habitantes digo
y continúo lanzando rayos mensajes france
[presse
movilización a todo el mundo
busco refugio base de operaciones
entre el estruendo de las caídas no
va a parar jamás este vendaval destructor?
El monstruo es acogido digo pálidamente
aquí o allá
no llames
no no vengas
déjanos un teléfono
te llamaremos sí
y adelgazaba pidiendo refugio sonriente
No no tengo donde meterme es la verdad
Esperar a los perros
en casa de mi hermano?
Me aparezco de pronto en Autores por
dinero
Siembro el horror por dondequiera voy
[aún
Entra en una embajada
Toma dinero necesitas?
Vete vete
Si aprieta la persecución voy apañado
Rechazo entonces irme al extranjero
pero además cómo me iría?
No hay nadie nadie nadie para mí
Ser exilado
vagar rechazo de un lado para otro
lejos
es abandonado
hacer discursos
nada

contra el terror
es uno más
en Francia
disuelto
dónde
cortado de los míos
en Portugal?
para no volver
el testimonio
aquí
Alfonso Sastre
es alguien
no?
enfrentado al verdugo
mátenme que se vea
muerte de Alfonso Sastre
Bravo
sí
es una salida
a lo cerrado
una salida cerrada pero bueno
aprovecho las circunstancias
yo
siempre hago cosas raras
y
en fin
fui a preguntar por mi señora
en acto militante
Gobierno Militar
la Policía se queda con las ganas
Solidaridad con compañera heroica
con míos y me voy
a la cárcel chin chin entre espadones
no estoy en agujero
inmóvil encogido
y tampoco lejano
Sálvese quien pueda no
Comités
por España discursos
en la Mutualité tampoco yo
otros
yo
aquí
aunque nada más sea
para escribir
esta extraña Balada.

De *Balada de Carabanchel*
y otros poemas celulares

NOTA 13

La primera edición de *La revolución y la crítica de la cultura* (Barcelona: Grijalbo, 1970) dio lugar a una extensa publicación de reseñas polémicas sobre el libro. A algunas de ellas contestó Alfonso Sastre, desde las páginas de *Triunfo*, con el artículo "Sin sede y sin grey" (*Triunfo*, 19 de septiembre 1970).

NOTA 14

CARTA ABIERTA A LOS CRITICOS TEATRALES

D. Alfredo Marquerie, D. José de Juanes, D. Lorenzo López Sancho, D. José Monleón, D. Enrique Llovet, D. Pedro Laín Entralgo y D. Adolfo Prego.

Mis queridos amigos: El, que también lo es mío, y muy verdaderamente cordial, D. Salvador Moreno Zarza, autor de la versión castellana que de la obra "Marat/Sade" de Peter Weiss representa con tanta y merecida fortuna la gran compañía de D. Adolfo Marsillach, hoy en Barcelona y Dios quiera que por muchísimo tiempo, se dirige a mí por no conocer –me dice– otro vehículo mejor que le pudiera abrir camino ante ustedes, a los que no se atreve a dirigirse (sin antes haber sido presentado) de modo espontáneo, ni siquiera por medio de una carta. Hombre más bien tímido y alejado de estos famosos trotes, me pide, y yo con mucho gusto lo hago, que les transmita así del texto de Peter Weiss (del que él se dice, y bien lo creemos, muy enamorado) como del memorable espectáculo, han manifestado ustedes. "Han saludado dichos señores críticos –me puntualiza D. Salvador– este espectáculo teatral como lo que realmente ha sido y es en mi opinión: un redoble en la conciencia del teatro español; redoble que ha de resonar en el futuro cumplidamente, y si no al tiempo". También me dice que está especialmente de acuerdo con D. Enrique Llovet en que dicho Sr. Llovet esté de acuerdo con él mismo, es decir, con lo que él expresó, al parecer en su autocrítica, al considerar esta obra en el contexto de una *depresión* que el teatro ha venido sufriendo durante estos años, y síntesis superior (la tal obra, decimos) del teatro *neodramático*, la forma épica y el absurdo. Hasta aquí todo son felicitaciones para los que él llama, con justicia, "tan ilustres críticos", por parte del bueno de don Salvador Moreno Zarza.

El cual, por lo que me parece, aunque ya no joven, debe abrigar algunos otros proyectos literarios –nunca es tarde, ¡o quizá siempre es demasiado pronto!, para empezar en este áspero oficio–, ya que anda necesitado, dice, de algún consejo u orientación, de algunas opiniones, en fin, que, por lo que se ve, no ha hallado ahora, en las encendidas y muy extensas críticas de tan notables publicistas teatrales, pródigas, sin embargo, en justas observaciones y más que merecidas alabanzas para los restantes óptimos elementos del famoso espectáculo.

"Imagínese –me dice el hombre casi compungido– que dichos señores parecen creer que el autor escribió la obra directamente en lengua castellana, de tal modo en nada se refieren a la existencia de un trabajo literario intermedio, cosa que, por lo que he podido observar, no forma parte de sus corrientes costumbres, ya que siempre dedican algunas palabritas, más o menos, a ese tipo de trabajo: así como *la versión es correcta, expresiva, acertada,* y otras amables apostillas; lo que ni siquiera ha sucedido en esta memorable ocasión". "La cual –sigue diciendo mi comunicante– no es, tampoco a este respecto, una ocasión cualquiera, pues no se trata en verdad de un texto cualquiera, y uno, modestamente, ha tenido que poner en el trabajo, aparte de amor, no poca sensibilidad y conocimiento del oficio para escribir los muchos cientos de versos de que consta, entre los que los hay (me dice don Salvador con ingenuo y paternal orgullo) desde pareados, tercetos y tetrásticos (monorrimos y otros), hasta límpidos versos libres, octosílabos de romancero e incluso más de una seguidilla, etc. En lo que como tan "español" se alaba de este montaje, ¿no se ha advertido este pequeño detalle, vamos, digo yo?" Queridos amigos, yo me limito a reproducir fielmente sus palabras.

"¿Es esta manera –se lamenta, al fin, don Salvador– de ayudar a un novel?" "He pensado –dice después–, al ir cavilando en mi soledad y en el asunto, que quizá dichos honorables señores han encontrado tan malo mi trabajo (desechando la hipótesis, imposible en hombres de tal cultura, de que piensen que la obra está directamente escrita en español) que han querido ayudarme precisamente así: no exponiendo mi desconocido nombre a la vergüenza pública. Pero no me resulta muy buena explicación, pues creo metafísicamente imposible, como en mis escolásticos tiempos se decía, que un tan espléndido espectáculo como el que ellos fervoresamente saludan se haya producido sobre el entramado literario de una detestable versión en lengua castellana. Hágame, pues, el señalado favor, querido don Alfonso, de transmitir esta inquietud mía a tan altos señores, con el ruego de que, a ser posible, ya sea pública o privadamente, me expliquen, si no les sirve de molestia, las razones, sin duda serias y respetables, de su proceder con el sencillo coplero que le habla, el cual halla, en estos sus primeros pasos por las letras, materia de grandes cuidados y zozobras, tales que le conducen al raro pensamiento de si algo se habrá tramado contra su humilde persona en algún recóndito cenáculo de la Corte (cosa imposible de creer, siendo él gente insignificante y no habiéndole guiado en su vida sino la honestidad), o si será achaque de envidias, pensamiento impensable, si así puede decirse, pues es seguro que no puede despertarlas quien, a más de no ser nadie, lleva una ajetreada y muchas veces maltrecha existencia".

Encargo que con mucho gusto les pasa su afectísimo amigo.

(Publicada en el diario "Informaciones"
de Madrid, 31 de octubre 1968).

NOTA 15

Alfonso Sastre estrenaría *La sangre y la ceniza*, ni más ni menos que en 1977. El artículo que sigue tiene el interés de explicarnos cómo se estrenó.

ALFONSO SASTRE, "VOLVER AL TEATRO POR LA PUERTA GRANDE", *EL PAIS* (30 DICIEMBRE 1977)

He vuelto al teatro... de Madrid, con el estreno por el Colectivo *El Búho* de *La sangre y la ceniza*. El teatro de *Madrid* no es *el teatro* aunque otra cosa se piense (o se suponga creyendo no pensar así) por parte de quienes viven aposentados –y yo también lo estaba y me conozco el paño– en Madrid. Entre estos, el centralismo o es una actitud abiertamente interiorizada; pero el caso es que se da incluso en quienes lo reconocen públicamente como una desgracia o como una injusticia.

Este prejuicio centralista, que afecta también a la izquierda más anticentralista en el campo del teatro, tiene su base hoy, cuando ya hay teatro, y hasta excelente teatro), en muchos puntos del territorio español, en otro grave prejuicio que la izquierda tendría que sacudirse: el verdadero teatro sería... *el gran teatro:* el de las salas tradicionales: comerciales y "nacionales" (subvencionadas). Lo demás sería un interesante y hasta importante epifenómeno social a mirar con simpatía e incluso, en ocasiones, con eventual fervor: "caray con esos chavales de Lebrija o con ese grupito de Gijón", etcétera. Entonces, si *el teatro* es lo que se hace en los grandes locales, *il va sans dire* que *no hay teatro* más que en Madrid o en Barcelona, etcétera. Historia conocida, pero es que las cosas ya van por otro lado: ¡atención *al margen!*, podríamos decir.

Limitándose ya el área central (madrileña), el prejuicio –que afecta, como digo, a la crítica de *izquierda*– se plantea en estos términos: hay "teatros"... *y también* alguna "madriguera" o "nido de arte" más o menos simpáticos. Un centralismo *sui generis* asoma también aquí su cabeza: el gran teatro sería el que se hace en los teatros *de postín* y lo otro sería un simpático –o no– y a veces agresivo epifenómeno. Sólo de esta manera puede entender que algunos "progresistas" hayan "saludado" mi vuelta al teatro madrileño en ligeras gacetillas firmadas con iniciales y lamentando que mi reaparición no se haya producido en *un gran teatro.* O sea: *en un teatro propiamente dicho:* en el espacio de *los verdaderos acontecimientos* que merecen la atención de los grandes espacios en las revistas: crítica *grande* para el teatro *grande*... Veo yo ahí una peligrosa interiorización del pensamiento burgués, y, *hélas*, no tengo más remedio que decirlo. Cierto que, durante mi larga "ausencia", he vivido experiencias muy diferentes que las del mundillo teatral madrileño –malamente provincial, por otra parte– y que ello puede influir en que ahora, a mi *vuelta*, vea este mundillo como apoltronado, como inerte. ¡Oh, qué mundillo tan inmóvil!, me digo; y quizá sea injusto en mi apreciación. Alguna vida debe de bullir dentro de esa "inteligentsia" aparentemente repetidora de los mismos clichés de siempre. ¡Ay, ese rum-rum monótono y adormecedor! ¡Qué invitación al sueño reformista! ¿Quizá obedece a una gran estrategia para la que yo soy ciego? (En este panorama es excepcional un artículo como, por ejemplo, el de Angel Fernández Santos en *Diario 16).*

Pero es que, además, quienes ahora se lamentan de que yo no haya vuelto al teatro (... de Madrid) *por la puerta grande,* deben creer (digo yo) que su lamento encierra un contenido radical: "nada ha cambiado, todo sigue igual, ¿lo ven? Este señor se merece una gran compañía, un gran local, unos grandes medios y aparece ahora así, vestido de harapos. *Ergo...*" Y es verdad, que nada ha cambiado: tampoco el atraso, más o menos cosmopolita, de los planteamientos críticos *de izquierda.*

Encuentro, por lo gue a mi caso se refiere, una cierta insinceridad –quiero decir *una insinceridad cierta*– en estos planteamientos, dado que mi ausencia, durante tantísimos años, no ha sido *notada,* digámoslo así, por nadie en los medios de comunicación, por no hablar de las empresas y de los directores. *Por nadie:* tampoco por ellos, los críticos *progresistas.*

El sistema establecido tiene, en fin, toda esa complejidad; y hasta los críticos *pobres* (e "inconformistas") llegan a pensar que un teatro *rico es (ipso facto) mejor* que un teatro pobre, y, por ello, más digno de análisis y consideración. De modo que, cuando se le da un palo, se le da, por lo menos, un palo *gordo.* A tal señor, tal honor.

Me dicen, pues, J. M. y M. B. que he vuelto al teatro (de Madrid) por una puerta chica, cuando la verdad es que *he vuelto* con los camaradas del Buho, *por ninguna puerta:* no las hay *para nosotros...* Pero el caso es que, a pesar de todo, siempre volvemos; que siempre estamos de alguna manera aquí; lo hace pensar que quizá exista alguna razón profunda para que existamos, con nuestra filosofía y con nuestra práctica... Remedando un tanto cómicamente a Antonio Machado, creo que podríamos decir algo como esto a la hora de caracterizar nuestras acciones:

"El teatro de la sombra de hoy –dijo alguien hace bastante tiempo– *es el teatro del alma de mañana".* O sea que...

NOTA 16

El estreno de *Askatasuna* causó en España una dura polémica. Tomo de la revista *Pipirijaina* (Textos, núm. 1, 1974) los siguientes extractos de tal polémica.

Las TV escandinavas pasan una versión de "Askatasuna" una obra sobre la tragedia de Euskadi. Alfonso Paso escribe a propósito del hecho en "El Alcázar": "Por los pagos nórdicos, un escritor español a quien quise y quiero y supongo que querré, se ha asomado a la televisión para pegar siete vivas a la ETA, cuatro más al país vasco libre y para hablar con largueza de la opresión fascista que impera en España y del Régimen de oprobio que los españoles tienen que soportar... Para este mártir nuestro, San Ildefonso de Madrid, que, por cierto, ha percibido ricos ingresos en la Sociedad de Autores, la Policía española tortura, electrocuta, mata e incinera a los héroes del Badajoz libre o de la república de Ciudad Real. Detrás de esta postura hay un insano y siniestro propósito de trabajarse el Nobel; esa especie de detritus de galardones que se concede por motivos políticos a espaldas de los méritos literarios, y que ni tú ni yo tendremos nunca". ("Carta a Rafael" –Rafael García Serrano– A. Paso, "El Alcázar" 21 de febrero).

Treinta y cuatro escritores elevan al Presidente de la Sociedad General de Autores de España una enérgica protesta y una repulsa a la actitud del Sr. Paso *"contraria a unos mínimos planteamientos ético-profesionales".*

El mes de septiembre a raíz del atentado de la Calle del Correo, la policía presenta como implicados en los hechos a varios detenidos, entre ellos a la esposa de Alfonso Sastre, Eva Forest. En el material fotográfico suministrado a la prensa, aparece la vivienda del escritor en la calle Virgen de Nuria, 11. En los pies de foto se comenta: *"en este piso se encontraron tres refugios o cárceles del pueblo en distintos lugares".*

El 28 de septiembre Alfonso Paso ha vuelto a dedicar su colaboración diaria en "El Alcázar", el tema de las detenciones: *"Se ha descubierto, tras un brillante servicio de la policía a una serie de individuos conectados con ETA. Son al parecer comunistas o filocomunistas. Se habla también de que un matrimonio detenido por la policía, figuraba entre los socios fundadores de una sociedad llamada "Avance Cultural, S.A."* (Acusa). En esta sociedad *estaban inscritos al parecer, un buen número de nombres relacionados con el tea-*

tro y el espectáculo. Nada nuevo para mí. Nada nuevo para quien con ojo sagaz contemplase cómo se estaban y aún se están desarrollando las últimas cosas dentro de lo que se ha dado en llamar el arte teatral en España. Al menos cuatro de los nombres que figuran entre los detenidos eran para mí responsables desde hace tiempo, de cientos de actos de subversión. Yo mismo me asombraba de cómo estaban circulando por la calle". Y en otro lugar, pero idéntico contexto, *"Los más calificados energúmenos del marxismo y de la subversión han tenido puestos de honor y se les ha ttatado como a dulces damiselas, mientras los que día a día han ido rumiando la tragedia de su lealtad al Movimiento, se han visto despalazados y han tenido que soportar innumerables humillaciones por parte de los señoritos de la dinamita. Y hora .es ya, pienso, de que el Estado no haga de "chula" de que no alimente a quien le pega".* (A. Paso "El Alcázar", 28 de septiembre).

NOTA 17

Nota a Santiago Carrillo
(25 de diciembre de 1974)

Camarada Santiago
héme ya aquí
fuera de tu partido
qué le vamos a hacer
no he podido más
Soy comunista
Roto el pelo formal
que me unía a vosotros
roto por mí mismo cada vez más extraño
a vuestra línea (¿así se dice?)
Todo mi tremebundo
proceso
ideológico
no podía acabar
así
qué vergüenza
caminar hacia atrás o bien de lado
(a la derecha)
Es la vergüenza íntima
que sienten desde años camaradas
inolvidables
aún hoy en esas filas
gloriosas
en las que el heroísmo
ha sido durante tanto tiempo moneda bien
[corriente
me descubro
ante los miles y miles de camaradas
[muertos
ante los torturados sin haber dicho mú
ni un nombrecito ni un local
ante tantísimos
encarcelados
guerrilleros
clandestinos
camaradas oscuros
y también funcionarios heroicos
cito sin orden ni concierto
Sabed
oh camaradas
lo mucho que os adoro
no digo vuestros nombres
por una elemental precaución
guardo las reglas
Sabedme vuestro
Sabedme camarada
Me voy pero me quedo con vosotros
Soy comunista y hemos de reencontrarnos
os diré de qué forma
probablemente
un día suena un tiro
alguien cae a tu lado
soy yo
O bien un día
trato de alzar una bandera
roja
sobre una barricada
y alguien me ayuda con sus músculos
y miro y eres tú.
Alfonso, dices tú alegremente
y yo te nombro a ti desde el fondo del
[corazón
y nombrándote nombro muchos nombres
y lloramos de risa
y nos morimos de alegría
camarada
a quien yo no abandono
no me abandones tú
marchándome
Pero ahora
me vuelvo a Santiago Carrillo
digo definitivamente adiós.

NOTA 18

Alfonso Sastre, "¿Dónde estoy?" *El País* (24 febrero 1977)

Es una pregunta corriente cuando se sale de una conmoción cerebral o de una terrible pesadilla que se vivió como si fuera una realidad: "¿Dónde estoy?" Al decir esto, recuerdo que no sé qué famoso futbolista, hace unos años, fue conmocionado durante el juego por un golpe, y cuando volvió en sí, se vio en aquel lugar –el campo de fútbol– vestido de aquella manera, y exclamó: "¿Qué hago yo aquí?", expresión de extrañeza, de inteligencia involuntaria, que me recuerda lo que Domingo Dominguín –a quien mucho quería– me dijo en cierta ocasión sobre su retirada de los toros: le extrañaba verse vestido de torero. ¿Qué hacía él ahí? O también: ¿Dónde estaba?

Los lectores de estas "tribunas libres" de El País encontrarán quizá un poco extraño el acento personal y hasta muy individual de éste, acostumbrados a tratamientos técnicamente políticos y a una recepción de opciones más o menos precisas establecidas por los grupos políticos y sus líderes, o por los especialistas en distintas materias, en estas interesantes columnas. Sin embargo, déjenme pensar que lo que este artículo puede parecer –y hasta ser–, una mera efusión personal, encierra con seguridad un fuerte contenido político y tiene algo, y hasta mucho, que ver con la actual situación de la izquierda revolucionaria en España. (Dejo aparte el problema de Euzkadi, donde a mi modo de ver las cosas suceden de manera muy diferente).

"¿Dónde estoy?", he empezado por exclamar después de algún tiempo de fuertes conmociones...

Y me he acordado de que en el *Ubu Rey* de Alfred Jarry se lee aquello de que "la acción sucede en Polonia, es decir, en ninguna parte". ¡Un país así de fantasmagórico es para mí, en estos momentos, España...! Hace poco me propusieron en Burdeos hacer un filme para la televisión partiendo de la base de que yo estaba en Burdeos, a lo que respondí que yo, verdaderamente, no estaba en Burdeos. "Claro –me respondieron–, aunque usted materialmente se encuentra en esta ciudad, en realidad *está* en España..." "No –les respondí –, yo tampoco estoy en España". "¿Dónde está entonces?", me preguntaron perplejos. "Estoy en ninguna parte", dije; y el filme se hizo por fin bajo el título *Non lieu*. Ello expresaba muy bien mi *extraña* situación.

Durante un año, en ese "non lieu", bordelés de mis recientes experiencias, acabé el primer tomo, un tanto voluminoso, helas, de mi obra sobre la imaginación. También estuve unos días de Navidad haciendo una pequeña huelga de hambre en la catedral de Bayona, para contribuir un poco a llamar la atención sobre la *extraña* situación de unos revolucionarios vascos en la isla de Yeu y, claro está, por la amnistía para todos los presos políticos y exiliados en el marco del Estado español.

Ha sido mi único acto político –en el que, por cierto, pasé más frío que hambre, todo hay que decirlo– durante todo este tiempo en el territorio francés. Ello me valió el "pannier à salade" (lo que nosotros, en nuestro argot, llamamos el *canguro*) y la comisaría policial. ¿Dónde estaba yo? No lo sé todavía: porque además resultaba que yo no era vasco y que todos los demás camaradas sí lo eran. ¡Sólo que entre los amigos vascos yo no me siento extraño, y ello alivia *muy mucho* mi situación de extrañeza...! La alivia *muy mucho*, efectivamente, pero no del todo. También sobre esto trataré de hablar en otra ocasión. De esto, y de que soy feminista –pero no soy mujer–, y apoyo a los homosexuales –pero no lo soy–, y a los negros –y no soy negro–, y a la clase obrera (y no soy obrero).

El otro día pensé que estaba en Ciboure y era como una mañana primaveral; pero de pronto, la realidad se me impuso de un modo un tanto terrible: no, no estaba en Ciboure. Estaba en la comisaría de Irún sin tener ni siquiera mis papeles de identidad, y, por cierto, un tanto extrañado de los acontecimientos.

Sigue esta curiosa historia de este modo:

estando y no estando ahora en Madrid. ¡Estando y no estando al mismo tiempo! Tal es mi situación cuando escribo este artículo y si me pongo a reflexionar no puedo dejar de extrañarme de que mi presencia (tan ausente) en Francia fuera, como se lee en el poniatowskiano decreto de expulsión, "de nature a compremettre l'orde public" en ese país. No pueden referirse a mí: debe tratarse de otra persona... No me reconozco en ese "comprometedor" del orden público.

En este país las cosas tampoco presentan para mí, hoy por hoy, un aspecto más tranquilizador; y no me refiero con ello a que mi pobre "Servet" haya sido "plasticado" en un teatro de Barcelona. Sólo hacía diez años que no se estrenaba una obra mía en el territorio español: países en los que, como escritor teatral, he estado también en "ninguna parte"... Pero esa es otra historia. O la misma: no sé.

Tampoco me refiero a que no tenga casa, es decir, al hecho un tanto extraño de que no se me deje entrar en mi casa y, como sería mi deseo, vivir en ella. ¿Qué habrá sido de mis libros, de mis papeles, de mis originales inéditos? No, no: seguramente es que no tengo casa alguna... Seguramente es que todo fue un delicioso sueño. "En ninguna parte", "non lieu": todo vuelve a lo mismo.

A lo que yo quería referirme era más bien a mi posición política. Ahora veo que todo el mundo está *en alguna parte*. Cuando yo estaba en alguna parte –es decir, en el Partido Comunista de España–, yo no veía a la mayor parte de estos demócratas y socialistas en ninguna parte..., cuando no es que los veía ocupando cargos públicos y disfrutando –quizá con un malestar interior– del sistema. Seguramente estaban ahí, luchando contra el fascismo –no lo dudo–, pero yo no los veía en ese campo de batalla. En cuanto a mi posición política actual, me da la impresión de que estoy un tanto o un mucho a la izquierda del que fue mi partido. Con lo cual quiero decir que...

"¿A la izquierda del PC? ¡O sea, en ninguna parte!", oigo que alguien me dice, tratando de explicarme con ello que la opción actual para un revolucionario se plantea en estos términos: "O posibilismo o utopismos"... No es esa mi opinión. Yo opino, si ello se me permite, de muy distinta forma, y veo que esa "ninguna parte" es un espacio realmente habitado y hasta superpoblado, y que en él están mis camaradas verdaderos y que en él reside un proyecto que no cesa a pesar de todo: el de la revolución.

NOTA 19

El manifiesto "Por un Teatro Unitario de la Revolución Socialista" fue publicado en *Pipirijaina*, Núm. 4, 1977. En el artículo "El teatro público", *El País* (16 octubre 1977) hablaba de esta tentativa y de la reacción (o poca reacción) que despertó.

POR UN TEATRO UNITARIO DE LA REVOLUCION SOCIALISTA

Empecemos un trabajo que puede ser importante para nuestro teatro y para nuestra sociedad con muy pocas palabras teóricas. En esta perspectiva que se nos presenta a corto plazo y que es la de la democracia burguesa (y no, ay, de la revolución socialista), las gentes más responsables del teatro español tanto en el orden poético como en el orden político han de verse solicitadas por tareas que hasta hoy son consideradas utópicas.

Entendiendo, claro está, la democracia burguesa como una dictadura enmascarada de la burguesía, parece evidente que las tareas que se nos presentan no son, absolutamente, otras. Quienes se recuesten complacidos en la libertad que parece a punto de obtenerse mediante una prolongada lucha, a veces heroica, cuyos beneficiarios inmediatos van a ser los oportunistas de distintos signos, desenmascararán, ipso facto, su conformismo, por más que durante el franquismo hayan podido parecer otra cosa. La tarea que aquí se propone es para quienes tratemos de hacer de esa "libertad" un espacio utilizable, usable, transitable para la revolución socialista.

El proyecto es la construcción de un *teatro político* cuyo antecedente práctico-teórico más ilustre es el teatro berlinés de Erwin Piscator en los años veinte.

Este teatro fue, en su época, un teatro de Partido: un teatro al servicio del Proletariado a través del Partido Comunista Alemán, y, tratándose como se trataba de un teatro político revolucionario, no podía ser de otro modo en aquel contexto histórico en que el Partido Comunista era el partido de la revolución. (El planteamiento de las tesis libertarias en términos apolíticos eran autoexcluyente si de hacer un teatro político se trataba).

Pero planteada hoy la exigencia de un teatro político revolucionario, las cosas son de muy distinto modo, y vienen siendo de otro modo desde hace ya muchos años: desde que el movimiento trotskista y los movimientos comunistas no estalinianos toman cartas de naturaleza en la lucha revolucionaria. Pero es durante los últimos años cuando el movimiento comunista internacional adquiere una (a veces trágica) complejidad: particularmente a partir de las divergencias chino-soviéticas y de la fundación de los consiguientes movimientos "maoístas"; por no hablar de la revolución cubana, de la lucha en Vietnam y de la constitución de movimientos de liberación nacional nuevos y del desarrollo político de otros, como el I.R.A., etc.

Ello hace, a mi modo de ver, que la forma actual de lo que sería un teatro político revolucionario ha de presentar los caracteres de un teatro unitario de la revolución socialista, y ello no desde un modo neutro y "liberal" de ver las cosas; es decir, no como la oferta desinteresada de una plataforma para el desfile de las distintas fuerzas socialistas en el campo del teatro, sino como un compromiso revolucionario activo: como un trabajo por la unidad de las fuerzas de la revolución socialista: del comunismo.

El teatro ofrece para ello la ventaja de ser un espacio imaginario: imaginario dialéctico tal como es concebida la imaginación en el texto teórico que próximamente voy a publicar. Quede este debate para otro momento; baste ahora con decir que lo que de imaginario tiene la realidad teatral introduce en este fenómeno una a modo de paradoja: lo que en términos físicos se llama una resistencia, un sistema que posibilita la comunicación pero que lo hace en términos de dificultad, es decir, no obviando los problemas. El término imaginario conduce y separa al mismo tiempo, y lo que tiene de separación puede servir también como almohadillado, de manera que diciéndonos cosas más "fuertes" que en una asamblea "real" no llegaríamos a rompernos la cara: sería imposible. Resistencia: incandescencia. Es un sistema enérgético.

Lo demás sería pensar sobre el T.U.R.S. y poner manos a la compleja obra. En la dirección del T.U.R.S. tendría que haber representantes de todos los partidos obreros. Dejo el tema aquí para una discusión que se producirá en el momento conveniente.

NOTA 20

Alfonso Sastre, en una nota de introducción a *Teatro Latinoamericano de agritación* (La Habana, Premios de casa de Las Américas 1972), escribía:

"Aceptada la legalidad estética (y por ello la positiva proyección política) de la línea Piscator-Teatro documento, queda un amplio campo fuera de esa línea: el campo no meramente "documentario", el campo de la imaginación dialéctica. ¿O vamos a ceder el instrumento imaginario a la burguesía? De modo que si se dijera en nuestras filas y por nuestros artistas: *reflejemos nosotros la realidad y que imaginen ellos:* estaríamos cometiendo un fastidioso error, arropado con la cobertura de un realismo mal entendido. El arte es una de las formas –la forma específica– *de incorporar la imaginación a la lucha revolucionaria.* Lo que ocurre es que nuestra imaginación trata *de la realidad* desde un punto de vista revolucionario; para *investigarla y cambiarla*, transformarla".

NOTA 21

SOBRE LA SITUACION DEL ESCRITOR TEATRAL EN ESPAÑA
(Datos sin importancia sobre un caso cualquiera)

Por Alfonso Sastre

Hace unos cinco meses se me ocurrió plantearme el siguiente problema: ¿por qué no se representan mis obras en España? Pregunta que me condujo, casi inmediatamente, a ésta otra, por la que tendría que empezar el planteamiento de la cuestión: ¿Pero he escrito algunas obras –entre las no representadas hasta ahora– que hoy merezcan la pena de su representación? Sólo una respuesta afirmativa a esta pregunta haría interesante la reflexión sobre este caso, no muy diferente, creo yo, a otros varios: pues sé de colegas con una producción notable y tan ausentes como yo del "establecimiento" teatral y casi casi también de sus márgenes: el teatro llamado independiente. (Durante los últimos cinco o seis años, tres obras mías han sido estrenadas en esta marginalidad: "La sangre y la ceniza", "Ahola no es de leíl" y "Terrores nocturno").

Repensando, sin grandes ilusiones, en lo ya escrito para el teatro, es verdad que di con un grupo de obras escritas por mí en distintos momentos, no estrenadas y bastante interesantes algunas de ellas. Sin alejarse hasta "Prólogo patético", "Tierra roja", "Ana Kleiber" o "Muerte en el barrio", testimonios hoy, por lo menos, de una lucha esmaltada de batallas perdidas, encontré, en mi cercana historia, alguna obra que con mucho gusto vería representada, aparte de que me parecería justo y saludable para el teatro español que así se hiciera. Empecé a anotar: "El camarada oscuro", "Crónicas romanas", "Tragedia fantástica de la gitana Celestina", "La taberna fantástica", "Askatasuna", "Análisis espectral de un comando al servicio de la revolución proletaria"... ¿Y por qué no "Asalto nocturno" o "Guillermo Tell tiene los ojos tristes"? ¿O la obra para niños "El hijo único de Guillermo Tell"? ¿O mis versiones desconocidas de "Woyzeck", "Asalto a una ciudad" (de Lope de Vega), "¡Irlanda, Irlanda!", o "La sombra de un Guerrillero" (de O'Casey)...? O "La Dama del mar"... Ah, y "El banquete", que ya se me olvidaba; y...

Lista, en verdad, demasiado copiosa; ¿para qué seguir? Lista que –me dije, un tanto ceñudo– *es una vergüenza.* En seguida me arrepentí de una expresión tan malevolente, pero sobre todo tan ambigua. ¿Vergüenza? ¿Y para quién? ¿Para mí: la vergüenza de un fracaso? ¿Para el teatro español: la vergüenza de su desprecio? (En tal caso: ¿habría de ponerme a la cola de los valleinclanes, hasta que un monleón del futuro (ya fallecido, claro está, el que suscribe) pronuncie nombre con la debida veneración y los consiguientes trenos contra el teatro español de este tiempo y sus retrasos e ignorancias?) Pero, en verdad, ¿merece ser representada una obra como "El camarada oscuro"? ¿Y qué decir del "Análisis de un comando"? ¿Y...?

Surgió, en el curso normal de esta reflexión (acaecida en los primeros días de septiembre de 1981), la idea de que la no representación de mis obras, aún en el caso de admitir su interés y su calidad, podría deberse a un problema de autoaislamiento. ¿Será que *no estoy a mano?* ¿Qué nadie sabe cómo ponerse en contacto conmigo? ¿No sería bueno dar una señal de vida ante las gentes de las que uno podría imaginar un interés por mi obra?

Dicho y hecho: ponerse a mano, manifestar un interés por ser representado, hacer también, con ello, una prueba que pudiera contribuir a aclarar mi situación en el *teatro español*, al que pertenezco en los libros y en las tesis doctorales, pero no en la realidad de la vida cultural española. Es así como, de pronto, el día 23 de septiembre de 1981 envié un paquete de cartas, desde mi Hondarribia si no natal, sí lugar de mi segundo nacimiento, a varios antiguos amigos y/o (horrenda manera de expresarse) conocidos y de alguna manera pertenecientes al mundo, al que yo mismo soy tan ajeno, del teatro español. Siete fueron las cartas, dirigidas a las siguientes personas:

José Tamayo, a quien propuse el estreno de "Asalto a una ciudad", versión de la obra de Lope de Vega: "El asalto de Mastrique por el Príncipe de Parma".

Tirso Escudero, a quien pedí la dirección de Gerardo Malla.

José Luis Alonso, a quien ofrecí "Crónicas romanas" –que poco antes se había dado en el Festival de Avignon– para el Centro Dramático Nacional.

José Monleón, a quien pedí la dirección de Nuria Espert, con la intención de proponer a ésta el estreno de "Tragedia fantástica de la gitana Celestina", ya estrenada en Italia y en la RDA.

José María Morera, a quien ofrecí, para el CNINAT, la obra para niños "El hijo único de Guillermo Tell".

Manuel Collado, a quien propuse el estreno de "El camarada oscuro".

Juan Margallo, a quien ofrecí el "Woyzeck", inédito, versión con Sorozábal Serrano.

José Tamayo estaba en Costa Rica, adonde tardó bastante en llegarle mi carta. El 10 de diciembre del año pasado me escribió una carta muy simpática y agradable, y me pidió un ejemplar del Lope. Inmediatamente se lo envié y ahora espero sus noticias.

Tirso Escudero me respondió a vuelta de correo, congratulándose de mi vuelta al teatro y procurándome el domicilio que le había pedido. El 6 de octubre escribí a Gerardo Malla, con la oferta del O'Casey. En seguida me respondió interesándose por la obra aunque avanzándome la idea de que "el teatro está muy raro" (Y yo creo que así es efectivamente). Por supuesto le envié a continuación el drama de O'Casey, en una versión, de mi hermano y mía, que juzgo excelente. Esto fue en octubre del año pasado. Hasta ahora no he recibido noticia alguna.

José Luis Alonso me contestó "esperando y deseando" el envío de la obra. Como así lo hice con fecha 10 de octubre del año pasado, sin que hasta ahora haya vuelto a tener noticia alguna.

José Monleón me pidió la obra para publicarla en "Primer Acto". Se me ocurrió entonces aplazar la entrega a Nuria Espert hasta que la obra estuviera publicada con información suficiente de las puestas en escena italiana y alemana. Así se va a hacer, aunque ya en estos momentos pienso escribir una nueva obra, que se titulará "La roja gitana del Jáikibel", con ese destino.

De José María Morera, Manuel Collado y Juan Margallo, a los cinco meses de mi carta, no he recibido respuesta. Igual suerte ha corrido una carta posterior, del 16 de noviembre, enviada a José Luis Gómez con la propuesta de que se interesara por algún título mío: quizás "Asalto nocturno" (cuyo interés se ha renovado ante la política abiertamente belicista de Reagan) o "Guillermo Tell tiene los ojos tristes", obra que escribí para el Teatro Español, y fue prohibida, y, vamos, a lo mejor ocurría la reparación.

El 14 de octubre, y con esto terminó la parte informativa de este articulillo, escribí a Adolfo Marsillach, en términos parecidos a los empleados en las otras cartas pues, como le decía a Adolfo, "estoy escribiendo a varios amigos con la idea de movilizar de alguna forma el repertorio de mis textos no representados, entre los cuales creo que hay algunos muy notables". Adolfo me respondió afectuosamente y me pidió el envío de las obras que yo le había sugerido: "La taberna fantástica" (que es una de mis mejores obras, y todavía permanece inédita) y "Análisis de un comando" en la que he tratado el tema del "terrorismo" (que fue, por otra parte, el primero de mis temas, cuando escribí, allá por el año 49, "Prólogo patético"). El 3 de noviembre le envié ambas obras, y no he sabido nada más sobre este asunto.

He considerado interesante publicar estos datos domésticos, porque seguramente dicen algo sobre la situación del escritor teatral en España; y no desde luego a modo de lamentación sobre mi situación personal en este espacio, al que ya sé que no pertenezco. Mi caso puede ser significativo por ser mi nombre uno de los generalmente destacados cuando de la historia del teatro español contemporáneo se trata.

Desde luego que esta pequeña prueba es limitada a unas pocas gestiones o tampoco se ha producido todavía –aunque sea previsible– un desenlace. También es verdad que dos de estas gestiones lo han sido ante personas –Marsillach y Malla– que no disponen de una empresa o un local en el que pudieran acoger mis proyectos. No es así en los demás casos: Centro Dramático Nacional, Teatro Bellas Artes o Compañía Lope de Vega (si es que Tamayo sigue manteniendo esta empresa, que no lo sé), CNINAT (que me parece que es un Centro Nacional de teatro para los niños), la Empresa Collado, mi querido Gayo Vallecano y el Teatro Español de Madrid. Hubiera debido quizás consultar también a personas tan estimables como González Vergel o Miguel Narros, pero me imagino que ellos tampoco andan en situaciones muy boyantes dentro del cuadro del teatro español. En cuanto al Teatro Estable de Murcia, ellos han sido en los últimos la excepción a la regla de mi ausencia de los escenarios profesionales con el estreno de "Terrores Nocturnos".

Escribo esta nota a finales de febrero de 1982. Desconfío de que el curso siguiente de los acontecimientos arroje muy felices resultados que reincorporaran mi presencia al acontecer propiamente teatral en España. Desde luego que no es un problema de personas, pues todas las que me han respondido lo han hecho, sin duda, llenas de muy buena voluntad y admitiendo quizás mis talentos en estas artes de la escritura teatral. Es un problema de estructura social del teatro, y las personas, a título individual, poco pueden hacer para cambiar las cosas o resolver injusticias como la que presuntamente se estaría cometiendo en mi caso.

La situación es notoriamente fastidiosa y hace del escritor teatral en España un ser crónicamente sufriente y con frecuencia plorante, cuyos ayes y otras quejas, por lo general, adoptan términos de fuerte resentimiento cuando no de muy grande desolación. No es tal mi caso, y sólo ofrezco estas notas a modo de dato sobre un problema que no se puede resolver con el frecuente expediente de las empresas, según el cual, los autores españoles no escriben. ¿Cuántas veces habremos oído esa mentira, que los escritores han tenido que escuchar compungidos, dudando si el montón de sus textos es una realidad o un sueño?

Son lo uno y lo otro ciertamente.

Hondarribia a, 27 de febrero 1982
De próxima aparición en *Pipirijaina*

NOTA 22

ALFONSO SASTRE, CARTA ABIERTA A LA POLICIA ESPAÑOLA EN EUSKADI

Egin, 29 de Octubre 1980

"Tenemos que dialogar. Somos hombres aunque tengamos diferencias".

(Un policía durante el interrogatorio a que fui sometido en la Comisaría de San Sebastián el día 24 de octubre de 1980, bajo el imperio de la Ley... Antiterrorista).

Continúo ahora, con esta carta que les dirijo, el involuntario diálogo que mantuve con ustedes en sus dependencias de San Sebastián; y empiezo por recordarles de qué manera me invitaron a ese diálogo, tan deseable, en efecto, entre seres pertenecientes a la especie humana. Eran, creo, poco más de las siete y media de la mañana, cuando ustedes llamaron a la puerta y dijeron pertenecer a la Policía. Dada la situación excepcional que vive Euskadi, pensamos que podía tratarse de una banda terrorista, y por ello se les dijo, sin abrir la puerta, que aguardaran un momento para que pudiéramos verificar, llamando a nuestro abogado y al Gobierno Civil, que, efectivamente, estábamos ante una (desagradable en todo caso) visita policíaca. Había pues, comenzado el diálogo con frases parecidas a ésta: "Esperen un momento, que vamos a comprobar que ustedes pertenecen a la Policía". Hasta ese momento, se trataba de un diálogo humano. Cualquier otra persona a la que se le hubiera dicho "aguarde un momento", hubiera aguardado un momento; o quizás hubiera dicho: volveré dentro de un rato. En este caso el diálogo fue un poco distinto, pues tanto el timbre como la puerta propiamente dicha, fueron insistentemente golpeados, lo que produjo no poca confusión en nosotros, que, atemorizados, apenas acertábamos a buscar el número de teléfono de nuestro abogado y fraternal amigo Miguel Castells, lo cual dificultaba y retrasaba la gestión que intentábamos realizar. La siguiente frase de este diálogo debió ser una fuerte patada, o algo parecido, en nuestra frágil puerta, de manera que saltaron la cerradura y el cerrojo. La puerta salió despedida contra la pared, y la golpearon con fuerza, a la par que el diálogo adoptaba expresiones violentas acompañadas de pistolas. Fue una irrupción de tal estilo que una persona un poco más sensible que nosotros hubiera corrido el riesgo de morirse del susto en ese momento. ¿Es éste, señores, su sistema de dialogar? ¿Es así el tipo de diálogo que ustedes nos proponen? En tal caso, es un tipo de diálogo que uno no acepta de buen grado, indudablemente. Ni que decir tiene que, cuando les pedí un mandamiento judicial que les autorizara a este allanamiento de morada, ustedes me respondieron que, desde ese momento, estábamos bajo la legislación antiterrorista, lo cual comporta, como se sabe, la cesación de todo derecho y la indefensión más absoluta.

Mientras me ponía los zapatos, uno de ustedes se expresó en términos bastante sorprendentes, en una situación como la que ustedes habían creado atropellando nuestra intimidad por el citado método: Mirando la bahía de Txingudi, comentó como si fuera un visitante o un amigo al que yo hubiera invitado, a mi casa:

–Tienen ustedes un paisaje maravilloso en este lugar.

Reconozco que entonces fui yo el que introdujo un elemento grosero en el diálogo:

–¿Qué me habla usted, hombre, de paisajes? ¡Déjeme ahora de paisajes, hombre! ¿Qué espera? ¿Qué yo hable ahora de este paisaje con usted?

Y mi gesto, lo confieso, no debió ser de lo más amistoso. Ya poco antes, me había visto en la necesidad de decirle que me hablara de usted, como está mandado entre personas mayores, educadas y que no se conocen. Pues ese tuteo, ya de por sí, sin más, es un insulto que se hace a la persona; y un insulto no parece la forma más adecuada de iniciar un diálogo.

Tampoco la preparación que uno recibe siendo sepultado en un desnudo calabozo, en mi caso durante unas ocho horas, pero que centenares de veces alcanza un número de horas muy superior: unas doscientas cuarenta aproximadamente, de las que hay que descontar las que dura el diálogo propiamente dicho: los interrogatorios.

Dentro de este diálogo con ustedes, tuve yo, también he de confesar esto, otro momento de extremada grosería. Fue cuando, al ir a comenzar el diálogo-interrogatorio, me expresé más o menos en los siguientes desagradables términos:

–Considerando que hemos sido objeto de un abuso, me niego a prestar declaración (debí decir, con mayor cortesía, dialogar) bajo el imperio de la Ley Antiterrorista, y sólo en el caso de que me sea retirada la aplicación de esta Ley, y pueda asistir un abogado al interrogatorio (perdón: al diálogo), responderé a las preguntas que me formulen.

Desde luego, esta postura mía era muy violenta –y seguramente me será reprochada, con razón, por los 33 intelectuales vascos que escribieron su manifiesto contra –la violencia-venga-de-donde-venga–; y significaba la expresión de una ira no recomendable y moralmente fuera de lugar. También esta postura estaba dictada por un momentáneo ensueño democrático. Era, a fin de cuenta, una actitud de película:

"¡No diré una palabra si no es en presencia de mi abogado!" Sueño del que pude despertarme inmediatamente, cuando el diálogo continuó de la siguiente forma:

–Iba usted a ser puesto en libertad inmediatamente y ahora se va a quedar aquí diez días.

Mi gozo democrático en un pozo: quedarme diez días en aquel espantoso lugar significaba que el diálogo iba a entrar en una fase en la que muy bien –ya que no me había muerto cuando recibí a los visitantes empistolados–, podía morirme, en el mejor de los casos, de asco. En realidad, su argumento dialéctico era muy sólido: su frase encerraba un contenido bastante convincente. El estilo del diálogo había adquirido un carácter fino y agudo, casi brillante. De modo que quedé absolutamente convencido, sin más, de la conveniencia de aceptar el interrogatorio que, sin coacción alguna, se me ofrecía; y lo acepté. Y a partir de ese momento todo hubiera sido muy agradable si no hubiera sido porque yo no había elegido hablar con aquellos amables señores, entre otras razones porque habíamos prometido, Eva y yo, asistir a una especie de agradable fiestecita del Gremio de Libreros que se iba a celebrar esa misma tarde en el Club Náutico de San Sebastián.

Fue entonces cuando, degustando un whisky, redactamos una declaración y conversamos sobre teatro, política y otras materias. Y también fue entonces cuando uno de ustedes, persona culta e inteligente, dijo la frase que sirve de epígrafe a esta carta abierta: "Tenemos que dialogar". Y yo, como ustedes recordarán, les dije que ese diálogo no sería posible mientras ustedes persistieran en sus métodos: los malos tratos a los detenidos. Les mencioné las comisarías, los cuartelillos de la Guardia Civil... No entremos en detalles de lo que ustedes, a este respecto, me dijeron; pero quedó muy claro que ustedes no practican tan abominables métodos. Había tal acento de verdad en sus palabras que, por un instante, pensé que todo lo que yo sabía era un mal sueño; y, desde luego, quedé muy convencido de que ese grupo policial en el que yo me encontraba, había tenido un mal momento al forzar la puerta de la casa, pero que, por lo demás, sus agentes eran incapaces de ejercer violencia alguna sobre los detenidos.

Al volver a casa se nos cayó el alma a los pies. Contra la promesa de aguardar al "comando terrorista" de su invención fuera de nuestro domicilio, observamos que había vivaquedao en el interior de nuestra casa y luego supimos que ello ocurrió durante muchas horas. ¡El hogar de una persona ya no es nada!, pensé; y observé, además, que el domicilio había sido registrado furtivamente después de marcharnos y sin presencia de testigo alguno; y entonces también nos dimos cuenta de que la presencia de dos testigos durante el registro de la mañana era una formalidad carente de sentido, pues fueron no menos de seis los agentes del orden que registraron la casa, de manera que cuatro pudieron actuar sin presencia de testigo alguno. ¿Para qué seguir?

Al día siguiente, nos enteramos de que fueron cuatro más los detenidos de nuestro pueblo, anteriormente a nuestra detención. Y otras seis personas de este pueblo fueron detenidas durante la noche siguiente. Y ninguna era otra cosa que gente del pueblo, para nada relacionada con la violencia, a no ser en el sentido de que todas estas personas han sido, ellas mismas, violentadas. Y nos enteramos de que varios de estos detenidos, todos ellos hoy en libertad, fueron sometidos a violencias físicas.

Y yo quiero seguir creyendo que no fueron concretamente ustedes, los policías con lo que yo dialogué, quienes cometieron estos graves atentados a los derechos humanos. Pero también he de exigir de ustedes que investiguen y nos aclaren quiénes han sido, entre sus compañeros, los agentes de esas brutalidades. Por mi parte, este desafío queda pendiente. El proceso a la tortura es una necesidad pendiente. Amnistía Internacional ya ha tomado nota de datos incontrovertibles, y no sé si será llegado el momento de proponer –las voces de Eva Forest y mía serían ampliamente escuchadas si promoviéramos tal proyecto– la creación de un Tribunal Internacional para la investigación de esta lacra: la tortura policíaca en el territorio del Estado español. Los que, entre ustedes, no la practiquen y hasta sientan repugnancia por la práctica de tales métodos, son o han de ser los más interesados en que estos hechos sean aclarados. Los que, entre ustedes, practiquen la tortura o sean cómplices de ella, serán en su día alcanzados por muy graves responsabilidades. Y ha de constarles que todos los indicios, esta vez serios (y no como los que ustedes esgrimen para aplicar a cualquier persona la legislación antiterrorista), apuntan a que los malos tratos (las peores violencias psíquicas y corporales), se ejercen sobre la población en general. Pero es que, en cualquier caso, aunque se tratara de un asesino empedernido, la tortura es una práctica infame. La tortura, aplicada a quien sea, es siempre una práctica infame.

Yo estoy por el diálogo, señores. ¡Pero no me rompan otra vez la puerta! Y sepan que la próxima vez tendrán que romperme la cara para que yo, en las actuales circunstancias, pronuncie ni siquiera una sola palabra. Y esta palabra será: ¡Ay! Yo soy un hombre para el diálogo, pero, sépanlo ustedes, mientras haya tortura, morir antes que hablar.

Porque hablar, bajo la tortura o la amenaza de la tortura, no es hablar; es también morir.

NOTA 23

Alfonso Sastre publicó en *El País* (16, 17 y 18 de diciembre de 1980) tres artículos bajo el título "Ni humanismo ni terror. (Reflexiones contra la violencia)", que fueron recibidos por los lectores con numerosas críticas. A ellas quiso contestar con el artículo "Entre el bostezo y la esperanza. Ni humanismo ni terror. (Epílogo)". Como *El País* se negó a su publicación, apareció en *Egin* (2 y 3 de septiembre de 1981). Estos artículos han sido recogidos por Alfonso Sastre en su libro *Escrito en Euskadi. Revolución y cultura*, Editorial Revolución, Madrid, 1982, págs. 11-38.

El libro es el mejor medio de comunicación del pensamiento humano.

Autor, traductor, editor, diseñador e ilustrador, impresor, distribuidor y librero, coordinan sus conocimientos y su trabajo hasta conseguir un producto agradable, económico y asequible para todo el mundo, de fácil circulación y conservación, de valor permanente y universal. Ningún otro medio de comunicación conocido hasta hoy reúne estas cualidades.

Las bibliotecas son el mejor depósito de la Cultura. Los profesionales de la Crítica y de la Enseñanza ayudan y orientan a los lectores sobre los libros más adecuados a sus necesidades.

La lectura es una necesidad y un placer y su extensión es garantía de progreso humano y social.

En suma, el libro es un instrumento social poderoso y de su contenido y la forma en que se produzca y distribuya depende que se utilice al servicio de unos u otros intereses. Por eso, el factor más importante del libro es el lector: sólo la existencia de éste hace posible la de las otras personas que intervienen en él y decide su orientación. Un lector crítico y exigente estimula la aparición y consolidación de buenos autores y asegura una producción editorial independiente y avanzada.

Invitamos a todos los lectores a comunicarse con cuantos han contribuido a la aparición de este libro, aportando todo tipo de sugerencias y críticas. Pueden dirigir sus cartas a:

EDICIONES DE LA TORRE
Espronceda, 20
Madrid-3

NUESTRO MUNDO

Para comprender el mundo que nos ha tocado vivir

Ptas.

1. Carlos Ruiz Silva. *Arte, amor y otras soledades en Luis Cernuda. Prólogo de Juan Gil-Albert, dibujos de Gregorio Prieto* 560
2. *Mariano Aguirre y Ana Montes. De Bolívar al Frente Sandinista.* Antología del pensamiento antiimperialista latinoamericano 560
3. André Gide. *Defensa de la Cultura.* Facsímil de la edición de José Bergamín de 1936, con introducción de Francisco Caudet 360
4. Josefina Manresa. *Recuerdos de la Viuda de Miguel Hernández.* 2.ª edición, corregida y aumentada 720
5. Blas Matamoro. *Saber y Literatura.* Por una epistemología de la crítica literaria 640
6. Juan Gil-Albert. *Gabriel Miró: Remembranza* 360
7. Ursula Coburn-Staege. *Juego y aprendizaje.* Teoría y praxis para Enseñanza Básica y Preescolar 560
8. Víctor Fuentes. *La marcha al pueblo de las letras españolas.* Prólogo de Manuel Tuñón de Lara 560
9. Lothar Bisky. *Crítica de la Teoría burguesa de la Comunicación de Masas.* Traducción y Estudio Preliminar de Vicente Romano 760
10. Pedro Ribas. *La introducción del marxismo en España (1869-1939).* Ensayo bibliográfico 760
11. Antonio Regales. *Literatura de agitación y propaganda.* Fundamentos teóricos y textos de la agitprop alemana 560
12. Gabriel Miró. *Sigüenza y el Mirador Azul y otras prosas de* El Ibero. Introducción biográfica, transcripciones y enmiendas de Edmund L. King 640
13. Francisco Caudet. *Crónica de una marginación.* Conversaciones con Alfonso Sastre 760